列车检修工
（下册）

主　编　祁国俊
副主编　卢剑鸿
主　审　王治根

重庆大学出版社

内容提要

　　本书以国内地铁车辆为基础,介绍城轨车辆相关知识及列车检修人员应具备的职业能力特征、培训要求、职业基础知识和工作技能。

　　本书共3个项目,项目4主要讲述列车高级(三级)检修工通用知识及地铁车辆专业知识技能要求,介绍了车辆走行部、服务设施设备、牵引制动、辅助及控制系统等方面的知识;项目5主要讲述技师(二级)检修工通用知识及专业走行部机械分析,主要控制电路、优化创新等内容;项目6主要讲述高级技师(一级)检修工通用知识中的轴承问题、电子元器件选型等,以及地铁车辆专业经典问题分析、新技术运用、标准文本编写、带教培训等要求。

　　通过对列车检修工(下册)的学习,可以让学习人员了解当前主流地铁车辆知识,并对经典问题案例分析思路有一定的认识。本书尽可能兼顾不同城市、企业可能存在的差异,既可作为中、高等职业院校及成人高等学校轨道车辆方向、机车车辆方向等相关专业的教学用书,也可作为本科院校城轨方向专业的选修课教材,还可供轨道交通企业检修人员学习参考。

图书在版编目(CIP)数据

列车检修工. 下册 / 祁国俊主编. --重庆：重庆
大学出版社,2020.11
　ISBN 978-7-5689-2154-1

Ⅰ.①列… Ⅱ.①祁… Ⅲ.①城市铁路—轨道交通—
列车—车辆检修—高等职业教育—教材 Ⅳ.①U239.5

中国版本图书馆 CIP 数据核字(2020)第 195930 号

列车检修工
(下册)

主　编　祁国俊
副主编　卢剑鸿
主　审　王治根
策划编辑：周　立

责任编辑：陈　力　　版式设计：周　立
责任校对：刘志刚　　责任印制：张　策

＊

重庆大学出版社出版发行
出版人：饶帮华
社址：重庆市沙坪坝区大学城西路 21 号
邮编：401331
电话：(023)88617190　88617185(中小学)
传真：(023)88617186　88617166
网址：http://www.cqup.com.cn
邮箱：fxk@cqup.com.cn(营销中心)
全国新华书店经销
重庆俊蒲印务有限公司印刷

＊

开本：787mm×1092mm　印张：17　字数：416 千
2020 年 12 月第 1 版　　2020 年 12 月第 1 次印刷
印数：1—3 000
ISBN 978-7-5689-2154-1　定价：54.00 元

编审委员会 （排名不分先后）

　　本书由国内城市轨道交通行业在岗专业人员编写,作为城市轨道交通车辆检修方向专业使用教材,详细介绍了城市轨道交通车辆系统的检修技能要求,并结合职业等级,在行业现状、职业功能、工作内容、技能知识等方面做了一定的介绍。

　　为适应轨道交通行业的快速发展,使所学内容与现场技术发展同步,本书在编写过程中力求体现以下特点:反映当前车辆状态和水平,内容结合当下主流产品,将当前实际运用的系统和技术与本书相结合;介绍了长期存在的典型性问题机理、处理流程和具体效果;介绍了有关方面的应用的先进技术;鉴于按职业等级编写此教材,不同层次、不同专业方向人员可有选择地学习;每章节后附有思考题。在巩固所学的基础上,注重学习、创新能力的培养。

　　本书内容主要参考西安地铁车辆和中国城市轨道交通协会发布的《城市轨道交通列车检修工》相关资料,由于编者技术水平有限,书中可能存在不妥之处,殷切期望读者批评指正。

　　本书主编为祁国俊,副主编为卢剑鸿,参编有王川平、许鹏飞、王好德、翟科、张欢、刘劲松、邵亦栋、孙斌、齐颖利、于博、高宇、都荣兴、张巍、程东东、单乐乐、朱蕊、王鹏、廖秉彦、胡文斌、贺延芳、田玉刚、李健、蒋梦龙,主审为王治根,参与审核的有吴敏、李彦武、郭永锋、张亮、刘涛、刘杰、杨逸朋、周浩、樊磊、袁艳萍。

　　限于编者的水平、学识和经验有限,书中不当和疏漏之处在所难免,敬请广大读者对本书提出宝贵意见与建议。

编　者
2020 年 1 月 29 日

目录

项目4 高级工理论知识及实操技能

任务 4.1 通用知识

4.1.1 机械知识

(一)轴承的种类特性

(1)轴承的种类特性

地铁电客车上有多种轴承,主要功能是支撑机械旋转体,降低其运动过程中的摩擦系数,并保证其回转精度,如客室侧门电机轴承、轴箱轴承、风机轴承等,因此需要掌握一定的轴承知识,以达到高级工电客车检修业务技能。

轴承分类、特点与应用如下所述。

1)按承载方向分类

按承载方向分类分为径向轴承、推力轴承。轴承上的反作用力与轴中心线垂直的称为径向轴承,与轴中心线方向一致的称为推力轴承。

2)按轴承材料分类

按轴承材料分类分为金属轴承、粉末冶金轴承、非金属轴承。

3)按润滑剂分类

按润滑剂分类分为液体润滑轴承、气体润滑轴承、脂润滑轴承、固体润滑轴承。

4)按载荷性质分类

按载荷性质分类分为静载轴承、动载轴承。

5)按速度高低分类

按速度高低分类分为低速轴承(轴颈圆周速度 $v<5$ m/s)、中速轴承(轴颈圆周速度 $v=5\sim60$ m/s)、高速轴承(轴颈圆周速度 $v>60$ m/s)。

6)按轴承工作的摩擦性质分类

根据轴承工作的摩擦性质,又可分为滑动摩擦轴承(简称滑动轴承)和滚动摩擦轴承(简称滚动轴承)两类。

滑动轴承工作平稳、可靠,噪声较滚动轴承低。如能够保证液体摩擦润滑,滑动表面被润滑油分开而不发生直接接触,则可大大减小摩擦损失和表面磨损,且油膜具有一定的吸振能力。普通滑动轴承的启动摩擦阻力较滚动轴承大得多。

滑动轴承设计包括下述内容。

①决定轴承的结构型式。

②选择轴瓦和轴承衬的材料。

③决定轴承结构参数。

④选择润滑剂和润滑方法。

⑤计算轴承工作能力。

（2）滑动轴承

常用的径向滑动轴承分为整体式和剖分式两大类。

1）整体式轴承

图 4.1 所示为一种整体式径向滑动轴承。最常用的轴承座材料为铸铁，轴承座用螺栓与机座联接，顶部设有装油杯的螺纹孔。轴承孔内压入用减摩材料制成的轴套，轴套上开有油孔，并在内表面上开设油沟以输送润滑油。整体式轴承构造简单，常用于低速、载荷不大的间歇工作的机器上，但存在下述缺点：

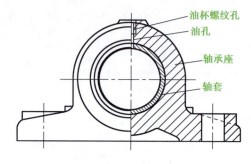

图 4.1　整体式径向滑动轴承

①当滑动表面磨损而间隙过大时，无法调整轴承间隙。

②轴颈只能从端部装入，对于粗重的轴或具有中轴颈的轴安装不便。

如果采用剖分式轴承，可以克服这两项缺点。

2）剖分式轴承

图 4.2 所示为剖分式轴承，由轴承座、轴承盖、剖分轴瓦、轴承盖螺柱等组成。轴瓦是轴承直接和轴颈相接触的零件。为了节省贵金属或其他需要，常在轴瓦内表面上贴附一层轴承衬。不重要的轴承也可以不装轴瓦。在轴瓦内壁不负担载荷的表面上开设油沟，润滑油通过油孔和油沟流进轴承间隙。剖分面最好与载荷方向近于垂直。多数轴承的剖分面是水平的，也有倾斜的。轴承盖和轴承座的剖分面常做成阶梯形，以便定位和工作时防止错动。

轴承公称宽度与轴颈直径轴承公称内径之比（B/d）称为宽径比。对于 $B/d>1.5$ 的轴承，可以采用自动调心轴承（图 4.3），其特点是：轴瓦外表面做成球面形状，与轴承盖及轴承座的球状内表面相配合，轴瓦可以自动调位以适应轴颈在轴弯曲时所产生的偏斜。

推力滑动轴承主要是用来承受轴向载荷的。推力滑动轴承是由推力轴颈、推力轴瓦和轴承座 3 部分组成。支承结构是推力轴承的重要组成部分，它对瓦块间负荷的分配有着很大的影响，除了应满足强度、刚度要求外，还应保证载荷在各瓦块上分布均匀，安装方便。

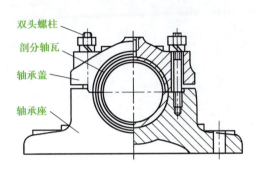

双头螺柱
剖分轴瓦
轴承盖
轴承座

图4.2 剖分式径向滑动轴承

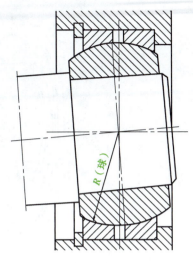

R（球）

图4.3 自动调心轴承

（3）滚动轴承

1）基本概念及分类

滚动轴承是将运转的轴与轴座之间的滑动摩擦变为滚动摩擦,从而减少摩擦损失的一种精密机械元件。

①滚动轴承按其所能承受的载荷方向或公称接触角的不同,分为向心轴承和推力轴承。

A.向心轴承。主要用于承受径向载荷的滚动轴承,其公称接触角为 $0° \leqslant \alpha \leqslant 45°$。按公称接触角的不同,又分为径向接触轴承和角接触向心轴承。

a.径向接触轴承。公称接触角为 $0°$ 的向心轴承。

b.角接触向心轴承。公称接触角为 $0° < \alpha \leqslant 45°$ 的向心轴承。

B.推力轴承。主要用于承受轴向载荷的滚动轴承,其公称接触角为 $45° < \alpha \leqslant 90°$。按公称接触角的不同,又分为轴向接触轴承和角接触推力轴承。

a.轴向接触轴承。公称接触角为 $90°$ 的推力轴承。

b.角接触推力轴承。公称接触角为 $45° < \alpha < 90°$ 的推力轴承。

②滚动轴承按滚动体的种类分为球轴承和滚子轴承。

a.球轴承。滚动体为球的轴承。

b.滚子轴承。滚动体为滚子的轴承。

③滚动轴承按其能否调心分为调心轴承和非调心轴承。

④滚动轴承按滚动体的列数分为单列轴承、双列轴承和多列轴承。

⑤滚动轴承按主要用途分为通用轴承和专用轴承。

⑥滚动轴承按外形尺寸是否符合标准尺寸系列分为标准轴承和非标准轴承。

⑦滚动轴承按其是否有密封圈或防尘盖分为开式轴承和闭式轴承。

⑧滚动轴承按其组件是否能分离分为可分离轴承和不可分离轴承。

⑨滚动轴承按产品扩展分类分为轴承、组合轴承和轴承单元。

常用滚动轴承的构造如图4.4所示,由内圈、外圈、滚动体和保持架组成。

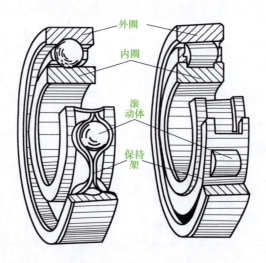

图 4.4　滚动轴承构造

内圈、外圈分别与轴颈及轴承座孔装配在一起。大部分是内圈随轴回转,外圈不动;也有外圈回转、内圈不转或内、外圈分别按不同转速回转。滚动体是滚动轴承中的核心元件,它可使相对运动表面间的滑动摩擦变为滚动摩擦。根据不同轴承结构的要求,滚动体有球、圆柱滚子、圆锥滚子、球面滚子、滚针等,如图 4.5 所示。滚动体的大小和数量直接影响着轴承的承载能力。在球轴承内、外圈上都有凹槽滚道,它起着降低接触应力和限制滚动体轴向移动的作用。保持架使滚动体等距离分布并可减少滚动体间的摩擦和磨损。

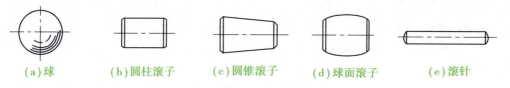

|(a)球 | (b)圆柱滚子 | (c)圆锥滚子 | (d)球面滚子 | (e)滚针|

图 4.5　滚动体种类

滚动轴承为标准件,按其公称外径 D(mm)尺寸大小可分为微型轴承($D \leqslant 26$)、小型轴承($26 < D < 60$)、中小型轴承($60 \leqslant D < 120$)、中大型轴承($120 \leqslant D < 200$)、大型轴承($200 \leqslant D \leqslant 440$)、特大型轴承($440 < D \leqslant 2\ 000$)、重大型轴承($D > 2\ 000$),常用滚动轴承的类型、性能特点见表 4.1。

表 4.1　常用滚动轴承的类型、性能特点

类型代号	轴承名称、简图	尺寸系列代号	轴承性能特点	基本额定动载荷比
(0)	双列角接触球轴承	32 33	能同时受径向和双向轴向载荷。相当于成对安装、背对背的角接触球轴承(接触角30°)	1.6~2.1

类型代号	轴承名称、简图	尺寸系列代号	轴承性能特点	基本额定动载荷比
1 (1)	调心球轴承	39 (1)0 30 (0)2 22 (0)3 23	双排钢球,外圈滚道为内球面形,具有自动调心性能。主要承受径向载荷	0.6~0.9
2	调心滚子轴承	38 48 / 39 49 / 30 40 / 31 41 / 22 32 / 03 23	与调心球轴承相似。双排滚子,有较高承载能力,允许角偏斜小于调心球轴承	1.8~4
	推力调心滚子轴承	92 93 94	外圈滚道是球面,调心性能好。能承受轴向载荷为主的径向、轴向联合载荷	1.7~2.2
3	圆锥滚子轴承	29 20 / 30 31 / 02 22 / 32 03 / 13 23	能同时受径向和单向轴向载荷,承载能力大。内、外圈可分离,安装时可调整游隙。成对使用。允许角偏斜较小	1.5~2.5
4	双列深沟球轴承	(2)2 (2)3	能同时受径向和轴向载荷。径向刚度和轴向刚度均大于深沟球轴承	1.6~2.3

类型代号	轴承名称、简图	尺寸系列代号	轴承性能特点	基本额定动载荷比
5	推力球轴承	11 12 13 14	只能受单向轴向载荷。回转时因钢球离心力与保持架摩擦发热,故极限转速较低。套圈可分离	1
	双向推力球轴承	22 23 24	能受双向的轴向载荷。其他性能特点同推力球轴承	1
6	深沟球轴承	17 37 18 19 (0)0 (1)0 (0)2 (0)3 (0)4	结构简单。主要受径向载荷,也可承受一定的双向轴向载荷。高速装置中可代替推力轴承。摩擦系数小,极限转速高,价廉。应用范围最广	1
7	角接触球轴承	18 19 (1)0 (0)2 (0)3 (0)4	能同时受径向载荷和单向轴向载荷。接触角 α 有 15°、25° 和 40°3 种,轴向承载能力随接触角增大而提高。需成对使用	1~1.4

类型代号	轴承名称、简图	尺寸系列代号	轴承性能特点	基本额定动载荷比
8	推力圆柱滚子轴承	11 12	能承受较大单向轴向载荷,轴向刚度高。极限转速低,不允许轴与外圈轴线有倾斜	1.7~1.9
N	圆柱滚子轴承(外圈无挡边)	10 23 (0)2 (0)4 22 (0)3	用以受较大的径向载荷。内、外圈间可作自由轴向移动,不能受轴向载荷。滚子与套圈间是线接触,只允许有很小角位移	1.5~3
UC	外球面球轴承(带顶丝)	2 3	轴承内部结构同深沟球轴承,两面密封,外圈外表面为球面,与轴承座的凹球面相配,具有一定自动调心作用。内圈用紧定套或顶丝固定在轴上,装拆方便,结构紧凑	1
QJ	四点接触球轴承	(0)2 (0)3 10	具有双半内圈,内、外圈可分离。两侧接触角均为35°,可承受径向载荷和双向轴向载荷。旋转精度较高	1.4~1.8

注:①滚动轴承的类型名称、代号按《滚动轴承 代号方法》(GB/T 272—2017),类型代号用数字或大写字母表示不同类型的轴承。

②基本额定动载荷比是指同一尺寸系列的轴承与深沟球轴承之比(平均值)。

③在写基本代号时,尺寸系列代号中括号内的数字可省略。

④尺寸系列代号前一位数字代表宽度系列(向心轴承)或高度系列(推力轴承),后一位代表直径系列。

2)优缺点

与滑动轴承比较,滚动轴承有以下优点:

①在一般工作条件下,摩擦阻力矩大体和液体动力润滑轴承相当,比混合润滑轴承要

小很多倍。滚动轴承效率(0.98~0.99)比液体动力润滑轴承(≈0.995)略低,但较混合润滑轴承(≈0.95)要高一些。采用滚动轴承的机器启动力矩小,有利于在负载下启动。

②径向游隙比较小,向心角接触轴承可用预紧方法消除游隙,运转精度高。

③对于同尺寸的轴颈,滚动轴承的宽度比滑动轴承小,可使机器的轴向结构紧凑。

④大多数滚动轴承能同时受径向和轴向载荷,故轴承组合结构较简单。

⑤消耗润滑剂少,便于密封,易于维护。

⑥不需要使用有色金属。

⑦标准化程度高,成批生产,成本较低。

滚动轴承存在以下缺点:

①承受冲击载荷能力较差。

②高速重载荷下轴承寿命较低。

③振动及噪声较大。

④径向尺寸比滑动轴承大。

滚动轴承因有专门工厂大量生产,能保证质量,在使用、安装、更换等方面又很方便,故在中速、中载和一般工作条件下运转的机器中应用非常普遍。在特殊工作条件下,如高速、重载、精密、高温、低温、防腐、防磁、微型、特大型等场合,也可以采用滚动轴承,但需要在结构、材料、加工工艺、热处理等方面采取一些特殊的技术措施。

地铁车辆中多处用到轴承,主要为滚动轴承,如齿轮箱轴承和轴箱轴承多为圆柱滚子轴承,空调风机轴承和车门承载轮多为深沟球轴承,车钩轴承多为自动调心滑动轴承。深入了解轴承方面的知识可参考专业轴承类书籍。

(二)弹簧的种类特性

地铁车辆上常见的弹簧主要是橡胶空气弹簧,是一种由橡胶、网线贴合而成的曲形胶囊,利用气体压缩性可实现其弹性作用。空气弹簧具有较理想的非线性弹性特性,加装高度调节装置后,车身高度不随负载变化而变化,提高了乘客乘坐的舒适性。现就弹簧的种类特性介绍如下。

(1)弹簧的种类

弹簧属于机械零件的一种,它利用制作材料的特点工作,在受到外力时产生形变,外力消失后恢复原状。基于它这种特性,弹簧适用于:

①缓冲或减震,如支撑弹簧或车辆的悬架弹簧等。

②机械储能,如钟表、仪器和自动控制机构上的原动弹簧。

③控制运动,如制动器和各种调节器上的弹簧。

④测力装置,如弹簧秤和动力计上的弹簧。此外,在机械设备、仪表、日用电器以及生活器具上也都使用着各类弹性元件,例如螺母防松弹簧垫圈、零件在轴上定位用卡环、门的启闭装置等。

(2)弹簧的特性

1)弹簧的特性线和刚度

弹簧的特性线是载荷 F 和变形 f 之间的关系曲线,主要分为3种,即直线型、渐增型和渐减型,如图4.6所示,不同类型弹簧的特性不同,其特性曲线也不同,可以是其中一种,也可以是以上两种或3种类型的组合。

弹簧的刚度为产生单位变形所需的载荷,具体表现为载荷增量与变形增量之比。特性线为渐增型的弹簧,刚度会随着载荷的加重而增大,特性线为渐减型的弹簧,刚度会随着载荷的加重而减小,直线型弹簧的刚度不随载荷的变化而变化,也被称为弹簧常数。

弹簧受到单位力所产生的变形(刚度的倒数)被称为弹簧的柔度。

2)弹簧的变形能

弹簧的变形能指的是其在受载荷后吸收或积蓄的能量,当弹簧特性线为直线时,$U = \dfrac{Ff}{2} = \dfrac{F'f'^2}{2}$,如图 4.7 所示。

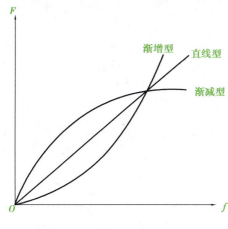

图 4.6　弹簧的特性线

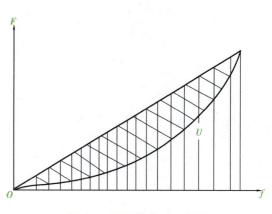

图 4.7　弹簧静变形示意图

3)弹簧的自振频率

弹簧的自振频率计算公式为

$$\nu = \sqrt{\frac{F'}{m_e}}$$

式中　F'——弹簧的刚度;

　　　m_e——当量质量,即弹簧自身质量和外物质量的联合值。

如图 4.8 所示,$m_e = m + \xi m_x$,ξ 表示质量转化系数,该值与弹簧类型有关。

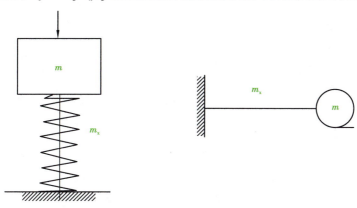

图 4.8　弹簧振动示意图

（3）弹簧的特性线

弹簧按照结构形状来分，分为圆柱螺旋弹簧、非圆柱螺旋弹簧和其他类型弹簧。

1）圆柱螺旋弹簧

圆柱螺旋弹簧运用广泛，按其承受载荷的性能又分为螺旋压缩、螺旋拉伸和螺旋扭转弹簧等，它们的结构及性能见表4.2。

表4.2　圆柱螺旋弹簧类型及特性

名称和结构	特性线	性　能
圆截面材料圆柱螺旋压缩弹簧 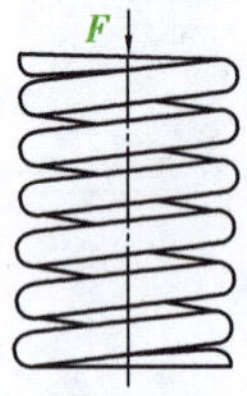		特性线呈线性，结构简单，制造方便，应用最广泛
矩形截面材料圆柱螺旋压缩弹簧 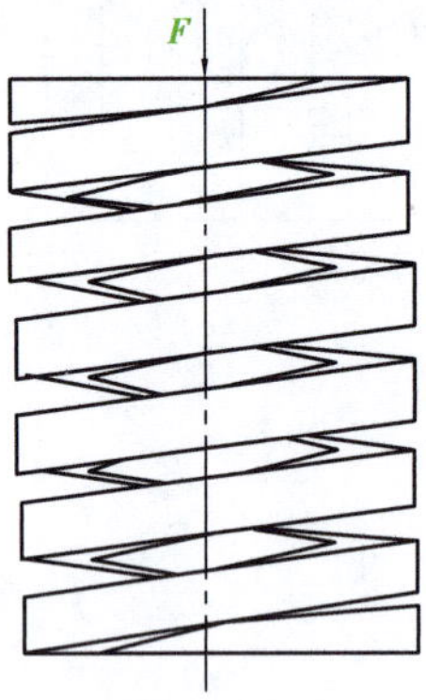	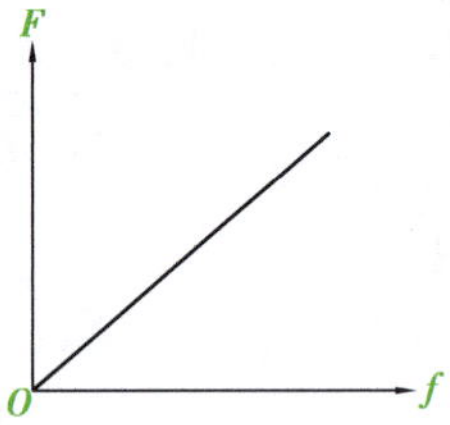	在所占空间相同时，矩形截面材料比圆形截面材料吸收的能量多，刚度更接近于常数
扁截面材料圆柱螺旋压缩弹簧 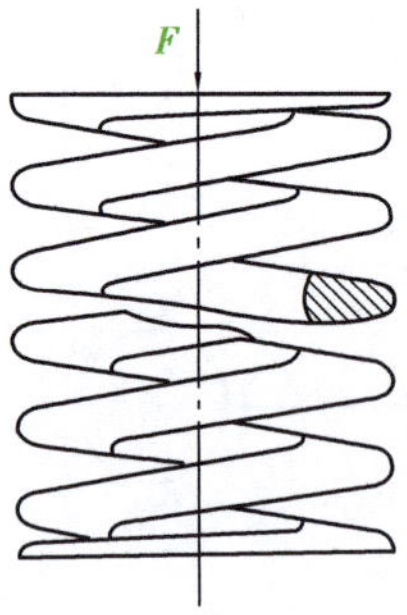		性能同矩形截面材料圆柱螺旋压缩弹簧，但其工艺性和疲劳性能优于前者

名称和结构	特性线	性　能
不等节距圆柱螺旋弹簧		当弹簧压缩到开始有簧圈接触后,特性线变为非线性,刚度及自振频率均为变化值,有利于消除或缓和共振的影响,可用于支承高速变载荷机构
多股螺旋弹簧		当载荷大到一定程度后,特性线出现折点。比相同截面材料的普通螺旋弹簧强度高,减振作用大
圆柱形螺旋拉伸弹簧		用于承受拉伸载荷的场合
圆柱螺旋扭转弹簧		主要用于各种装置中的压紧和储能

2）非圆柱螺旋弹簧

非圆柱螺旋弹簧包括截锥螺旋弹簧、截锥涡卷弹簧、中凹和中凸型螺旋弹簧、组合螺旋弹簧以及非圆形螺旋弹簧等，它们的特性线多为非线性，其结构和性能见表4.3。

表4.3　非圆柱螺旋弹簧类型及特性

名称和结构	特性线	性　能
截锥螺旋弹簧 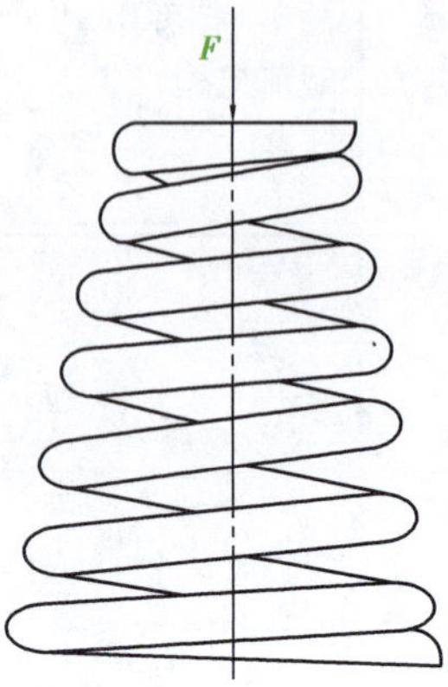	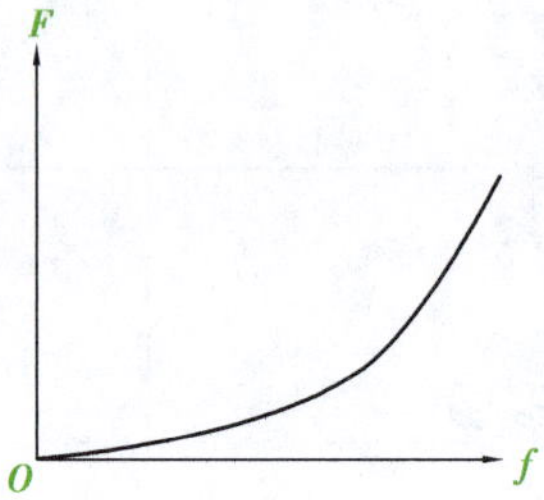	当弹簧压缩到开始有簧圈接触后，特性线变为非线性，自振频率为变化值，防共振能力较变节距压缩弹簧强。稳定性好，结构紧凑。多用于承受较大载荷和减振
截锥涡卷弹簧 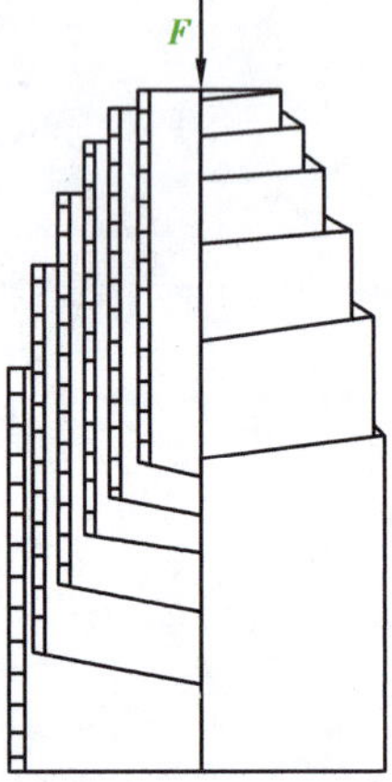	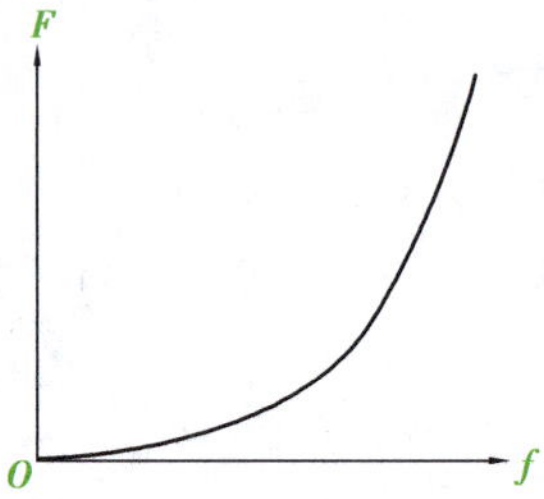	与截锥螺旋弹簧作用相似，但能吸收的能量更多

名称和结构	特性线	性　能
中凹型螺旋弹簧 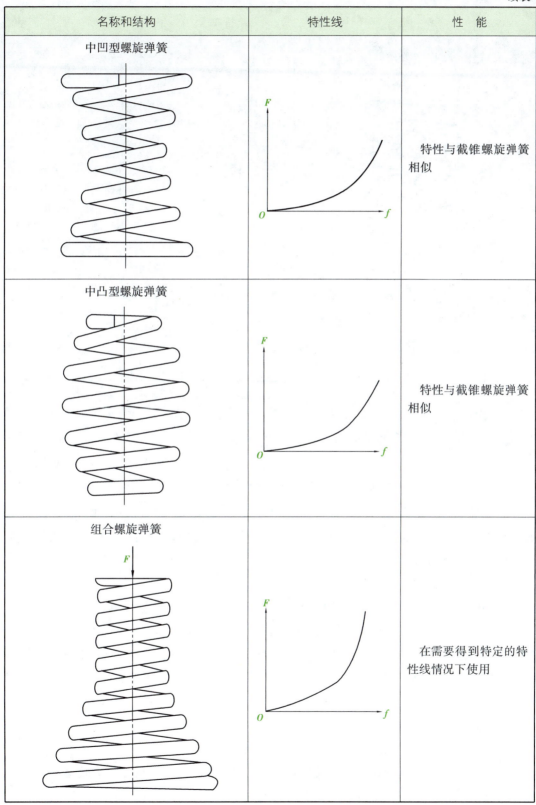		特性与截锥螺旋弹簧相似
中凸型螺旋弹簧		特性与截锥螺旋弹簧相似
组合螺旋弹簧		在需要得到特定的特性线情况下使用

续表

名称和结构	特性线	性　能
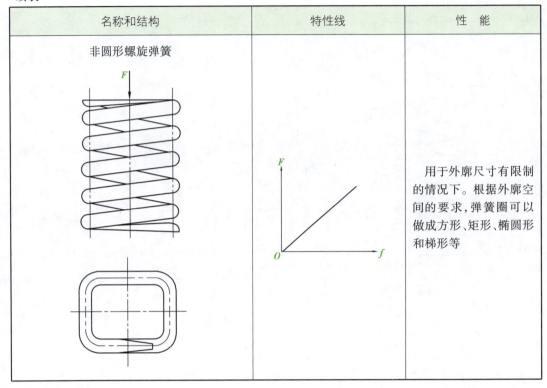 非圆形螺旋弹簧		用于外廓尺寸有限制的情况下。根据外廓空间的要求,弹簧圈可以做成方形、矩形、椭圆形和梯形等

3)其他类型弹簧

除以上两种弹簧外,常用的弹簧还包括扭杆弹簧、碟形弹簧、环形弹簧、平面涡卷弹簧、片弹簧、板弹簧、膜片膜盒、压力弹簧管、空气弹簧和橡胶弹簧等,在此不作详述。

(三)机械传动种类及特点

机械传动主要是指利用机械方式传递动力和运动的传动。一般分为两大类:一类是靠机械部件之间的摩擦力传递动力的摩擦传动;一类是靠主动件与从动件啮合或借助中间件啮合传递动力或运动的啮合传动。

(1)摩擦传动的概念及种类

摩擦传动机构由两个相互压紧的摩擦轮及压紧装置等组成,是靠接触面间的摩擦力传递运动和动力的。这种机构的优点是结构简单、制造容易、运转平稳、过载可以打滑(可防止设备中重要零部件的损坏),以及能无级改变传动比,因而有较大的应用范围。但由于运转中有滑动、传动效率低、结构尺寸较大、作用在轴和轴承上的载荷大等缺点,只宜用于传递动力较小的场合。常见的摩擦传动分为盘轮式摩擦传动、绳索式摩擦传动、带式摩擦传动。

1)盘轮式摩擦传动的概念及种类

盘轮式摩擦传动是指利用两个或两个以上互相压紧的轮子间的摩擦力传递动力和运动的机械传动。两个相互压紧的圆柱形摩擦轮,两轮之间由于压紧而产生了一定的正压力。工作时,当主动轮受外力作用而旋转时,其主动轮依靠两轮间产生的摩擦力带动从动轮一起旋转,从而实现运动和动力的传递。因此,盘轮式摩擦传动是利用两轮直接接触所产生的摩擦力来传递运动和动力的一种机械传动。只要两轮接触产生摩擦力,主动轮产生的摩擦力矩能克服从动轮上产生的阻力矩,即能保证传动的正常进行。

图 4.9 所示为两轴平行的摩擦传动,图(a)为外接圆柱式,图(b)为内接圆柱式,以外接圆柱式为例,主动轮转动,依靠摩擦力将运动及动力传递给从动轮。

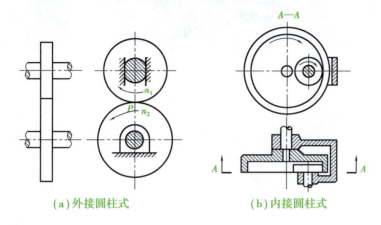

(a)外接圆柱式　　　　　　　　(b)内接圆柱式

图 4.9　两轴平行的摩擦传动

也有两轴不平行的盘轮式摩擦传动,图 4.10 所示为两轴不平行的盘轮式摩擦传动,改变了转动的方向,同时改变从动轮的位置还可以实现调速。

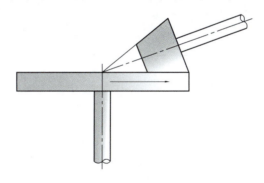

图 4.10　两轴不平行的盘轮式摩擦传动

轮盘式传动存在多种形式,可应用于不同场合,以下列举 4 类典型应用实例。图 4.11 所示为槽摩擦传动,图 4.12 所示为内切圆锥形摩擦轮,图 4.13 所示为球面与圆柱的摩擦传动,图 4.14 所示为叶瓣轮摩擦传动。

摩擦轮的形式多种多样,总的来说,优缺点可以总结为下述几点。

①优点。

a.结构简单,使用维修方便,适用于两轴中心距较近的传动。

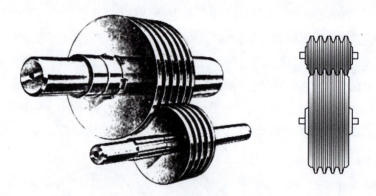

图 4.11　槽摩擦轮传动

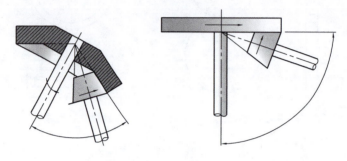

图 4.12　内切圆锥形摩擦轮

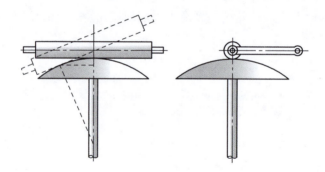

图 4.13　球面与圆柱的摩擦传动

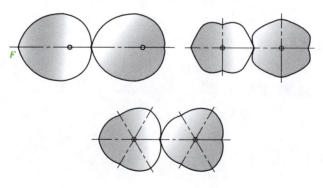

图 4.14　叶瓣轮摩擦传动

b.传动时噪声小,并可在运转中变速、变向。

c.过载时两轮接触处会产生打滑,因而可防止薄弱零件的损坏,起安全保护作用。

②缺点。

a.不能保证准确的传动比。

b.传动效率低,不宜传递较大的转矩,主要适用于高速、小功率传动的场合。

2)绳索式摩擦传动的概念及种类

绳索式摩擦传动是靠紧绕在槽轮上的绳索与槽轮间的摩擦力来传递动力和运动的机械传动。绳传动由绳轮和作为挠性曳引元件的绳共同构成。

绳索按照材质可分为纤维绳和钢丝绳。如部分受电弓升弓装置、车门解锁装置中采用了钢丝绳传动。

钢丝绳由若干钢丝扭合成股,每股的端面为接近圆形的花瓣状,再由若干股绞合成钢丝绳或钢缆,图4.16所示为钢丝绳结构示意图,钢丝绳绳芯的材料主要为麻,可使其具有较大的挠性,同时也可以储存较多的润滑剂以减少内部摩擦。钢丝绳主要用于起重机、升降机等较大拉力的传动。

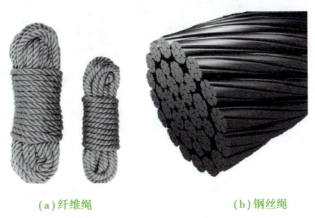

(a)纤维绳　　　　　　　　　(b)钢丝绳

图4.15　绳索分类

图4.16　钢丝绳结构示意图

绳传动中槽轮槽的形式也有多种,如图4.17所示主要分为 V 形槽、U 形槽、底部嵌入形槽,在实际应用时,槽轮的直径应大于绳直径的 40 倍(钢丝绳需大于 100 倍),这样可避免绳索挠曲造成内外部的损伤。

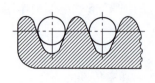 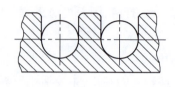 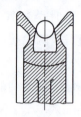

(a)V形槽   (b)U形槽   (c)底部嵌入形槽

图 4.17　槽轮的形式

绳传动绳索缠绕方法分为单绳制和多绳制,图 4.18 所示为单绳制,图 4.19 所示为多绳制。

单绳制又称为连续制,即用一根长绳在主动轮、从动轮及张紧轮间反复缠绕,最后经过导轮与起点相连。可用于平行轴、相交轴或不平行也不相交的两轴之间传动。单绳制缠绕法,绳索的张力均匀,使用张紧轮可调整绳索的张力。

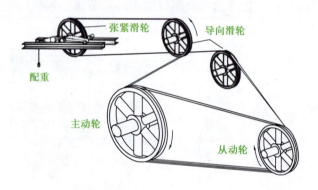

图 4.18　单绳制缠绕

多绳制又称为个体制,主动轮与从动轮的相对轮槽中装配一组绳索,与其他槽的绳索各自独立传动。一个主动轮同时传送数个平行轴从动轮,可传递较强的动力。

3)带式摩擦传动的概念及种类

带传动是利用张紧在带轮上的柔性带进行运动或动力传递的一种机械传动。根据传动原理的不同,有靠带与带轮间的摩擦力传动的带式摩擦传动,也有靠带与带轮上的齿相互啮合传动的同步带传动,本小节主要讲述带式摩擦传动的概念及种类。

摩擦带传动中带的形状可分为平带、V 形带、多楔带等,根据不同的应用环境选择不同的带形。

图 4.20 所示为平带传动,平带传动工作时,带套在带轮上,借带与轮面间的摩擦进行传动。传动型式有开口传动、交叉传动和半交叉传动等,分别适应主动轴与从动轴不同相对位置和不同旋转方向的需要。

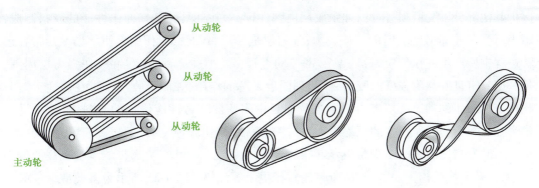

图 4.19　多绳制缠绕　　　　　图 4.20　平带传动

由于平带表面相对光滑,若在平滑的带轮上传动时,带轮对平带轴相的作用力较小,容易导致平带脱落,为防止平带脱落,一般有 3 种方式,一种是使用凸缘带轮,一种是使用带叉,一种是使用轮面隆起的带轮。若使用凸缘带轮,由于平带拆装较困难,故适用于平带可分段或主从动轮中心距可调节的场合。若使用带叉,在平带进入带轮时会约束平带,平带边缘容易因摩擦受到损伤,使用场合较少。所以一般情况下均采用轮面隆起的带轮来防止平带脱落。

轮面隆起的带轮一般有两种形式,图 4.22 所示为角型与弧型带轮,这两种形式的带轮均能使平带趋于向隆起的中央部位移动。

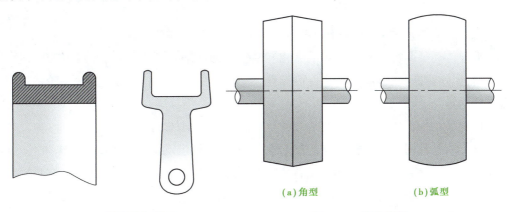

(a)角型　　　　　(b)弧型

图 4.21　凸缘带轮与带叉　　　　　图 4.22　带轮类型

平带传动结构简单,但摩擦力较小,容易打滑,通常用于传动比为 3 左右的传动。相比较下,图 4.23 所示的 V 形带传动的摩擦力更大,因此可以传递较大的功率。V 形带较平带结构紧凑,而且 V 形带是无接头的传动带,所以传动较平稳,是带传动中应用最广的一种形式。

V 形带又称为三角带,其断面呈梯形,必须与 V 形带轮配合使用。图 4.24 所示的 V 形带外层为布包层,由斜截成 45°的平纹胶帆布制成,具有优良的伸缩性和摩擦性,同时使内部各部分成为整体,

图 4.23　V 形带传动

保护其他部分不受磨损、侵蚀；伸张胶层由弹性较高，并且具有良好伸张性能的胶料制成，用来承受 V 形带载运转时的拉伸应力；强力层是 V 形带的骨架，作用是使承受 V 形带在运转过程中所产生的拉伸应力，是 V 形带传动过程中主要受力部分；缓冲胶在强力层周围，是一层具有良好黏附强度的胶料，能起到固定带芯的作用，并能吸收三角带在高速运转时频繁变形产生的动态剪切应力。压缩胶层是由耐弯曲疲劳性能优良的胶料组成，承受三角带在运转弯曲时所产生的压缩应力，保持三角带的刚度和弹性。

V 形带演化而来的多楔带继承了 V 形带的优点，同时相较 V 形带能承受更高的传动功率，传动系统结构更加紧凑，适应带轮直径更小等优势。图 4.25 所示为多楔带示意图。

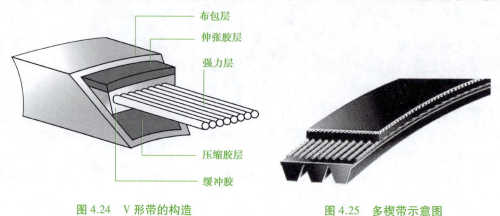

布包层
伸张胶层
强力层
压缩胶层
缓冲胶

图 4.24　V 形带的构造　　　　　图 4.25　多楔带示意图

(2)啮合传动的概念及种类

啮合传动是两机械零件之间依靠相互啮合传递运动和动力。相较摩擦传动普遍传递效率高，工作寿命长，传动相对平稳可靠性高。常见的啮合传动有链传动、齿轮传动、蜗轮蜗杆传动等。

1)链传动的概念

链传动是利用链与链轮轮齿的啮合来传递动力和运动的机械传动，与绳带传动同属于挠性传动，但相较于绳带传动，结构更加紧凑。链传动无弹性滑动和整体打滑现象，因此能保持准确的平均传动比，而且效率较高。同时链条在传动过程中无须像带绳那样张得很紧，作用于链轮轴上的压力较小，应用环境可以更加恶劣。但是在高速平稳性、噪声、成本等方面相较于绳带传动略逊一筹。生活中链传动随处可见，最常见的当属自行车、摩托车上的链轮机构了。

链传动的主要部件是传动链和链轮，如图 4.26 所示链轮齿形两侧为圆弧状，便于链节进入和退出啮合，同时小链轮的啮合次数比大链轮多，所受冲击力也大，故所用材料一般应优于大链轮。

传动链由内链节和外链节组成，图 4.27 所示传动链由内链板、外链板、销轴、套筒、滚子、止锁销 6 个小部件组成。

一般在设计时，要考虑链传动的承受载荷、传动的平稳性等方面。链轮的齿数不宜过多或过少。如果齿数过少，会增加传动过程中的不均匀性和动载荷，增加链节件的转角，

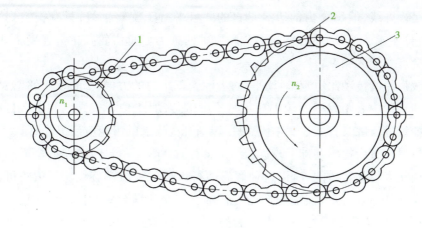

图 4.26　链传动

1—主动链轮；2—传动链；3—从动链轮

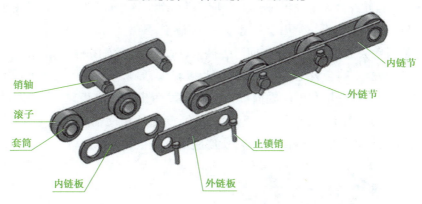

销轴
滚子
套筒
内链板
内链节
外链节
止锁销
外链板

图 4.27　传动链结构

增大功率消耗等。如果齿数过多，又会缩短链的寿命。链节距也是要考虑的指标，链节距越大，链和链轮各部分的尺寸也越大，链能承受的载荷也越大，但是速度的不均匀性、动载荷、噪声也将增加。所以在使用时，要根据不同的环境确定链轮及传动链的各项参数。为了使磨损均匀，提高寿命，链轮齿数最好与链节数互质，若不能保证互质，也应使其公因数尽可能小。

2）齿轮传动的概念

齿轮传动是利用一对或一组齿轮相互啮合传递运动和动力。齿轮传动是现代各种设备中应用最为广泛的一种机械传动方式。与带、链等传动相比，齿轮传动传递功率范围大、转速高、传动比准确、工作可靠寿命长。图 4.28 所示为最简单的一组直齿轮。

图 4.28　直齿轮

直齿轮是最简单的齿轮类型，由圆柱或者圆盘构成，并带有径向突出的齿，齿的形状通常为特殊形状，以保证恒定的传动比，齿廓或齿轮端面通常是渐开线,但每个齿的边缘是直的并且平行于旋转轴线,只有安装到平行轴上时,这些齿轮才能正确啮合,齿负载不会产生轴向推力。直齿轮在中等速度下非常出色,在高速时会产生较大噪声。

渐开线齿轮的传动比恒定,运动平稳;齿廓受正压力的方向恒定,受力平稳;安装的实际中心距与理论中心距大小的较小变化时不影响传动比,便于安装与制造。目前还没有找到其他曲线的齿廓具有上述 3 个优点,所以渐开线齿廓的齿轮应用很普遍。

斜齿轮是在直齿轮的基础上改进的结果,齿的边缘不平行于旋转轴线,而是设置成一定角度。由于齿轮是弯曲的,所以这种倾斜使得齿形成一段螺旋线。斜齿轮可以平行或交叉方向啮合,图 4.29 所示为斜齿轮的平行啮合与交叉啮合示意图。成角度的牙齿比正齿轮啮合更平缓,可使它们更平稳和安静地运行。斜齿轮啮合时,每对齿从一侧上开始点接触,接触曲线逐渐延伸到齿面,而在直齿轮啮合时,齿在整个宽度上突然相遇,造成较强压力和噪声,导致直齿轮在高速下发出特征性的呜呜声。出于这个原因,正齿轮常用于低速或噪声不需要控制的场合,斜齿轮常用于高速、大功率传输或噪声要求较低的场所。

但是,斜齿轮会对齿轮的轴线方向产生推力,所以斜齿轮轴必须安装能承受较大径向力的轴承。同时由于啮合齿之间的滑动摩擦程度更大,通常需持续地使用润滑剂。

人们为了解决斜齿轮产生的轴向推力问题便发明出了人字齿轮,人字齿轮是由两个对称的斜齿轮组成,图 4.30 所示为一组人字齿轮,产生的相反轴向力相互抵消,但是人字齿轮因为复杂的形状而使制造较为困难,所以应用不是很普遍。

图 4.29　斜齿轮的平行啮合与　　　　图 4.30　人字齿轮
交叉啮合示意图

锥齿轮用来传递两相交轴之间的运动和动力,图 4.31 所示为直齿锥齿轮传动。锥齿轮传动两轴之间的角度一般等于 90°,但也可以不等于,但是两个锥体的虚构定点必须重合。锥齿轮的齿同样分为直齿与斜齿,优缺点和圆柱形齿轮的直齿与斜齿相同。

3)蜗轮蜗杆传动

部分城市地铁的客室内藏门的电机与齿带轮之间传动机构就是采用蜗轮蜗杆,如图 4.32 所示为一组蜗轮蜗杆,这是一种简单紧凑的机械结构,由蜗杆与蜗轮组成,只能以蜗杆作为主动件将运动和动力传递给蜗轮,其传动可实现扭矩放大,传动比通常在 10∶1 到 500∶1 之间不等。缺点是传动过程中滑动摩擦损耗大,传动效率低,且润滑要求很高。

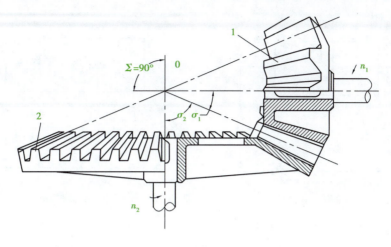

图4.31　直齿锥齿轮传动

4.1.2　电气知识

（一）交流电路控制

交流控制电路目前大多数采用晶闸管等电力电子器件,对输入、输出之间的交流电能进行变换与控制,常用的控制方式有4种:相位控制、周期控制、通断控制和斩波控制。根据不同的控制方法可以将交流电力控制电路分为以下几种基本类型。

图4.32　蜗轮蜗杆传动

（1）交流调压电路

交流调压电路采用相位控制方式,通常是将两个晶闸管反并联后串接在每相交流电源与负载之间,在电源的每个半周期内触发一次晶闸管,使之导通。通过控制晶闸管开通时所对应的相位来调节交流输出电压的有效值,从而达到交流调压的目的。

1）单相交流调压电路

单相交流调压电路的几种基本形式如图4.33—图4.36所示。

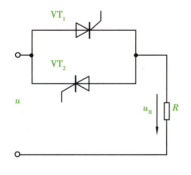

图4.33　反并联电路

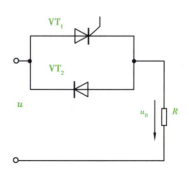

图4.34　混合反并联电路

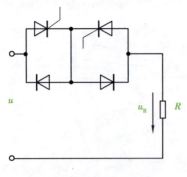

图 4.35　桥式电路

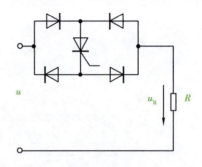

图 4.36　混合桥式电路

单相交流调压的特点如下所述。

①电阻性负载时,负载电流波形与单相桥式可控整流交流侧电流一致。改变控制角 α 可以连续改变负载电压有效值,达到交流调压的目的。

②电感性负载时,不得用窄脉冲触发,否则当 $\alpha < \phi$ 时,会导致一个晶闸管无法导通,形成大直流分量电流,烧毁熔断器或晶闸管。

③电感性负载时,最小控制角 $\alpha_{min} = \phi$(阻抗角), α 的移相范围为 $\phi \sim 180°$,电阻性负载时, α 的移相范围为 $0° \sim 180°$。当 $\phi = 0°$ 时,代表电阻性负载,此时 $\theta = 180° - \alpha$;若 ϕ 为某一特定角度,则当 $\alpha \leqslant \phi$ 时, $\theta = 180°$,当 $\alpha > \phi$ 时, θ 随着 α 的增加而减小。

2)三相交流调压电路

当相位控制的交流调压电路所带负载为异步电动机或其他三相负载时,需要采用三相交流调压电路。图 4.37 所示为一种带零线的星形连接反并联调压电路。

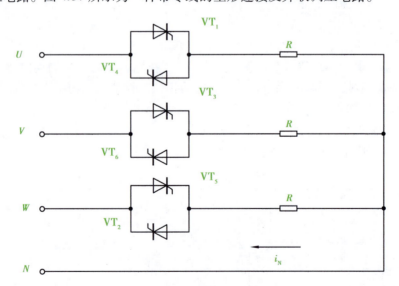

图 4.37　星形连接反并联调压电路

其三相负载连接为星形,各相通过零线自成回路,相当于 3 个相位互差 120° 的单相反并联交流调压电路的组合,因此其控制角 α 的移相范围为 $0° \sim 180°$,各相输出电压、电流及电路中晶闸承受的电压、电流与单相交流电压调压电路一致。该电路的缺点是三次谐波在零线中的电流较大。

（2）交流调功电路

交流调功电路采用有规律的周期通断控制方式,其电路形式与交流调压电路基本相同,但在控制方式上,交流调功电路是通过改变晶闸管的通态周期数和断开周期数之比来调节交流输出功率的平均值,从而达到交流调功的目的。

1）过零触发的概念

可控整流和有源逆变电路均采用移相触发控制,这种触发方式使得电路输出为带缺角的正弦波,其中包含大量的高次谐波。为了弥补这种不足,可采用过零触发或称零触发。过零触发是指在正弦交流电压过零时,触发晶闸管,使晶闸管处于全导通或全阻断状态,从而使得负载得到完整的正弦波。

2）交流调功器（周波控制器）的工作原理

交流过零触发开关电路利用零触发方式来控制晶闸管的导通与关断,使电路在电压为零或零附近瞬间接通,利用管子电流小于维持电流使得管子自行关断,这种开关对外界的电磁干扰最小。

单相交流调功器由过零触发开关电路组成,采用周期控制的方式,即将交流电源与负载接通几个整周期,再断开几个整周期,通过改变接通周期数与断开周期数的比值来调节负载上的平均功率,通过控制导通比 $D=n/m$ 调节平均功率。

3）零触发的两种工作模式

①固定周期控制。总控制周期数 m 不变,通过调节导通周期数 n 来调节导通比,进而调节平均输出功率。

②可变周期控制。导通周期数 n 不变,通过改变控制周期数 m 来控制导通比及输出功率。

（3）交流电力电子开关

交流电力电子开关采用无规律的通断控制方式,根据负载或电源的需要接通或断开电路。其作用相当于无触点的交流接触器。由于电源和负载的变化通常是随机发生的,因此交流电力电子开关的通断控制方式也是非周期性的。

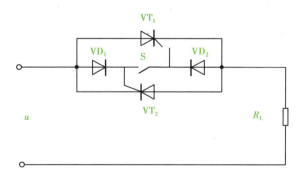

图 4.38 采用晶闸管反并联的交流开关电路

图 4.38 所示为普通晶闸管反并联构成的交流开关电路。当 S 闭合时,两只晶闸管均

以管子本身的阳极电压作为触发电压进行触发,具有强触发性质,即使对触发电流很大的管子也能可靠触发。随着交流电源的交变,两个晶闸管轮流导通,负载上得到的基本上是正弦电压。

（4）交流斩波调压电路

随着可关断器件的发展及应用,串联在电源和负载之间的开关器件可在一个电源周期内接通断开若干次,从而把正弦波电压斩成若干个脉冲电压,通过改变开关器件的导通比来实现交流调压的目的,同时还可以提高输入侧的功率因素。

交流斩波调压电路通常采用全控器件作为开关器件,电路如图 4.39 所示。在交流电源 u_1 的正半周,用 V_1 进行斩波控制,V_3 和 VD_3 为感性负载电流提供续流通路,在 u_1 的负半周,用 V_2 进行斩波控制,V_4 和 VD_4 为负载电流提供续流通路。

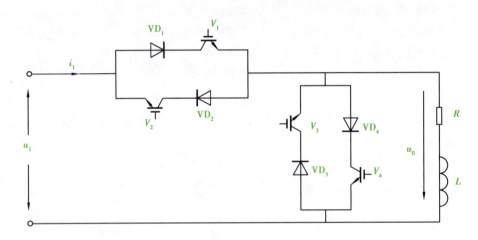

图 4.39 斩控式交流调压电路

因此,输入、输出均为交流电压,$V_1 \sim V_4$ 均需要有双向阻断功能,因此在各管支路中需串联快恢复二极管 $VD_1 \sim VD_4$,以承受关断时的反向电压。

斩控式交流调压电路具备的特点如下所述。

①电源电流的基波分量和电源电压同相位,即位移因数为 1。

②电源电流不含低次谐波,只含和开关周期 T 有关的高次谐波。

③功率因数接近 1。

地铁车辆控制电路中多采用直流控制,但在牵引电传动部分多采用 VVVF 逆变交流控制;与直流传动相比,交流传动采用异步电机和 VVVF 无接点控制,省去直流传动所需要的正反向转化开关和牵引制动转换开关。此处仅对交流控制电路做介绍,有助于理解交流控制输出。如需深入学习,可以参考课程"电路原理与电机控制"的相关书籍。

(二)动态电路

（1）电路的过渡过程

直流电路及周期电流电路中的电压、电流或是恒稳不变,或是按周期性规律变动的。电路的这种工作状态就是稳态。但是,在含有储能元件(电容、感)的电路中,当电路的结构或元件的参数发生改变时,电路从一种稳定状态变化到另一种稳定状态需要有一个动态变化的中间过程,这个过渡过程就是暂态,动态电路分析就是研究电路在过渡过程中电压与电流随时间变化的规律。

这里制作一个实验电路如图 4.40 所示,R、L、C 元件分别串联一只同样的灯泡,并连接在直流电压源上。当开关 S 闭合时,就看到 3 种现象。

①电阻支路的灯泡 D_R 会立即亮,而且亮度始终不变。

②电感支路的灯泡 D_L 由不亮逐渐变亮,最后亮度达到稳定。

③电容支路的灯泡 D_C 由亮变暗,最后熄灭。

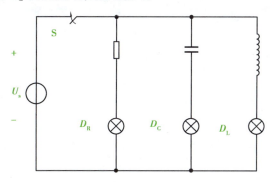

图 4.40　实验电路

3 条支路的现象不同,是因为 R、L、C 3 个元件上电流与电压变化时所遵循的规律不同。

对于电阻元件,电流与电压的关系是 $i_R = u_R/R$。因此,在电阻元件上,有电压就有电流。某时刻的电流值就取决于该时刻的电压值。电阻支路接通电源后,其电流从零到达新稳定值是立即完成的,电阻的电压与电流产生了跃变,所以电阻支路没有过渡过程。

对于电感元件,电流与电压的关系是 $u_L = Ldi_L/dt$。在电感元件上,每个瞬间的电压值不取决于该瞬间电流的有无,而取决于该瞬间电流的变化情况。由于电感支路在开关闭合的瞬间,电流的变化最大,此刻电感元件相当于开路,电感电压等于电源电压 U_s,灯泡电压为零,电路中没有电流,灯泡不亮;开关闭合后电感电流逐渐增大,灯泡逐渐变亮,而电流变化率减小,到达新的稳态时,电感对于直流相当于短路,此时电感电压为零,灯泡电压等于电源电压 U_s,因此灯泡到达最亮,所以电感电流由零达到最大要有一个过程。

对于电容元件,电流与电压的关系是 $i_C = Cdu_c/dt$。也就是电容元件上每个瞬间的电流值不取决于该瞬间电压的有无,而取决于该瞬间电压变化的情况。在开关闭合的瞬间电容没有储存电荷,电容电压为零,此时电容元件相当于短路,电容支路灯泡电压等于电源电压 U_s,所以灯泡最亮;开关闭合后随着电容充电电压的升高灯泡电压逐渐减小,灯泡随之变暗,当电容电压等于电源电压 U_s 时,电路达到新的稳态,电容对直流相当于开路,没有电流通过灯泡,此灯泡不亮,所以电容电压由零达到最大要有一个过渡过程。

从能量的角度来看,电阻是耗能元件,其上电流产生的电能总是即时地转变成其他形式的能量(如热能、光能)消耗掉。若电路中含有电容及电感等储存元件,则电路中电压和电流的建立或其量值的改变,必然伴随着电容电场能量和电场能量的改变。一般而言,这种改变只能是渐变,不可能是跃变,即不可能从一个量值跃变为另一个量值,否则意味着

功率 $P=\mathrm{d}W/\mathrm{d}t$ 是无穷大的,而在实际中功率是不可能无穷大的。具体来说,在电容中的储能为 $W_C=\frac{1}{2}Cu_c^2$,由于换路时能量一般不能跃变,故电容电压不能跃变。电容电压的跃变将导致其中电流 $i_C=C\mathrm{d}u_c/\mathrm{d}t$ 变为无限大,这通常是不可能的。由于 i_C 只能是有限值,以有限电流对电容充电,电容电荷及电压 U_C 就只能逐渐增加,不可能在无限短暂的时间间隔内突然跃变。在电感中的储存能为 $W_L=\frac{1}{2}Li_L^2$,由于换路时能量一般不能跃变,故电感电流不能跃变。电感电流的跃变将导致其端电压 $u_L=L\mathrm{d}i_L/\mathrm{d}t$ 为无穷大,这通常也是不可能的。由于 u_L 只能是有限值,电感的磁链和电流 i_L 也只能逐渐增加,不可能在无限短暂的时间间隔突然跃变。

上述分析表明,电路产生过渡过程有内外两种原因,内因是电路中存在动态元件 L 或 C;外因是电路的结构或参数要发生改变,例如开关的打开或闭合,元件的接通与断开等,一般称为换路。

（2）换路定律

在换路瞬间,如果电容元件的电流为有限值,其电压 U_C 不能跃变;如果电感元件两端的电压为有限值,其电流 i_L 不能跃变。这一结论称为换路定律。

动态电路学习对地铁车辆检修工是具有普遍意义。我们应在电路连接的基础上学习电路一般建立和响应过程及结果,并针对电容、电感特性,掌握动态电路状态发生改变时需要经历的过程。在作业中理解地铁车辆检修电气设备的安全生产过程、理解放电原理以及理解相应的电气设备需要转换时间是非常有必要的。此处仅做简单介绍,如需深入学习,可参考专业书籍。

（三）电化学知识

（1）电化学概念

地铁车辆中使用到的蓄电池是电气设备中重要的一个环节,主要用于启动前的激活列车、启动后为列车提供稳定的 110 V 控制电源及无网压时能够提供列车紧急照明、通风、车载安全设备、广播系统等在规定时间内的正常运行。蓄电池涉及电化学中相关理论,此处对其相关知识介绍如下。

电化学科学是研究电子导电相(金属和半导体)和离子导电相(溶/熔液和固体电解质)间的界面上发生的各种界面效应,即伴有电现象的化学反应的科学。作为一门交叉学科,电化学横跨自然科学与工程技术两大领域,在化工、机械、交通、电子、材料科学等科技领域获得了广泛的应用,许多生命现象如肌肉运动、神经的信息传递都涉及电化学机理。应用电化学原理发展起来的各种电化学分析法已成为实验室和工业监控的不可缺少的手段。

电化学体系至少由一个第一导体(电子导体)和一个第二导体(离子导体)相接触形成最小单位。第一导体以电子导电为特征,统称为电极;第二导体以离子导电为特征,即电解质溶(熔)液(或固溶体)。电化学反应就是在这两类导体的接触界面处发生的。

通常地,根据电化学反应的发生条件和结果的不同,电化学体系分为下述 3 类。

1）原电池

原电池体系中的两个电极与外电路负载接通后，能自发地将电流送到外电路中做功。

2）电解池

电解池体系通过与外电源组成回路，强迫电流在电化学体系中通过并促使电化学反应的发生。

3）腐蚀电池

腐蚀电池体系通过电化学反应自发进行，但该反应不对外做功，仅对金属产生破坏效应。

（2）电化学反应

电化学反应发生在电极相和溶（熔）液相间的界面，通常至少包含 3 个接续的过程，即：

①反应物由相的内部向界面反应区传输。

②反应物在相界区发生电荷转移，进行电化学反应进而生成反应产物。

③反应产物离开界面反应区。

一般认为上述第二个过程，即相界区的反应过程为主要过程，它是由一系列吸附、电荷转移、前置化学反应、后置化学反应和脱附等步骤形成的复杂过程。其中主要步骤是电荷转移，任何一个电化学反应都必须经过电荷转移。

（3）化学电源

1）电池的概念

电池是化学电源的一种习惯称呼，这种装置可以借由电化学反应将化学能转化为电能。任何电池都是由正极、负极、电解质、隔板（隔膜）与容器等部分组成，其中正极、负极、电解质 3 部分是电池的重要组成。

电池的电化学反应主要有两种方式，即氧化还原反应和嵌入—脱嵌反应。

①氧化还原反应：电池放电时，负极上总是发生氧化反应并放出电子；正极上总是获得电子并发生还原反应。以铅酸电池为例，放电时，负极发生如下氧化反应：

$$Pb + SO_4^{2-} - 2e \Longrightarrow PbSO_4$$

在正极上发生如下还原反应：

$$PbO_2 + 4H^+ + SO_4^{2-} + 2e^- \Longrightarrow PbSO_4 + 2H_2O$$

②嵌入—脱嵌反应可以以锂二硫化钛电池为例说明，反应如下：

$$x Li + TiS_2 \Longrightarrow Li_x TiS_2$$

2）蓄电池

可用充电方法使其复原，恢复放电功能，并可多次充放电的电池称为蓄电池，或称二次电池，如锂离子电池、镍镉蓄电池和铅酸蓄电池等。地铁车辆中多用到镍镉碱性蓄电池和铅酸胶体蓄电池。

蓄电池的 5 个主要参数：电池容量、标称电压、内阻、充电终止电压和放电终止电压。

①电池容量。电池容量通常用 A·h（安时）表示，1 A·h 即在 1 A 的电流下可以放电 1 h。单元电池内的活性物质的数量决定单元电池含有的电荷量，而活性物质的数量则由电池使用的材料和体积决定，因此，通常电池体积越大，容量就越高。与电池容量相关的一个参数是蓄电池的充电电流，通常用充电速率 C 表示，C 为蓄电池的额定容量。例如，

用 2 A 电流对 1 A·h 蓄电池充电,其充电速率就是 2C。

②标称电压。在电池刚出厂时,正负极之间的电势差称为标称电压。标称电压由极板材料的电极电位和内部电解液的浓度决定。当环境温度、使用时间和工作状态变化时,单元电池的输出电压略有变化。同时单元电池的输出电压与电池的剩余电量也有一定的关系。单元镍镉电池的标称电压为 1.3 V,单元镍氢电池的标称电压为 1.25 V。

③内阻。蓄电池的内阻取决于离子流的阻抗和极板的电阻。在充放电过程中,极板的电阻是恒定不变的,但离子流的阻抗会随着电解液的浓度及带电离子的增减而变化。

④充电终止电压。蓄电池充足电时,极板上的活性物质达到饱和状态,此时继续进行充电,蓄电池的电压也不会上升,此时的电压成为充电终止电压。单元镍镉电池的充电终止电压为 1.75~1.8 V,单元镍氢电池的充电终止电压为 1.5 V。

⑤放电终止电压。蓄电池放电时允许的最低电压称为放电终止电压。若电压小于等于放电终止电压时继续放电,电池正负极两端的电压会迅速下降,造成深度放电,也称为过放电。发生深度放电后,极板上形成的生成物在正常充放电时变得不易再恢复,进而缩短电池寿命,放电终止电压与放电率有关,以镍镉蓄电池为例,放电终止电压与放电率的关系见表 4.4。

表 4.4　镍镉蓄电池放电终止电压与放电率关系

放电率	放电终止电压/V
8 小时率	1.10
5 小时率	1.00
1 小时率	0.80
3 小时率	0.50

下面以轨道交通行业常用的镍镉蓄电池为例进行探讨。

3)镍镉蓄电池的工作原理及特点

镍镉蓄电池的正极材料为氢氧化亚镍和石墨粉的混合物,负极材料为海绵状的镉粉与氧化镉粉混合物,电解液通常为氢氧化钠或氢氧化钾溶液,为了增加蓄电池容量和循环寿命,通常在电解液中加入少量的氢氧化锂(每升为 15~20 g)。

镍镉蓄电池充电后,正极板上的活性物质变为氢氧化镍,负极板上的活性物质变为金属镉;镍镉电池放电后,正极板上的活性物质变为氢氧化亚镍,负极板上的活性物质变为氢氧化镉。

充足电后,立即断开,镍镉蓄电池的电动势可达到 1.5 V 左右,但很快会下降至 1.31~1.36 V。镍镉蓄电池的端电压随充放电过程而变化,可用下式表示:

$$U_{充} = E_{充} + I_{充}R_{内}$$
$$U_{放} = E_{放} - I_{放}R_{内}$$

从该式可以看出,充电时电池的端电压比放电时高,且端电压随着充电电流的增大而增大;同时,端电压随放电电流的增大而降低。

当镍镉蓄电池以标准放电电流放电时,平均工作电压为 1.2 V,采用 8 小时率放电时,蓄电池端电压降到 1.1 V 后电池即放完电。

蓄电池充足电后在一定的放电条件下,放电至规定的终止电压时,电池放出的总容量称为电池的额定容量,用 Q 表示,它与放电电流 I 及放电时间 t 的关系可用下式表示:

$$Q = It(A \cdot h)$$

放电电流直接影响放电终止电压,在规定的放电终止电压下,放电电流越大,蓄电池容量越小。

同时,镍镉蓄电池的容量 Q 与活性物质的数量、放电率、电解液的成分、电解液温度及电解液纯度 5 个因素有关。

镍镉蓄电池同时还具有记忆效应,在蓄电池使用过程中,若电量未放完便开始充电,在下次放电时就不能放出全部电量。如本次只放出 90% 电量就开始充电,下次充满电后该电池只能放出 90% 电量。通过基板上的化学反应可知,电池放完电后,极板上的氢氧化亚镍几乎完全转化为氢氧化镍,残留在极板上的结晶体很小;而当不完全放电后,极板上剩余的氢氧化亚镍集合在一起形成较大的结晶体,导致与电解液的接触面积变小,反应率下降,这是镍镉蓄电池产生记忆效应的主要原因。

4)镍镉蓄电池的维护方法探究

提高电池性能及延长电池使用寿命的关键在于避免记忆效应和过度放电。所以使用和保养应注意:

①正常使用后,需放电至放电终止电压时才可进行充电,以确保使用寿命。

②可在 10 次左右的充放电循环之后,进行一次完全放电和过充电,以达到防止记忆效应的目的。过充电的方法是延长充电时间,即比正常充电时间延长 1 倍左右,以减小记忆效应。

③电池充放电应严格按要求规范操作,切忌长期过充、过放或经常充电不足。电池充电过程应尽量一次完成。

(4)地铁车辆蓄电池的选用

在地铁车辆电气系统设计中,蓄电池组参数的确定及电池箱的设计是电气系统中一个比较重要的子系统。在地铁车辆特殊的运营模式下,作为紧急负载供电电源,蓄电池主要功能如下所述。

①车辆在运行过程中在列车启动前激活各控制系统,同时为辅助逆变器提供控制电源。在线路电网无网压或带充电机的辅助逆变器全故障不工作情况下,蓄电池为车上应急照明、与安全有关的网络控制系统、车辆的全部通信设备(包括 PIDS、广播、无线电等)以及紧急通风设备、门控设备等提供紧急供电电源,维持规定的紧急供电时间,满足乘客安全逃生与供电需求。

②在降弓状态下为地铁车辆 DC110 V(以 B 型地铁为例)控制电路、照明、网络控制系统、PIDS 系统等低压设备提供 DC110 V 电源,保证地铁车辆升弓并投入工作。

③地铁车辆正常运行中,蓄电池和辅助逆变器的充电机共同为 DC110 V 控制母线供电,起到滤波作用,降低控制母线电源的波纹系数,提高母线电源的质量。

(5)蓄电池选型

地铁车辆蓄电池的选型一般遵循以下步骤:

①按照车辆要求计算紧急工况下直流负载的总功率。

②选取符合要求的蓄电池类型,并根据当地的气候条件和合同要求确定所选蓄电池的温度补偿系数、老化效率和充电效率。

③计算所选蓄电池的实际所需容量,确保在其使用寿命终止时能够满足参数要求。

紧急负载是地铁车辆在运营过程中最大的110 V直流负载。紧急状态下完全由蓄电池供电,一般要求供电维持时间为45 min。在选型时,首先应计算地铁车辆紧急负载功率,然后根据该功率的大小、地铁车辆的运用条件、电池的性能参数等条件计算蓄电池的容量。按照具体型式的电池性能参数计算出电池组的容量数据,结合电池组对地铁车辆运用条件(如温度、湿度、抗震、耐过充过放、与110 V直流电源的匹配、可维护性、环境保护、人身安全、体积、质量等)的适应性进行比较,确定最适合的电池容量值。

(6)酸性蓄电池和碱性蓄电池的性能比较

目前在铁路机车、客车上普遍使用的蓄电池有2种:一种是阀控式密封铅酸蓄电池,一种是少维护镍镉蓄电池。与铁路上传统的富液式酸性蓄电池及铁壳普通镍镉蓄电池相比,它们都具有使用寿命长、少维护、不漏液、终身无须换液等优点,但镍镉蓄电池在快充能力、放电深度、使用寿命、低温性能和可靠性方面具有更明显的优势。在地铁车辆实际运营中,蓄电池组的可靠性尤为重要。

1)耐过充、过放电能力

辅助逆变器(带充电机)对蓄电池的充电方式为恒压限流式,铅酸蓄电池允许的充电、放电电流较小,长期以大电流反复充电会造成蓄电池的慢性损伤;镍镉蓄电池则较能耐大电流充电,同时比铅酸蓄电池能耐大电流放电。车辆在检修时极有可能造成蓄电池亏电,这将对铅酸蓄电池造成极大的损害,而镍镉蓄电池即使亏电至电压为零也能恢复正常使用。

2)适应环境能力

镍镉蓄电池的一个突出优点是低温特性好,在-40 ℃的环境温度下,电池容量减少40%~50%;而酸性蓄电池在-40 ℃的环境温度下,蓄电池容量会减少到25%。因此从耐低温性能考虑,宜选用碱性蓄电池。在耐高温方面,两种蓄电池的差异有:由于两种蓄电池的化学原理不同,阀控式密封酸性蓄电池不能通过失水的方式散发热量,在过充电时,充电电流和电池温度发生一种累积性的增强作用,可能导致蓄电池热失控,电池的外壳会起包、漏气;镍镉蓄电池不存在热失控的现象。

3)带故障运行能力

如果某节铅酸蓄电池因热失控而损坏,相当于这节蓄电池开路,这时整个蓄电池组相当于开路,会失去作用。如果某节蓄电池因误接或其他原因引起短路或电池组少了一节蓄电池,会造成蓄电池组的其他蓄电池上的浮充电压接近于最高限压值(2.4 V),而这些蓄电池的浮充电压并不是完全相等,一旦某节蓄电池上的浮充电压超过最高限压值,这节蓄电池就会很快发生热失控现象,如此将产生连锁反应,损坏所有蓄电池。

由于镍镉蓄电池不存在热失控现象,因此一般不可能出现单节蓄电池开路的情况。如果某节蓄电池因误接或其他原因造成短路,相当于整个蓄电池组少了一节电池,而碱性蓄电池的浮充电压范围较宽,因此对蓄电池没有影响,蓄电池组的电压也只是下降1~1.2 V,仍然可以维持故障运行。

4)蓄电池寿命

循环试验数据显示,镍镉蓄电池的循环寿命是阀控式密封铅酸蓄电池的 1.5 ~ 2 倍。从以上几方面综合考虑,镍镉蓄电池更为优越。通过采用免维护镍镉蓄电池串并联混合的连接方式,可以满足地铁车辆特殊应急要求。

(四)模拟电路知识

(1)模拟电路的定义

模拟电路简单地讲,就是处理模拟信号的电子电路。模拟电路是用来对模拟信号进行传输、变换、处理、放大、测量和显示等工作的电路。模拟电路是电子电路的基础,主要包括放大电路、信号运算和处理电路、振荡电路、调制和解调电路及电源等。

(2)模拟信号的定义

模拟信号是随时间变化的连续信号,它是连续变化的物理量的反应,包含了物理量所表达的信息。例如,在模拟音频信号中,信号显示的瞬时电压随声波产生的压力不断变化。

电信号可以通过电压、电流、频率或总电荷的变化来表达信息,这种变化是其他物理量(如声音、光、温度、压力、位置)通过传感器转换而来的。电信号从给定的范围内取任意值,每个唯一的电信号值代表不同的信息。电信号的任何变化都是有意义的,电信号的每一个级别代表了它所代表的现象的不同程度。假设电信号被用来表示温度,1 V 表示 1 ℃,在这样的系统中,10 V 代表 10 ℃,10.1 V 代表 10.1 ℃。

(3)模拟电路中的基本元件

模拟电路中的基本元件是二极管、三极管与场效应管。

1)二极管种类及应用

电子二极管具有一个阴极与一个阳极,具有单向导电性,即阳极电位高于阴极时,阴极发射的电子在电场的作用下向阳极运动形成电子流。而阴极电压比阳极高时,电子所受到的电场力是将电子拉回阴极的,所以不能产生电流。电子二极管一般用于整流与检波,分为有真空与充气(充有惰性气体)两种,充气二极管也可以做稳压、指示、控制之用。

图 4.41 所示为电子二极管的特写视图,阳极在右侧,阴极在左侧(标有黑色带的地方),在两条引线之间可以看到方形硅晶体。

由于电子二极管十分笨重,能耗大,寿命短,制造工艺相对复杂,随着半导体材料技术的发展,电子二极管逐渐被晶体二极管所取代。

图 4.41　电子二极管特写视图

晶体二极管也是一种只往一个方向传送电流的电子元件,具有按照外加电压的方向,使电流流动或不流动的性质。晶体二极管为一个由 P 型半导体和 N 型半导体形成的 PN 结,在其界面处两侧形成空间电荷层,并有自建电场,当不存在外加电压时,因 PN 结两边载流子浓度差引起的扩散电流和自建电场引起的漂移电流相等而处于电平衡状态。

随着半导体材料和工艺技术的发展,利用不同的半导体材料、掺杂分布、几何结构,研制出结构种类繁多、功能用途各异的多种晶体二极管。制造材料有锗、硅及化合物半导体等。晶体二极管可用来产生、控制、接收、变换、放大信号和进行能量转换等。图 4.42 中用晶体二极管符号表示了二极管的类型,对于某些类型的二极管还有其他符号,但差异较小。符号中的三角形指向正向,即正常情况下电流的方向。

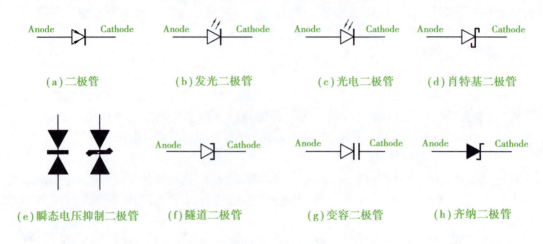

(a) 二极管　　(b) 发光二极管　　(c) 光电二极管　　(d) 肖特基二极管

(e) 瞬态电压抑制二极管　　(f) 隧道二极管　　(g) 变容二极管　　(h) 齐纳二极管

图 4.42　各类型二极管符号表示

2) 三极管种类及应用

晶体三极管的基本功能是放大电流,可以用作放大器或开关,这些功能使其在电子设备(包括计算机、电视机、手机、音频放大器、工业控制和无线电发射机)中具有广泛的适用性。

图 4.43 所示为几种常见的晶体三极管封装,从上到下分别是 TO-3、TO-126、TO-92、SOT-23。

晶体三极管按材料分为两种:锗管和硅管。而每一种材料的晶体三极管又分为 NPN 和 PNP 两种结构形式,但使用最多的是硅 NPN 和锗 PNP 三极管,其中 N 是负极的意思,N 型半导体在高纯度硅中加入磷取代一些硅原子,在电压刺激下产生自由电子导电。P 是正极的意思,是加入硼取代硅,产生大量空穴利于导电。两者除了电源极性不同外,其工作原理都是相同的,下面仅介绍 NPN 硅管的电流放大原理。

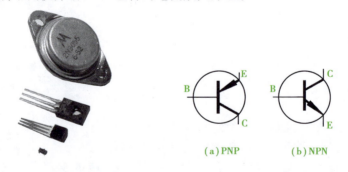

(a) PNP　　　　(b) NPN

图 4.43　典型的晶体三极管封装　　图 4.44　三极管在电路中的符号

对于 NPN 管,它是由 2 块 N 型半导体中间夹着一块 P 型半导体所组成,发射区与基区之间形成的 PN 结称为发射结,而集电区与基区形成的 PN 结称为集电结,3 条引线分别称为发射极 E(Emitter)、基极 B(Base) 和集电极 C(Collector),图 4.45 所示为晶体三极管工作原理示意图。

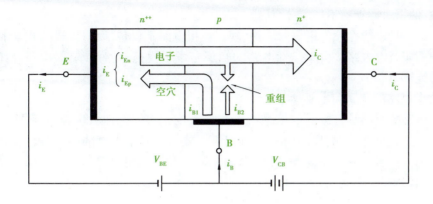

图 4.45　晶体三极管工作原理示意图

3）场效应管的概念

场效应管也是一种晶体管，是利用控制输入回路的电场效应来控制输出回路电流的一种半导体器件，一般的晶体管是由两种极性的载流子，即多数载流子和反极性的少数载流子参与导电，因此又被称为双极型晶体管。而场效应管仅是由多数载流子参与导电，被称为单极型晶体管。它属于电压控制型半导体器件，具有输入电阻高（107~1 015 Ω）、噪声小、功耗低、动态范围大、易于集成、没有二次击穿现象、安全工作区域宽等优点。

场效应管都有栅极（Gate）、漏极（Drain）、源极（Source）3 个端，分别对应双极性晶体管的基极、集电极和发射极。除了结型场效应管外，大多数场效应管也有第四端，被称为体（Body）、基（Base）、块体（Bulk）或衬底（Substrate）。图 4.46 所示为金属氧化物半导体型场效管（MOS 场效应集体管）截面示意图。

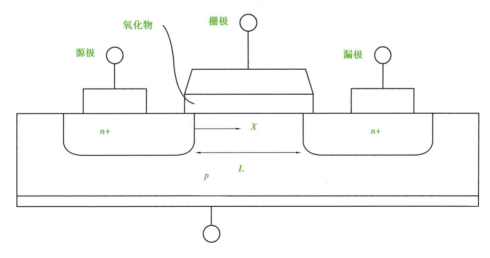

图 4.46　MOS 场效应集体管截面示意图

（4）放大电路的含义

放大电路是使用最为广泛的电子电路之一，也是构成其他电子电路的基础单元电路，所谓放大，就是将输入的微弱信号放大到所需要的幅度值且与原输入信号变化规律一致的信号，使信号不失真地放大，放大电路的本质是能量的控制和转换。

在阅读有关电路的书籍时，经常会遇到电路、系统、网络等术语，这 3 个术语的含义是相近的,有的书对此干脆不加区分,认为三者是相同的。

线性网络是由线性元件组成的电路,现代模拟电路不仅包括线性电路,也包括出数字电路以外的非线性电路。由于线性电路的知识是学习模拟电路的基础,本节介绍的放大电路均为线性电路。

1)放大电路的概念和主要参数

放大电路的目的是将微弱的信号放大成较大的信号。电压放大器可用图4.47来表示,这是有输入输出两个端口的四端双口网络。放大信号不失真的必要条件是该网络必须是线性的。信号从输入端输入,从输出端输出,三角形的电路符号表示了信号的传输方向,电路中有公共参考地。

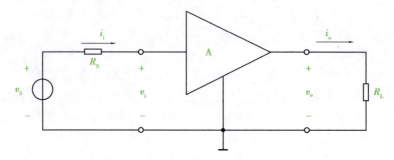

图4.47　输入和输出有公共端时的符号

放大器的传输特性公式为:

$$A_v = \frac{v_o}{v_i}$$

式中　A_v——电压增益,等于输出电压v_o与输入电压v_i的比。

电压增益是放大器的一个重要参数,理想的放大器输出与输入成线性关系,而且电压增益与信号的频率、信号源内阻、外界负载及电源电压等是无关的。

另一个常用的增益是功率增益A_p,它等于放大器的输出功率与输入功率的比:

$$A_v = \frac{P_o}{P_i} = \frac{v_o i_o}{v_i i_i}$$

式中　P_o——输出到负载上的功率,它等于输出电压与输出电流的积。

电压增益和功率增益的数值代表放大倍数。

2)放大电路的组成

三极管分为共射、共基、共集3种组态,与之相对应,放大器也有共射极放大器、共基极放大器和共集电极放大器。下面以共射态为例介绍放大器的工作原理。

如图4.48所示,VT是三极管,工作在正向有源区,即放大区,发射结要正偏,收集结要反偏。正电源E_c为晶体管的集电极提供反偏压,并向输出回路提供能量;E_B使发射结正偏,并与R_B一起确保晶体管的基极直流电源I_B;R_C把集电极电流的变化变成电压的变

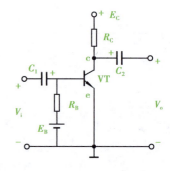

图4.48　共射极放大电路

化;电容C_1的作用是"阻直通交",即阻隔直流电,而把交流信号耦合到晶体管基极上。

由于有电源 E_c 和 E_B 的存在,所以在静态时(无信号时)晶体管的基极和集电极都有确定的直流电流和直流电压,分别以 IBQ、VBEQ、ICQ、VCEQ 标示,如图 4.49 所示它们在晶体管中的输入和输出特性曲线上代表 Q(IBQ、VBEQ)和 Q(ICQ、VCEQ)称为直流工作点或静态工作点。静态工作点能说明晶体管的工作状态是在放大区、截止区或是饱和区等。

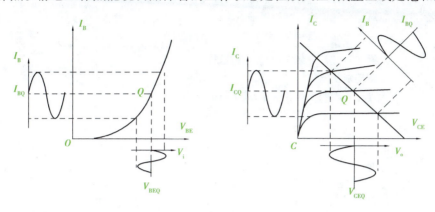

图 4.49　特性曲线和静态工作点

任务 4.2　车辆知识及实操技能

4.2.1　专业知识技能要求

在列车检修工高级工序列中,应掌握电客车系统的结构、原理及作用以及电气控制接线图。熟知相应的检修规程和作业指导书,及时完成现场生产作业任务。具备突发、常见故障快速响应能力,能够独立分析排查现场生产设备隐患、发现作业指导书中的缺漏、冗余环节和其他问题;并在所掌握的专业知识和技能的基础上,能结合实际需要,指导和培训初、中级人员,完成相应的师徒带教等活动。

表 4.5　专业技能要求

工作内容	技能要求	相关知识
车体与车门的检修及故障处理	能更换组装车体内的零部件; 能更换贯通道零部件及修复破损部位; 能调整车体地面高度; 能使用工具检测调整车门关键尺寸; 能拆卸安装更换车门主要部件,并对车门系统进行常规调整、紧固、标记及润滑	了解并掌握车体内部和外部设备布局、贯通道结构组成及特点、车体主要技术参数、车门主要组成及特点、关键尺寸及参数
车钩缓冲装置检修及故障处理	能检测调整车钩高度等关键尺寸; 能更换车钩零部件; 能处理车钩简单故障	车钩缓冲装置中部件组成及特点、关键尺寸、关键参数

续表

工作内容	技能要求	相关知识
转向架检修及故障处理	能检测、调整、转向架关键尺寸； 能对充气部分进行气密性检查及处理； 能对轴箱开盖检查并检修轴承； 能检查更换、调整轴端速度传感器、回流碳刷	转向架重要部件组成及特点、关键尺寸及参数控制
制动系统检修及故障处理	能拆卸、分解、组装空气制动系统部件； 能调整闸瓦间隙； 能进行各阀的更换及检修；能进行滤清器的更换作业； 能进行制动系统各空气管路检查及故障处理	空气制动结构组成及特点、关键尺寸、关键参数
空调系统检修及故障处理	能拆卸组装空调系统零部件； 能使用常用工具对空调机组进行测量测试	空调系统重要组成及特点，关键参数控制
牵引系统及控制回路	能对牵引常见设备进行拆装、更换，能使用工具对部件进行检测； 能检查牵引电机状态，并对系统设备进行检测； 能判断无牵引、高速断路器及各模块状态；能排除司机室设备故障 能读取专业数据，查找并处理简单故障	牵引系统构成、原理，故障基本逻辑及网络控制回路设计
辅助供电设备检修及故障处理	能处理客室车厢内广播系统故障，以及相关的 LCD、LED 故障排查处理； 能处理车厢内、外照明故障； 能处理空调、电暖故障	客室车厢内各服务设备工作原理、故障现象及处理、性能验证

4.2.2　车辆连挂及走行部

（一）转向架三维尺寸测量及调整

（1）构架三维尺寸测量原理

转向架由多个部件组成，对每个部件尺寸的选配具有严格要求。构架三维尺寸测量是通过建模的方式，以标准球为基准点通过探头测量构架尺寸，对转向架安全运行具有重大意义，高级工通过操作三维尺寸测量平台，可以更深入地了解构架尺寸因受力而产生的形变。

（2）构架

转向架构架是转向架的骨架，用以连接转向架各组成部分和传递各方向的力，并用来保持车轴在转向架内的位置（如车轴相互平行并垂直于构架纵线轴）。其一般由左、右两侧梁和一个或几个横梁组成。转向架构架的设计是双 H 形结构，包括两个焊接在一起的箱型截面侧梁，通过两个管状横梁相互连接。构架为 H 形轻量化低合金高强度钢板焊接结构，主要由 2 根侧梁和 2 根横梁组成。构架侧梁上焊有制动缸安装座、轴箱弹簧定位座等，横梁上焊有牵引电机吊座、齿轮箱吊杆座、牵引拉杆座和横向缓冲器座等。转向架是高速走行机构，必须始终保持良好的性能状态，才能保证列车的安全可靠运行，所以对地铁车辆转向架的研究是非常重要的。

（3）动力转向架技术参数

1）侧梁

侧梁不仅是向轮对传递垂向力、纵向力和横向力，还用来规定轮对的位置。侧梁上盖板、下盖板和立板的厚度分别为 12 mm、14 mm、10 mm，侧梁内部设有多块厚度为 8 mm 的筋板。

2）横梁

横梁用来保证构架在水平面内的刚度，保持各轴的平行及承托牵引电机两端的横梁，故又称端梁。构架横梁采用直径小于 180 mm、壁厚 14 mm 的无缝钢管，可提高构架主体结构的可靠性。侧梁与横梁的连接处和两横梁之间设有纵向加强梁。

3）测量机基本情况

目前使用 delta slant 三维测量机和 PC-DMIS 软件，测量精度为 0.000 1 m，能够精确测量构架各结构尺寸，满足测量工艺要求。测量机主要由操纵盒、测量探头、移动横梁、测量臂、移动导轨、移动小车、计算机、测量控制器及附属电气路等组成。

4）构架三维尺寸（拖车）及参数

拖车构架三维尺寸有轴距 $A_1\backslash A_2$，左右轴距的差 A_1-A_2，两轴颈中心距 $D_1\backslash D_2$ 两轴颈中心距前后之差 D_1-D_2，一系弹簧座之间对角线差 $|B_1-B_3|$、$|B_2-B_4|$，一系弹簧座之间左右差 C_1-C_3、C_2-C_4，一系弹簧座之间距离 $C_1\backslash C_2\backslash C_3\backslash C_4$，牵引电机吊座安装孔中心和车轴中心之间的距离 $G_1\backslash G_2$，具体见表 4.6。

表 4.6　构架三维尺寸（拖车）及参数

序号	图中代号	名　称	限度要求/mm
1	A_1/A_2	轴距	2 200±1
2	A_1-A_2	左右轴距的差	0.2
3	D_1/D_2	两轴颈中心距	1 930±1
4	D_1-D_2	两轴颈中心距前后之差	1.0
5	B_1-B_3	一系弹簧座之间对角线差	1.0
6	C_1-C_3	一系弹簧座之间左右差	0.2
7	C_1/C_2	一系弹簧座之间距离	550±0.2
8	F_1/F_2	牵引拉杆中心与转向架纵向中心之间的距离	200±0.3
9	G_1/G_2	牵引电机吊座安装孔中心和车轴中心之间的距离	701±0.3
10	H_1/H_2	牵引电机吊座中心和转向架纵向中心之间的距离	206±0.25
11	N_1/N_2	齿轮箱吊座安装孔中心与车轴中心之间的距离	550±0.3
12	E_1/E_2	齿轮箱吊座中心与转向架纵向中心之间的距离	485±0.25
13	M_1/M_2	基础制动座安装平面与转向架纵向中心之间的距离	862.5（-0.5,0）

5）构架三维尺寸手动测量方法

①建立测量坐标系。首先探头在定位臂基准面的 4 个位置分别选择一个点 A、B、C、D，创建基准平面。其次在同一轮对侧轴簧工艺螺栓安装孔内触测点，分别构建圆 1 和圆 2，以两圆的圆心连线构建轴。通过空间右手坐标系创建三维空间坐标。

②构建轴簧工艺螺栓安装孔。使用测量探头在构架工艺螺栓安装孔同一平面内分别取 4 个点并构建 4 个圆。

以构架侧梁 12 点为基准点，构建侧梁两个圆柱模型。

6）测量模型的建立和模型距高计算

进入计算机 PC-DNITS 软件界面测量程序编辑窗口，使用"动车转向架技术参数"中构建的模型进行距离计算。

①轴距 A：将"构建轴簧工艺螺栓安装孔"中构建的 4 个圆的圆心向横梁中心（y 轴）偏移 100 mm，构建 4 个虚拟测量点。计算 4 个虚拟点的距离（计算同一横梁两虚拟点的距离），将出构架长度 A。

②一系簧对角线差 B：使用 6）中构建的 4 个虚拟点进行距离计算（计算同一对角线虚拟点的距离），一系簧对角线差 B。

③一系簧左右差 C：使用"构建轴簧工艺螺栓安装孔"中构建的平面进行距离计算（计算同一定位轴箱弹簧的距离），一系簧左右差 C。

④牵引电机吊座安装孔中心和车轴中心之间的距离 G：使用"构建轴簧工艺螺栓安装孔"中构建的平面进行距离计算。

⑤空簧安装座的距离：使用构建的两个同向圆柱体进行距离计算，得出构架两侧空簧安装座距离。

（4）构架三维尺寸测量的意义

转向架行驶过程中在各种工况下受到不同力的作用，构架会产生一定的变形量，构架三维尺寸测量可有效测量构架尺寸，与构架标准尺寸进行比对，避免由于构架变形导致后期牵引电机、一系簧等部件无法安装或安装不当。

构架三维尺寸测量可精确测量轴箱弹簧安装孔、牵引电机安装孔、轴距、齿轮箱吊杆安装孔距离，提高组装后转向架安全性。

三维尺寸测量及调整在转向架中运用广泛，且部件数据一旦测量完成即可在日常理论培训讲解中起到非常直观的积极作用。目前，随着数据的广泛使用，三维尺寸的建立及相关的优化调整较为普遍，检修工应在学习掌握基础数据及测量方法的条件下，充分考虑建模的可行性。

（二）转向架气密性试验及故障排查

气密性试验主要是检验转向架的各联接部位及空气弹簧是否有泄漏现象。

（1）常规试验标准步骤

①准备劳保及安全防护：轻质安全帽、工作服、防砸鞋、手套。

②准备检漏剂。

③连接转向架与试验台气路，启动气密性试验台。

④管路 1 连接停放管路快速接头，保压 5 min，泄漏量不超过 15 kPa。

⑤使用检漏剂排查易漏气点（三通接头、快速接头、TBU 接头）。

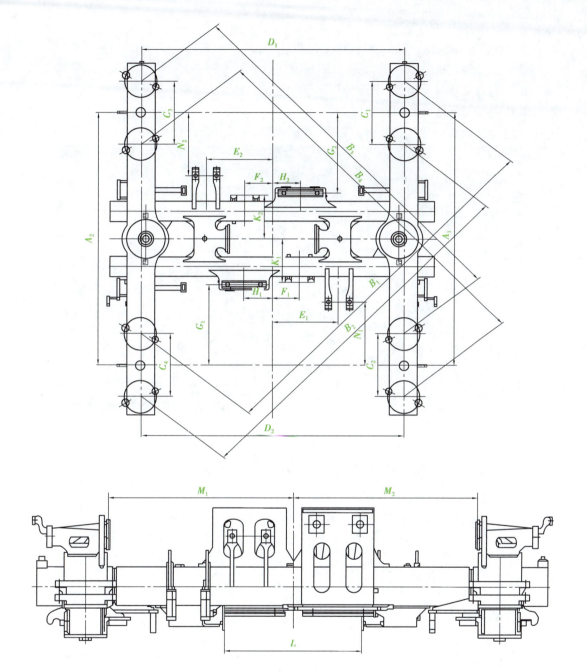

图 4.50　构架三维尺寸图

⑥制动动作试验：

a.停放制动充气→常用制动充气,检查常用制动是否施加。

b.常用制动排气,检查闸瓦是否松脱。

c.常用制动充气→停放制动排气→常用制动排气,检查停放制动是否施加。

d.检查停放制动是否缓解。

⑦整理工具,清理现场。

（2）操作方法

某地铁转向架制动管路气密性试验操作。

a.开启设备主机电源，使其处于"ON"位。

b.开启计算机显示器，取出键盘与鼠标并连接。

c.转向架气密性试验运行步骤。

d.启动桌面转向架气密性试验程序，如图4.51所示。

图4.51　软件启动界面

第一步：屏幕显示设备启动后，用户必须要登录使用。

图4.52　用户登录界面

第二步：用户登录后创建试验单，输入对应转向架编号和车号，如图4.53所示。

第三步：创建试验单后，切换到本次试验后进入气密性实验步骤，如图4.54所示。

第四步：气密性试验首先对管路一和管路二进行自检，要求在500 kPa以上保压3 min

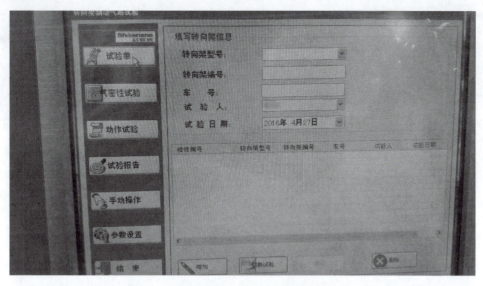

图 4.53　创建试验单界面

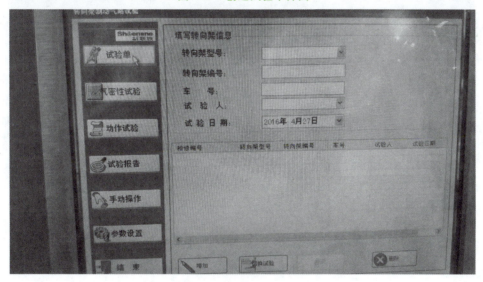

图 4.54　气密性试验界面

泄漏量不超过 5 kPa。然后管路一连接常用制动管路,要求常用制动管路一与常用制动管路二在 500 kPa 以上保压 5 min,泄漏量不超过 15 kPa。最后用管路一连接停放制动管路,要求在 500 kPa 以上保压 5 min,泄漏量不超过 15 kPa。

第五步:气密性试验结束后进入动作试验,如图 4.55 所示。

第六步:管路一连接停放制动管路,管路二连接常用制动管路。首先常用制动软管充气,然后停放制动软管充气。检查常用制动是否施加,之后常用制动软管排气,检查常用制动是否缓解。反复以上动作 3~4 次。之后常用制动管路充气,停放制动管路排气,常用制动管路排气,检查停放制动是否施加。拉动手动缓解拉绳,缓解停放制动。

第七步:实验结束切换到试验报告界面,保存相关数据。

(3)保压标准

对构架附加气室及空气弹簧进行整体气密性实验,用 600 kPa(最大试验压力

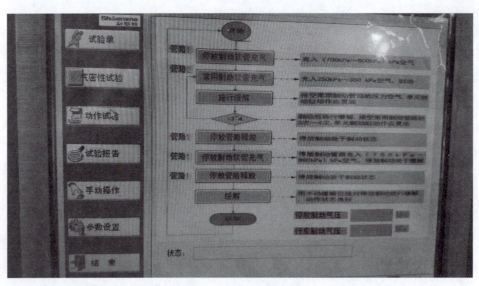

图 4.55　动作试验界面

800 kPa)的压力进行气密性试验,保压 6~10 min,泄漏压力不得大于 15 kPa。

(三)车体静载试验数据分析处理

车体静载试验是在不动车的情况下,对列车进行的外观检查及功能试验。

（1）车辆称重

①动作空气弹簧,使得所有空气弹簧全部排气。

②确认排气完毕,待车辆状态稳定后,测量电客车无气状态下初始数据(轮重、轴重、轴箱高度、空气弹簧上表面高度),作为车辆调整的参考数据。

③打开总风缸排泄塞门,通过排气塞门连接外部风源,对单车总风缸供气。

④重新排气后再充气,待车辆状态稳定后进行测量。

⑤对轮重、轴重数据进行记录;记录并保存电客车在有气状态下的初始数据(轮重、轴重、空气弹簧高度等)。

⑥记录并保存车辆在充风状态的质量和每个轮在轨道上的垂直载荷,车辆将从前后方向进入称重轨道两次,以尽可能地消除因不均衡引起的误差。

⑦断开总风缸与风源系统的连接。

（2）车辆静态调试

1）通电前检查

①检查车顶上方、贯通道折棚上方无异物;检查车顶部件的各螺栓连接紧固,划线清晰无错位,各接地线安装牢固;检查车下无异物,车下各箱体锁闭良好。

②确认各连接线缆及接地线连接牢固;各车下接地开关箱闸刀均在闭合位,接线无松动;车下阀门均在正常工作位。

③检查司机台上各按钮动作正常;客室各箱柜内接线无异常,空开位置正确,继电器安装稳固且卡扣位置正确。

2）车间电源供电

①闭合蓄电池开关,记录蓄电池电压,确认蓄电池功能正常。

②打开电气控制柜,目视司机室电气柜内的空气开关、操作按钮状态正常;检查控制

柜内旁路开关铅封应无损坏。

③按下试灯按钮,检查司机台上指示灯有无异常。

④激活司机台,按压电笛控制按钮,电笛发声功能正常,声音洪亮。

⑤闭合空压机启动开关,空压机启动,确认空压机工作正常。

⑥打开客室照明灯,确认外观正常;距离客室地板面一定高度使用白光照度计测量客室照明照度,要求数值在范围内。

⑦通过 ATI 显示屏操作空调集控功能,打开通风机,并观察常规总体屏通风机状态正常。操作引流风机调速旋钮,确认引流风机各级位运转正常。夏季开启手动 100%制冷功能;观察常规总体屏空调动作状态正常。接通客室及司机室电热器开关,检查电热器运行正常,无异味,司机室电热器内部的送风机旋转方向正确,手摸检查电热器罩板均有明显温度(电热器安装与否与地域有关)。

⑧检查 ATI 显示屏外观无变形、损伤,紧固状态正常。将实测的轮径平均值通过 ATI 显示屏输入列车控制系统。ATI 屏上进入"设置界面"—"时钟设置"界面,设置 ATI 时间。

⑨司机室对讲功能:操作广播控制盒,按住对讲机通话按钮进行测试。

⑩司机对客室广播功能:在激活端操作广播控制盒,控制方式按到人工,按住对讲机通话按钮进行测试,要求客室扬声器声响正常、无异音;操作监听,要求功能正常、无异音。

⑪列车报站功能:在激活段操作广播控制盒,控制方式按到手动,进行广播预报站及到站测试,要求客室扬声器声响正常、无异音。操作监听,要求监听功能正常。控制方式按到自动,进行广播预报站及到站测试,要求客室扬声器声响正常、无异音。操作监听,要求监听功能正常。

⑫列车紧急广播:在激活段操作广播控制盒,控制方式按到手动,进行紧急广播功能测试,要求客室扬声器声响正常、无异音。操作监听,要求监听功能正常。

⑬操作雨刷按钮,进行低速、高速测试,雨刷机构运动平滑,喷水功能良好。

⑭操纵远光、近光灯开关,确认远光、近光灯工作状态正常。

⑮操纵左右门选,测试客室侧门集控开门,开关门前注意用客室广播进行提示。

⑯操作方向手柄向前/向后,观察 ATI 运行屏,白色箭头与实际显示方向一致。缓解紧急制动后,牵引手柄拉至牵引位,观察 ATI 显示屏有牵引信号,且各级位与 ATI 显示相同。

⑰检查制动缓解功能:方向手柄推向前,牵引手柄拉至 FB 位,按住"警惕按钮"再推向 N 位,制动不缓解灯灭,制动压力为 0 kPa。

⑱检查常用制动:缓解紧急制动后,按住"警惕按钮"牵引手柄从 B1 依次缓慢拉至 FB 位,各级位显示正确并观察压力值。

⑲检查紧急制动功能:缓解紧急制动后,按下紧急制动按钮,紧急制动灯亮,制动不缓解灯亮,观察压力满足标准;按方向指示松开紧急制动按钮,进行一次制动功能缓解,制动压力为 0 kPa,紧急制动灯灭;缓解紧急制动后,松开"警惕按钮",6 s 后产生紧急制动。

⑳检查停放制动功能:将牵引手柄拉至 B4 位,按下"停放制动施加/缓解"按钮,同时观察司机台指示灯及车下单元制动器状态:按钮指示灯及停放制动指示灯亮;操作牵引手柄缓解常用制动后,车下带停放功能单元制动器抱闸,不带停放功能单元制动器缓解。

㉑确认显示屏外观正常,各通道监控画面清晰,角度位置正确,可对摄像头角度进行

适当调整;检查确认监控编码板版本为最新版本号。

㉒检查电子动态地图,确认位置显示正常,与广播报站信息对应。

㉓确认报警及通话功能正常,乘客报警装置完好;司机室列车视频监控显示屏能正确切换到报警画面。

㉔在司机室激活紧急报站,确认客室广播扬声器音量正常。

㉕检查客室 LCD 显示屏播放功能正常,画面无缺色、卡滞现象,媒体伴音清晰。

㉖启动客室空调,通过 ATI 显示屏检查空调各单元工作状态正常;在车顶耳听空调机组各单元运行,确认无异常噪声或震动;检查司机室送风格栅无损坏、缺失,送风机工作正常,风速可调节;检查客室内辐流风机正常启动,耳听无异响。

3)蓄电池电源供电

①对列车进行防滑试验,对防滑阀顺次排气,观察对应的 4 根轮轴闸瓦应动作并脱离踏面,防滑阀排气结束后,轮对状态恢复,则功能正常。

②手动升、降受电弓,检查受电弓的运动,确认动作连贯、无摩擦,弓头与接触网接触呈水平状。

③升弓后,用弹簧秤拉弓头,当弓头刚离开接触网时,记录拉力数据,应在相应的标准范围内,如测量值不符合标准,则应进行调整。

④记录受电弓的升起及降落时间。

⑤测量列车两端半自动车钩在空气弹簧充气且空载工况下距轨面的高度,确认在标准值范围内,若尺寸超出范围则进行垂直调整。

⑥激活蓄电池、司机台进行紧急负载试验,确认能够在紧急通风、废排风机、司机室和客室紧急照明开启以及开关门一次时维持相应时间,且功能正常。

⑦检查空气簧及附加气室有无漏气,在空载且气压满足条件时用钢尺测量相关数据是否满足要求,如不满足需要调整相关部件。

⑧在空载且气压满足条件时测量地板面高度,需在钢轨面上放置辅助测量用的铝条或不锈钢直条,车体地板面上放置辅助测量用工件进行测量。

⑨构架四角高度测量:包括测量轴箱与构架止挡间距,轴簧的高度差。

⑩记录逆变器、门控器等部件的软件版本号。

4)接触网电源供电

①激活蓄电池,鸣笛,按升弓按钮,受电弓可正常升起。查看网压表,网压显示功能正常。查看 ATI 屏,显示受电弓均已升起。

②辅助逆变器扩展供电功能正常。

(四)车钩试验及数据分析

(1)车钩试验

车钩作为车辆最重要的组成部件之一,起着连接机车两端,传递牵引力、缓和车辆冲击的作用及各车体之间风路的连接,并使车辆之间保持一定距离的车辆部件。

车钩缓冲装置是用于动车与动车或机车相互连挂,传递牵引力、制动力、缓和车辆纵向冲击力的重要部件。车钩安装在车底,为了保证车辆连挂安全可靠和车钩缓冲装置安装的互换性。我国铁路机车车辆有关规程规定:车钩缓冲器装车后,其车钩钩舌的水平中心线距钢轨面在空车状态下的高度,客车为 880^{+10}_{-5} mm,货车为 880^{+10}_{-10} mm。两相邻车辆的车钩水平中心线最大高度差不得大于 75 mm。

（2）作用

车钩按开启方式分为上作用式及下作用式两种。通过车钩钩头上部的提升机构开启的称为上作用式（一般用于货车）；借助钩头下部推顶杠杆的动作实现开启的称为下作用式（一般用于客车）。

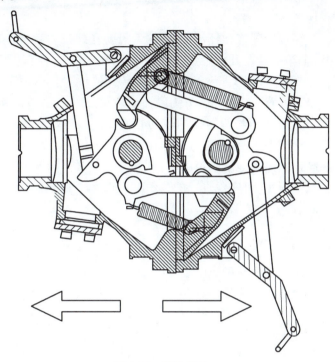

图 4.56　解钩状态

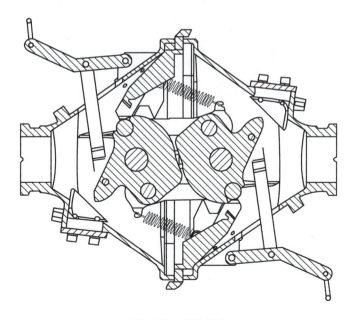

图 4.57　连挂状态

车钩由钩头、钩身、钩尾3个部分组成,车钩前端粗大的部分称为钩头,在钩头内部有钩舌、主轴,连挂杆销轴、连挂杆和解钩组成,车钩后部称为钩尾,在钩尾上开有垂直孔,以便与车钩安装结构联结。为了实现连挂或解钩,使车辆连接或分离,车钩具有以下3种位置,也就是车钩的3种状态:

①锁闭位置。车钩的钩舌被连挂杆挡住不能向外转开的位置,两个车辆连挂在一起时车钩就处在这种位置。

②开锁位置。开锁位置即连挂杆被提起,钩舌只要受到拉力就可以向外转开的位置。解钩时,只要其中一个车钩处在开锁位置,就可以把两辆连挂在一起的车分开。

③全开位置。全开位置即钩舌已经完全向外转开的位置。当两车需要连挂时,只要其中一个车钩处在全开位置,与另一辆车钩碰撞后就可连挂。旋转车钩的构造与普通车钩不同,钩尾开有锁孔,钩尾销与钩尾框的转动套连接。钩尾端面为一球面,顶紧在带有凹球面的前从板上。当钩头受到扭转力矩作用时,钩身连同尾销以及转动套一起转动。密接式车钩一般在高速铁路和地下铁道的车辆上使用。它的体积小、质量轻、两车钩连挂后各方向的相对移动量很小,可实现真正的"密接";同时,对提高制动软管、电气接头自动对接的可靠性极为有利。

(3)车钩分类

目前车钩主要分为3类,即全自动车钩、半自动车钩、半永久牵引杆。

地铁车辆采用有全自动车钩的,如上海地铁1、2、3号线,广州地铁3、4号线,武汉地铁2号线;采用半自动车钩的,如西安地铁;同一连挂单元内目前多采用半永久牵引杆。

1)全自动车钩

全自动车钩具有如下特性:

①自动机械、气路、电路连挂。

②可在司机室置控操作,自动气动解钩(气动故障,可手动解钩)。

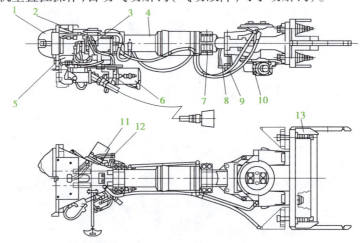

图4.58　全自动车钩结构图

1—机械钩头;2—盖板;3—车钩牵引杆;4—压溃变形管;5—对中装置;
6—垂向橡胶缓冲器;7—接地系统;8—电气头操作装置;
9—主风缸管及解钩风管的空气管路;10—电气车钩;11—解钩风缸;
12—卡环连接;13—钩尾座橡胶缓冲器

③设有橡胶缓冲器,可压馈变形管以吸收撞击能量。

2)半自动车钩

半自动车钩具有如下特性:

①自动机械,气路连挂。

②手动电路连挂。

③能手动(气动)解钩。

④设有橡胶缓冲器,但没有可压馈变形管。

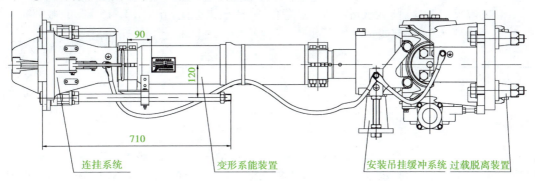

图 4.59　半自动车钩结构图

3)半永久牵引杆

半永久牵引杆具有如下特性:

①手动机械、气路、电路连挂。

②不具备气动解钩功能,解钩作用需在车辆段内进行。

③设有橡胶缓冲器,在 A、B 车的二位端设有可压溃变形管。

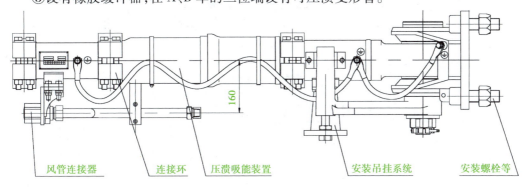

图 4.60　半永久牵引杆结构图

(4)车钩试验

车钩试验分为车钩缓冲装置的型式试验、缓冲装置例行试验和维修试验。

1)车钩缓冲装置的型式试验

①车钩缓冲装置及其直接传递纵向力的各部件应进行静态拉伸和压缩屈服强度试验,试验方法参照 TB/T 2399—1993 的规定执行,加载完成后卸载,测量主要零部件规定的关键部位,保证不出现超过试验判据的永久变形。

②缓冲器应按 TB/T 1961—2016 的规定进行静态试验,行程、阻抗力和容量应达到设

计要求。有动态性能指标的缓冲器应进行动态试验。

③使用环境温度超出-25~45 ℃时,应参照 TB/T 1961—2016 的试验方法进行相应温度试验。根据需要缓冲器具体情况还应进行寿命试验,性能应符合设计要求。

④压溃管应参照 TB/T 1961—2016 的规定进行静压试验或落锤试验,稳态变形力和触发力应达到设计要求,变形模式必须满足设计要求。

⑤过载保护装置应进行静态触发力测试,触发力应在规定范围内,变形模式必须满足设计要求。

⑥机械车钩连挂后应进行连挂间隙检查,机械车钩连挂,并用 10~15 kN 的载荷拉紧两车钩,测量车钩连接面四角的纵向间隙,求出平均值满足不大于 2.5 mm 要求。

表 4.7　电气车钩是型式试验

序号	试验项目	试验要求
1	绝缘电阻	按 GB/T 5095.2—1997 中试验 3a 的"方法 A"的规定测量相邻触头间及触头与其他相邻金属间的绝缘电阻值必须在 20 MΩ 以上
2	耐电压	按 GB/T 5095.2—1997 中试验 4a 的"方法 A"的规定进行耐电压试验,耐压值参照 IEC 60077—1:1999 过电压类别 0V1 的要求,其中 DC24V 触头耐电压值不低于 330 V,DC110 V 触头耐电压值不低于 800 V,AC380 V 触头耐电压值不低于 2 500 V
3	接触电阻	按 GB/T 5095.2—1997 中试验 2a 的规定测量接触电阻值在 5 MΩ 以下
4	温度上升	电气车钩在连接状态将触头串联连接,通 10 A 电流至各部分温度一致进行试验,要求温度上升值在 60 ℃ 以下
5	振动试验	按照 GB/T 5095.4—1997 中试验 6d 的规定 ①共振试验,频率范围:10~50 Hz,复振幅:0.6 mm,振频变化率 10 Hz,振频往返次数各 5 次,振动方向:纵向、横向、垂向; ②振动耐久试验:振频:20 Hz;全振幅:1.8 mm; ③激振时间:纵向、横向各 2 h,垂向:4 h
6	耐久试验	利用耐久试验装置对电气连接器进行 500 次连挂、解钩试验
7	防护试验	按照 GB/T 4208—2017《外壳防护等级 IP 代码》(IEC 529)进行防护试验,应满足电气车钩设有可自动开闭的防护盖,结构状态防护等级不低于 GB/T 4208—2017 中 IP54

⑦车钩在连挂状态,确认气路是否连通,并检查在连通状态的气密性。在定压下串联不大于 10 L 风缸,保压 3 min,气路连接器泄漏量不超过 0.01 MPa/min。

⑧气路连接接器应进行低温性能试验,在气路连接器分别处于连接和分解状态下置于-25 ℃温度下 24 h,在定压下串接不大于 10 L 气缸,保压 3 min,泄漏量不超过 0.01 MPa/min。

⑨对全自动车钩缓冲装置和半自动车钩缓冲装置的水平面最大转角、水平主动对中角和垂直面最大转角进行测试,应满足设计要求。

2）车钩缓冲装置的例行试验

①采用连挂试验台对车钩缓冲装置进行连挂试验，检查车钩能否正常机械自动连挂或手动连挂，连挂指示或信号反馈功能是否正常；连挂后能否顺利手动分解，对全自动车钩缓冲装置和有自动解钩装置的半自动车钩缓冲装置，向解钩风缸充入定压压缩空气，验证车钩能否达到开钩位，能否顺利实现两车钩的分解。

②在对全自动车钩缓冲装置的连挂试验中，确认电气车钩的连接和分解动作，以及其与机械车钩锁闭和分解动作的关系是否正常，电气车钩防护盖的开启和关闭动作是否正常。

③在全自动车钩缓冲装置连挂状态下，确认电气车钩全部触头连通是否正常，密封条接触状态是否正常，检查绝缘性能，使用 500 V 兆欧表测量电气连接器相邻触头之间、触头与机械车钩钩体金属之间的绝缘电阻，要求绝缘电阻应不小于 20 MΩ。

④全自动车钩缓冲装置和半自动车钩缓冲装置在分解状态，确认气路在关闭状态的气密性。在定压下保压 3 min，各种气路连接器泄漏量不超过 0.01 MPa/min。

⑤车钩在连挂状态，确认气路是否连通，并检查在连通状态的气密性。在定压下串联不大于 10 L 风缸，保压 3 min，气路连接器泄漏量不超过 0.01 MPa/min。

⑥在车钩水平安装状态检查车钩的摆动性能。在水平面内左右推动车钩检查是否能够灵活摆动，全自动车钩缓冲装置和半自动车钩缓冲装置是否能够灵活复原，推动超过主动对中角度范围是否能保持位置；在垂直面内上下推动车钩摆动是否灵活，能否正常复原。

⑦检查车钩缓冲装置的外观、接地电缆和风管位置是否正确，检查铭牌、接地标志和紧固件防松标识是否完整和正确。

⑧检查产品油漆颜色和漆膜厚度。

3）维修实验

车辆维修过程中也需要进行试验，以半自动车钩为例，在进行半自动车钩试验时，主要完成连挂试验和气密性试验。

①将两个半自动车钩分别安装到固定安装架和移动安装架上并紧固螺栓，将连接气管接头与半自动车钩的风管连接。分别调整橡胶支撑螺栓，调节半自动车钩高度，使两个半自动车钩连挂中心高度基本在同一水平面内。

②气缸装置驱动移动安装架前进，进行车钩连接动作；通过空压机对车钩进行充风到指定压力，切断气源后保压 5 min，记录压力泄漏量，确保压力泄漏量在合格范围内，再进行排风到压力为零，如图 4.61 所示。

③系统排风完毕后，手动扳动车钩解钩手柄，车钩反拉，使系统复位。

④车钩摆动性能：分为垂直摆动性能和水平摆动性能。

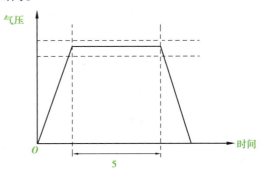

图 4.61 维修试验曲线

a.水平摆：水平方向推动车钩，在一定角度范围内车钩可以自动回复到中间位置，当超过该范围时车钩无法自动回复。

b.垂直摆动:垂直方向推动车钩,车钩可以自动回复到中间位置。

（5）试验数据分析

半自动车钩在车辆维修过程中的试验分析如下所述。

1）水平摆动性能

要求能自动回复到中间位置。如果不满足要求,则需要检查半自动车钩水平对中装置,查看是否是水平对中装置中的弹性碟簧失效引起的,失效时则需更换碟簧。

2）垂直摆动性能

要求能自动回复到中间位置。如果不满足要求,则需要检查半自动车钩垂直对中装置,查看垂直对中装置中的橡胶支撑、防转销是否失效,失效则更换相应部件。

3）气密性试验

要求 5 min 泄漏量小于 20 kPa。如果不满足要求,则需要检查风管连接器气密性及风管密封圈是否符合要求,对失效的密封圈或部件进行更换。

4）连挂性能

要求能正常连挂和解钩。使用专用工具校准量规对半自动车钩钩头进行测量,当测量值在合格范围内时,说明车钩钩头功能正常,若不在合格范围,需要检查钩舌、主轴等部件是否磨耗超限、破损,对磨耗超限部件更换。

4.2.3　列车服务设施设备

(一)国内 PIS 接口现状

PIS 系统是依托多媒体网络技术,以计算机技术为核心,以地铁显示终端为媒介向乘客提供信息服务的系统,PIS 系统是非安全系统,主要将列车到站信息、服务时间、运营公告、地铁公益广告、运营紧急救灾、媒体新闻、天气预报、政府公告等信息提供给广大旅客。由于区间隧道及列车上复杂的电磁环境、列车高速运行状态下移动通信的不确定性等因素将影响该接口,因此要慎重对待该接口的管理和实施。

（1）接口基础

传输系统与其他子系统接口传输系统是专用通信系统的基础,主要为其他子系统提供业务信息传送的物理通道。其可提供的接口类型丰富多样,目前应用的主要包括 2 M、10/100 M、1 000 M、CAN 等,与其他子系统接口界面在数字配线架或数据配线架外线侧,配线架内侧由传输系统负责实施,配线架外侧由其他子系统负责实施。

1）时钟系统与其他子系统接口

时钟系统与其他子系统的接口类型为标准的 RS485、CAN 接口,接口界面在综合配线架的外线侧,配线架内侧由时钟系统负责实施,配线架外侧由其他子系统负责实施。

2）报警系统与其他子系统接口

集中报警系统与其他子系统网络管理系统之间通常采用标准、通用的硬件接口,接口类型为 RS485、CAN 接口。

3）通信电源系统与其他子系统接口

通信电源系统与其他子系统的接口界面在 UPS 输出配电柜的输出端,UPS 输出配电柜至各子系统设备的配线由各子系统自行负责,电源系统只负责 UPS 输出配电柜至 UPS 设备间的供电。

4)视频监视系统与车载视频监视系统接口

视频监视系统与车载视频监视系统接口类型为标准的 100 M 以太网接口,接口界面在控制中心通信数据配线架外线侧,配线架内侧由视频监视系统负责实施,配线架外侧由乘客信息系统负责实施。

(2)广播系统与信号系统接口

城市轨道交通车辆与信号系统的接口在车辆诸多接口中至关重要,是影响系统联调进度的关键因素,更是影响列车自动控制功能实现、保证列车安全、可靠、准点、舒适运营的决定性因素。在自动驾驶模式或者超速防护人工驾驶模式下,列车自动控制系统车载设备控制列车运行或完成折返作业以及车门安全开闭功能。信号设备满足电源及信号设备功耗、控制逻辑输出、电气连接、设备接地、车地信息载频、牵引/制动特性、列车参数、系统响应时间、列车管理系统通信协议。

信号系统需向广播系统提供列车相关信息,如列车接近、到达、离去等信息。广播系统需与信号系统进行互联,考虑到综合监控系统同时与信号、广播系统互联,从简化系统间接口的角度出发,信号系统一般直接通过综合监控系统将列车相关运营信息转发至广播系统,广播系统不与信号系统直接进行互联,如图 4.62 所示。

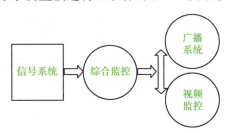

图 4.62　广播系统与信号系统连接

(3)信号系统与综合监控系统接口

广播系统主要受控于综合监控,而综合监控的指令来源于信号系统。因此,广播系统需要的时钟信息、线路信息、方向信息、区间信息、站信息、距离信息、位置信息等,均由信号提供给综合监控系统,再由其提供给广播系统。

信号发给综合监控的信息基本为单向传送,综合监控作为列车中央控制器向广播系统发出指令。在自动驾驶模式期间,综合监控系统不对接收的信号做任何处理,直接发给广播系统,广播系统也不对接收的信号做任何处理,而是直接开始执行命令。只有在自动驾驶模式下,综合监控系统和广播系统才有信号处理能力。

由此可以发现,广播播报涉及 3 个系统同时发出信号时该如何处理的问题,一般系统会预先设定优先级来区分信号来源。信号设备优先级最低,自动驾驶模式正常运行则可以信号设备为来源,综合监控作为信号来源高于信号设备,而广播系统本身优先级最高。这种设计思路主要以手动操作高于自动信号为准,方便应对突发状况,如图 4.63 所示。

在确定来源的前提下,广播系统通过上级发来的上下行、终点站、始发站信息建立线路信息,通过设定当前站来调取播放信息,在列车运行中,通过不断更新每一个区间的离站距离信息、下一站到站距离信息及速度来判断广播的报送时机,通过时钟来记录广播的实际数据。某地广播播报机制如图4.64所示。

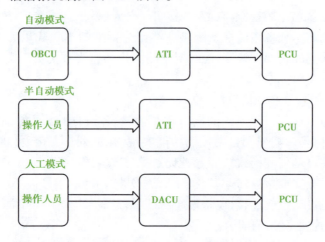

图 4.63　某地铁广播信息输入机制

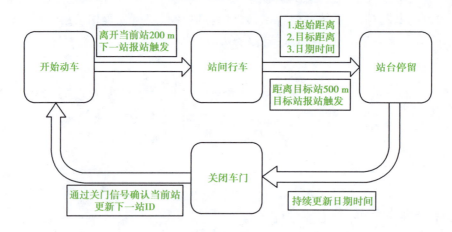

图 4.64　某地铁的广播播报机制

（4）广播系统与综合监控系统接口

广播系统在信号模式下主要接收综合监控系统从信号设备转发来的控制信号。通过这些信息,广播系统做出相应的应对。在正常行车过程中,接受信号会触发其内置的报站机制,称为数字语音报站,包含存储好的语音信息、设定好的 LED、LCD 显示信息等内容,作为正常行车的广播播报。广播系统与综合监控系统一般通过以太网或 RS485 线进行通信。广播系统内部则通过 CAN 线或 RS485 线进行通信。

在特殊情况下,客室乘客对紧急报警装置进行操作,该信号会上报广播系统,再上报综合监控系统,多级反馈给司机室内的司机进行处理。这一过程涉及广播系统、综合监控系统、视频监控系统。当客室紧急报警被按压后,广播系统首先接收到信号,接着综合监控系统接收信息,同时将信号发送给视频监控系统。在这一联动效果下,司机可在司机室内看到具体报警位置、开启对讲,且视频监控系统会自动将监控屏幕画面切换到对应的摄像头上。

另外,运行控制中心可以通过信号对综合监控系统发出命令,由综合监控系统再开启广播系统的语音通道,实现运行控制中心直接对列车进行人工广播的功能,如图 4.65 所示。

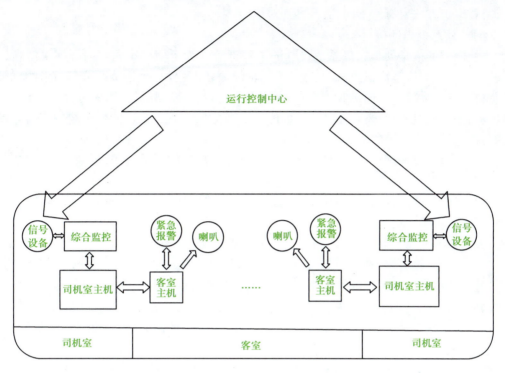

图 4.65　运行控制中心广播播报机制

(5)广播系统与视频监控系统接口

原则上,国内轨道交通因设计思路的不同,广播系统与视频监控系统采用的接口方式多种多样,包括下述内容。

1)以车载无线设备作为分界点

PIS 系统在列车上仅设置天线和车载无线 AP,车载播控系统全部由车辆专业实施。

2)以车载播控器作为分界点

将关键设备车载播控器纳入 PIS 系统。PIS 系统设置的车载播控器通过车—地无线通信接收播放列表和直播视频,并直接输出至列车分屏器,最后在终端屏幕上显示,这一过程中的协议转换均由 PS 系统内部完成,因此它能够消除地面、列车 2 个系统间的不兼容问题。

3)以分屏器作为分界点

无线 AP 及天线、车载播放控制器、分屏器划归于车站 PIS 系统,剩下的显示屏划归车辆。此种方式除了能够实现 OCC 统一控制、车载视频直播、网络管理以及紧急消息的发布之外,还能够保证车载 PIS 系统车头、车尾播放控制器的冗余热备功能,同时 PIS 与车辆厂之间的责任确定也相对简单,方便后期的系统运营管理。

4)所有车载设备划归 PIS 系统

将"以分屏器作为分界点"中 PIS 系统的覆盖范围再扩展,即所有车载设备全部划归 PIS 系统。PIS 在车辆上设置无线 AP 及天线、车载播放控制器、分屏器、显示屏等所有系统设备。

综上所述,不同设计思路导致广播系统与视频监控系统的设计划分不同,所需要的安装、调试、维护方法也有所不同,需要区别对待。

(6)广播系统内部接口

系统内部通信是列车广播系统设计的关键部分。为了使列车通信网络层次清晰,方便管理,在列车司机室广播主机增加 CAN 通信模块,CAN 模块是连接两节车通信的桥梁,负责解析通信协议,一方面接收信息,解析并转发给本车控制模块;另一方面将本车的信息转发出去。通过 CAN 模块可以方便地传递广播信息,如列车编号、列车端、各车客室端的通信信息等。

广播通道除了物理连接好以外,还应考虑总线音量值的调节问题,否则会影响客室广播音量。

报警通道接通后,各客室的报警信息通过本车 CAN 模块附加列车号信息转发至主机端,司机接通报警后可与乘客通话。

(7)广播典型故障排查

广播系统有设备多、通信线路复杂、全列车分散式分布的特点。因此广播系统的故障,必然是依托于广播系统的架构而产生的。在充分理解广播系统架构的基础上,熟悉部件的功能,可以通过许多表象快速判断故障的内因,做到快速查找、准确定位、根治。

现通过一些典型故障来训练故障查找的思路,为了方便说明,首先将广播系统的架构再熟悉一遍。

全列车广播架构如图 4.66 所示,客室广播架构如图 4.67 所示。

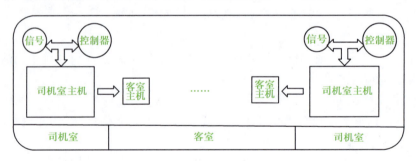

图 4.66　全列车广播架构

正常故障处理流程如下所述。

1)现象还原

处理故障需要了解现场故障的状况,故障状况可以通过 3 个方式逼近得到,它们分别是现场人员口述、故障记录数据、视频及音频监控录像。

通过上述 3 种方式,最大限度还原故障发生时的状况,掌握现场第一手故障资料作为后续故障分析的参考。

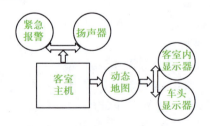

图 4.67　客室广播架构

2)思路分析

通过故障现象,结合具体广播系统结构组成、备件安装、电路设置、通信协议,可以将故障原因范围大幅度缩小,再通过逐一排查、故障重现、换位测试等方式,最终定位故障点。

3)处理方法

处理方法依据不同故障现象而采取不同的措施。一般插头松动类问题通过紧固、重新压接等方式处理;广播音量类问题通过软硬件调整进行处理;广播显示类故障通过解码器、显示屏测试更换进行处理;另有许多综合故障需要更换板件或整机进行返厂维修。

典型故障——显示设备故障

1)故障案例:正线报动态地图故障(信号故障)

①现象还原:列车回库以后,下载数据。通过对数据进行调查分析,初步推断在自动驾驶模式下,由信号发送信息错误,导致广播系统报站异常,而动态地图是根据广播主机发出的报站信息指令进行同步显示,因此动态地图也出现显示异常。

②思路分析:进一步调查,列车在 A 站发车前关门后更新下一站,由于此时信号提供的下一站信息仍未更新,因此广播系统的下一站信息显示仍为 A 站,由于此前已经对 A 站信息进行了播报,广播系统认为已行驶完成该区间,而下一站再次更新为 A 站,导致广播系统出现异常,同时动态地图也显示异常,直至司机在对信号系统进行重新设置后才恢复正常。

对广播及信号系统内部协议进行研究,发现"下一站 ID"更新时机应为列车停在站台时,但此故障实为列车停在 A 台时并未更新"下一站 ID",而是在列车以自动驾驶模式启动离开站台瞬间才作更新。因此导致列车广播系统更新的下一站为已经播报过的 A 站,进而导致自动广播异常,而动态地图根据广播主机发出相关信息指令进行同步显示,所以同时动态地图显示也发生异常。

③处理方法:信号设备升级软件,避免此类问题。

2)故障案例:正线报列车单节车厢动态地图失效(主机故障)

①现象还原:安排车辆驻站人员上车确认,单节车动态地图失效、无广播报站,并且 LED 无显示。

a.回库后查看数据记录,并检查客室。

b.报单节车全部动态地图故障。

c.两端 LED 无显示信息。

d.单节车无广播。

e.单节车 8 个动态地图无显示。

②思路分析:单节车的客室广播电源和信息来源均来自客室主机,动态地图和 LED 客室内显示器信息来源于客室主机,广播电源来自客室主机。当客室主机故障后,客室主机将无法正常工作,因此导致列车正线报"单节车动态地图失效"。

对客室主机进行检查,故障原因可能为:

a.断路器跳闸。

b.电源板故障。

c.控制板故障。

d.通信异常。

③处理方法:本次故障发现该主机内部电源板存在短路。更换该板卡后故障消失,将

该板卡安装于其他列车,正线故障现象在其他车重现。

因此,可以判定列车单节车动态地图故障原因是客室主机内部存在短路。

3)故障案例:正线报列车单个动态地图失效(单个部件)

①现象还原:列车回库后,打开罩板,对故障位动态地图进行检查,发现动态地图电源插头松动,对该插头重新插接紧固后,动态显示恢复正常。

②思路分析:单个动态地图故障原因有电源故障;通信故障;动态地图故障;经过检查,本次故障发现电源插头松动导致动态地图不亮。

③处理方法:本次故障从原理上来判断是动态地图电源插头未正常插接导致无法串接供电。其次结合现场经验,发现不同列车均有报此类故障,对该问题进行统一调研后发现,厂家设计中认为插头可以凭借自身卡扣牢固安装,现场情况则是列车运行中振动较大,最终导致插头容易松动,最终在插头后部增加绑线架来稳定插头,根除此类故障。

4)故障案例:正线报列车无广播(信号故障)

①现象还原:列车在折返后,动态地图显示不正常,且无自动语音广播报站,IDU无显示。

列车回库以后,调取数据对车辆状态进行检查。列车折返后广播系统主机由头车切换为尾车,即此时列车方向变更。检查广播系统数据,加载基础数据一直失败,并不断尝试重新加载,导致列车从折返后一直无列车自动广播报站,且动态地图均失效,司机无法恢复广播状态,开始使用人工广播。其后司机将广播模式重置,重新设置自动广播模式,广播系统在复位后停车期间接收到加载下一站ID指令,并加载成功,此后自动广播报站功能恢复正常。

②思路分析:此故障发生在自动折返期间,此时列车司机室激活端由头车变更为尾车,换端动作由信号设备控制自动折返继电器实现。

正常情况下,此设计模式下是信号设备控制自动折返继电器实现换端后,再向广播系统发送新的线路指令,并建立站信息。这一过程中每一个节点都经过反复调试,形成一套严格的流程。系统不接受其中任何节点的变化。

故障发生时,通过检测主控端继电器的信号,发现两端继电器有一瞬间的双端导通,即一端未彻底断开时,另一端已经导通。这一现象是继电器本身的性能所导致,本身只有不到1 s的导通时间。但这一信号被信号系统所记录,主控端继电器启动的同时会检查全列车车门关好的信号,这一导通会让信号设备接收到并认为列车进行了一次关门动作,而广播系统的站信息更新则通过关门信号来推进。这样造成的结果是,广播系统在折返中收到一次假信息,认为车门有一次开闭,被迫更新下一站信息,而此时的真实情况是列车正在折返中,车门未打开,换端尚未完成,于是广播系统在新线路未建立的情况下收到了反向的站信息更新指令,广播系统陷入死循环。

因此该故障的故障现象是列车无自动广播、动态地图失效故障,真实原因是信号设备检测到错误的信息,发出了错误的指令,导致列车在广播主备机切换前发出新线路的站信息,造成广播主机程序卡死,无法正常加载基础数据,造成自动广播报站、动态地图失效。司机在重新设置列车广播模式后,广播系统重新加载基础数据成功,功能恢复正常。

③处理方法:信号设备升级软件、避免此类问题发生。

5) 故障案例:正线报列车无广播(人为故障)

①现象还原:列车在五路口下行出现自动广播无广播,司机使用人工广播。列车回库后,对手动及自动广播报站功能进行测试,状态正常。下载数据,显示列车在运行中,广播模式从自动变为手动。下载司机室监控视频,司机在列车从转换轨等待时在广播控制盒有不明操作。后续列车从转换轨启动及到达各站时间与数据吻合,广播一直处于手动模式,无法播报自动广播内容,司机开始采用人工语音进行广播播报。

②思路分析:经添乘人员与司机沟通,该车为司机在折返后发现广播无报站,后改为手动报站,添乘人员进入司机室后指导复位广播控制空开后正常。

在自动驾驶模式下的自动模式广播必须将广播控制盒保持在开机后的自动模式,该模式才会正常工作。自动模式是广播系统中优先级最低的模式,如果司机误操作切换到手动模式,则自动模式无法正常工作。该列车在转换轨等待时司机对广播控制盒进行了模式切换,因此折返后广播一直无声音。

司机发现异常后,使用人工报站,即直接使用麦克风对客室进行广播报送,人工播报优先级又比手动模式要高,此时处于手动模式的广播系统又能播放出司机的声音。

③处理方法:在复位广播控制电源空开时,广播控制盒默认进入自动模式,此时,又可以正常进行报站。

6) 故障案例:正线报列车无广播(主机故障)

①现象还原:列车在正线报广播无声音;列车折返后,驻站人员上车跟踪,回复广播系统恢复正常。

列车回库后检查数据,司机在开往 A 站的过程中发现广播无声,改用人工报站,在 A站切换模式尝试复位广播设备,无效果。司机在后续站继续使用人工报站,其后多次尝试复位广播设备,无效果。

②思路分析:司机将该故障跟踪多站,其间多次进行人工广播,排除司机在不知道的状况下打开人工广播挤占语音总线的情况。

司机操作切换模式复位广播达 2 次,排除司机在不知道的状况下切换到人工模式导致自动广播无法正常工作的情况。

每次进行人工播报都在自动广播信号发出以后进行,排除司机在自动广播播报之前就打开了人工广播的可能性。

据此基本排除司机误操作可能。

下载故障时的客室视频录像,发现客室显示器在正常播放广播的时间开始出现滚动字幕,而对比司机室监听,此时广播无声音。可以确认故障现象为显示系统有显示,广播无声音。该故障原因较多,广播系统的各个环节都有可能导致无声故障,因此需要逐一排查。

司机室监听喇叭故障。司机室监听喇叭既能监听广播报站,又能监听人工广播。故障期间,司机操作人工广播未报出异常现象,说明人工广播监听正常,即监听喇叭功能正常。

扬声器故障一般指单节车客室扬声器无声音或单个扬声器无声音。单节车客室扬声器无声音一般是客室主机故障。单个扬声器故障不会导致语音总线故障,也就无法影响到司机室监听功能。所以排除客室扬声器故障的可能。

排除终端喇叭故障的可能性后,继续检查是否是客室主机引起该问题。根据前期经验,如果客室主机触发音量保护功能,可能导致报站无声音。过音量保护功能是客室主机为防止音量过大,即电流过大烧坏主机的一种保护功能。故障现象为音量过大时,客室扬声器会暂时无声,后续等待一段时间或重启主机后,可以继续进行播报。

根据广播系统架构,司机室监听功能从总线采集声音。即广播主机通过语音总线向客室主机发送语音,每个客室的主机与司机室的监听都会收到同样的语音消息。这种架构的最直接好处是,任意一台客室主机故障,不会影响其他客室主机,也不会影响司机室监听。正因为由于司机室监听与客室主机互不干涉,可以排除客室主机故障的可能性。

司机室监听语音会通过广播控制盒进行传递,如果广播控制盒故障,监听也会出问题。人工广播播报也会通过广播控制盒反馈到司机室监听。在正线行车中,司机开启人工广播正常进行人工语音播报。说明在这条线路上,广播控制盒的监听功能正常。

广播主机:广播主机功能部件有功放板、控制主板、通信板。

通信板会接收 CPU 主板发送的一切信息,包含显示信息及语音信息。故障期间,客室显示器正常显示,说明通信板已经将控制板发出的信息正常送达后端终端,据此可以判断,通信板功能正常。

功放板主要功能是对所有语音信息进行一级放大,该板连接广播控制盒、主机、后续客室主机,是语音总线的总枢纽。如果该板出现故障,将直接导致所有语音信息无法播报,包括司机对客室的人工广播。所以可以排除功放板故障的可能性。

控制板卡:控制主板构成模块有数据记录、播放模块、控制芯片。

数据记录本身负责记录数据,与广播系统运作不干涉,可以排除数据记录故障的可能性。

控制芯片会将需要发出的信息统一发给通信板,通信板将信息发给客室主机。如果控制芯片出现故障,将直接导致信息错误,后续系统无法识别命令。故障发生时,客室显示器工作正常,可以证明,控制芯片功能正常。

播放模块内部存储了语音报站的文件,当司机使用自动报站功能时,控制芯片发出指令从播放模块中调用语音文件,将语音文件加载到语音总线上报送至全列车。

③处理方法:若播放模块出问题,将导致语音调用不正确,进而导致广播无声;将故障车的播放模块换到其他车,故障在其他车重现。

小结

案例中前 3 个故障依次以信号故障、广播架构故障、单个部件故障的形式体现。在现场故障排查中,列车检修工要熟悉整个系统的结构,才能纵观全局,从表象中找到切入点,最终锁定故障范围;同为显示系统的动态地图故障,因其故障现象的不同,需要检查的位置和方式都不相同,处理手段也不一样;若不能理解其中关系,则容易在处理故障的过程中因选择错误的方式而走进死胡同,事倍功半。从案例中后 3 个故障可以看出,广播系统的故障不一定是本系统故障,从信号系统到人为操作,都有可能是故障的原因,即使是广播系统本身的故障,也需要对广播系统的整体结构和每个配件的内部板件十分熟悉,才能做到快速定位,逐一排查,高效地完成故障检查。

(二)空调控制系统检查

(1)空调控制系统

列车空调机组采用微机控制方式,既可根据外界环境温度进行客室内温度控制,也可根据每车各自的温控器进行客室内温度控制,具有自诊断功能和故障记录功能。为了实现列车空调电气控制系统的小型化、智能化和系统化,在列车客室内设置了空调控制柜。此控制柜内包含了与空调控制相关的接触器、继电器、断路器以及 PLC 或空调控制器和不同空调元件进行通信所必须的连接器等,它根据预设参数,实现自动控制对空调机组运行参数进行实时检测,出现故障时及时进行保护动作,避免了由于保护不及时而引起的严重后果。

（2）列车空调控制运作模式

列车空调机组的控制运作模式主要有下述几种模式。

①通风状态:两个机组的通风机全部运行,而且新风阀、回风阀全部打开。

②紧急通风状态:两个机组的通风机全部运行,且新风阀全部打开,回风阀全部关闭。

③半冷(弱冷)状态:两个机组的送风机全部运行,冷凝风机也全部运行,每个机组的压缩机只有累计运行时间少的压缩机运行,即一半的压缩机启动。

④全冷(强冷)状态:两个机组的送风机全部运行,冷凝风机全部运行,每个机组压缩机全部运行,即所有的压缩机启动。

⑤自动冷状态:空调机组根据规定的目标温度来控制空调机组处于通风模式、半冷模式及全冷模式。

1）按照 UIC 曲线计算的目标温度

根据 UIC 553,当环境温度高于 19 ℃ 时,客室温度将按以下公式计算:

$$T_{ic} = 22 ℃ + 0.25 (T_e - 19 ℃)$$

当环境温度低于 19 ℃时,客室温度将维持 22 ℃,即 $T_{ic} = 22$ ℃。

在实际控制过程中,室内温度与目标温度将保持在± 1 ℃的偏差范围内,即

当 $T_e > 19$ ℃,$T_i = 22$ ℃ + 0.25 $(T_e - 19$ ℃$) ± 1$ ℃。

当 $T_e ≤ 19$ ℃,$T_i = (22±1)$ ℃。

式中　T_e——外界环境温度;

　　　T_i——室内温度;

　　　T_{ic}——室内目标温度。

室内目标温度与环境温度的变化关系如图 4.68 所示。

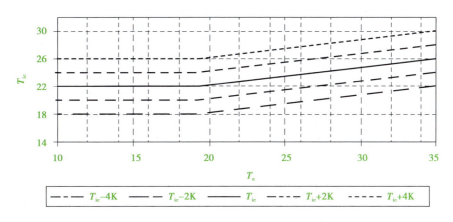

图 4.68　UIC 目标温度曲线计算

2）设定的目标温度

目标温度也可根据实际需要人为地将温度值设定在 19 ℃、21 ℃、23 ℃、25 ℃、27 ℃等。

停机状态：所有的通风机、冷凝风机、压缩机均停止运行。

（3）列车空调控制系统的保养

1）电气系统的维护

空调控制装置属于电气设备。其应按电气系统进行定期的维护保养。日常检修过程中应该注意各种连接导线是否断线、脱落、虚接、绝缘老化，以及接触是否良好，必须经常清理电器元件上的污垢和灰尘，雨季要防止绝缘受潮漏电。电气设备的接地线必须安全可靠，维护时还必须注意作业安全。

①控制盘的维护。控制盘的灰尘、潮湿和污垢易造成电气绝缘电阻下降、触头接触不良、散热条件恶化，甚至造成接地与短路故障，因此应注意检查各电气元件有无污垢和绝缘破损的现象，要经常清扫灰尘和污垢。在列车运行中，电气控制柜内电气连接紧固处易松动，可能引起发热、短路、打火等故障，因此必须经常检查柜内各电器和接线端子的安装紧固情况，对接触器、接线端子、引线有烧焦变色痕迹的地方要进行检查和更换处理。对温度控制器和各保护器整定值的调节要合理适当，不要随意调整。

②电气线路的维护。对于电气线路，主要进行各分线盒内接点的紧固情况与绝缘检查，一般每年进行 1 次。各接点必须紧固，绝缘板不得有变色、焦痕，必要时更换新绝缘板。

2）电气系统的检查

空调机组在长期的运行中可能会出现各种各样的问题，故必须进行电气设备的各种检查。

①绝缘电阻的检查。空调机组长期使用，加上水汽和灰尘的长期积累，使电气零部件的绝缘性能下降。因此必须对电气设备进行必要的绝缘检查。如出现绝缘水平下降的情况，可采取断开有关线路分段测量的方法，找到漏电部位后，更换零部件或加强其绝缘性。

②电器开关元件的检查。对于这类元件，主要检查选择开关、温度控制器、保护继电器触点是否完好，动作机构是否灵活。平时应掌握各种电器线圈的阻值数据，这是判断电器好坏的重要标志之一。因为在继电器吸引线圈烧毁的故障中，单从外表观察是不容易发现问题的，这时只有用万用表实际测量吸引线圈的阻值来判断故障点。

通常各种电气开关元件集中装在控制盘内，接触器检查步骤如下所述。

a.断开控制盘连接的电源。

b.断开与接触器连接的接线。

c.松开卡扣式外壳，拆下接触器。

d.检查接触器有没有灰尘或接触不良，并用软毛刷或真空吸尘器清理接触器的灰尘。

e.晃动接触器，如果有"咔嗒"的声音，表明接触器内部已经烧坏，更换烧坏的接触器。

f.检查触点有没有严重的毛刺，用 200 目的细锉刀将损坏部位锉平，然后用浸染了四氯化碳的布清洗接触器的触点。如果触点熔化而牢固的连接在一起，应立即更换接触器。

g.扣上外壳，将线缆连接到接触器。

空气断路器和继电器检查步骤如下所述。

a.确定与控制盘连接的电源已经断开。

b.断开与空气断路器和继电器连接的线路。

c.松开卡扣式外壳,拆下空气断路器或继电器。

d.检查空气断路器或继电器有没有接触不良或灰尘。

e.需要时,用软毛刷或真空吸尘器清理接触器的灰尘。

f.更换接触不良或烧坏的空气断路器或继电器。

g.扣上外壳,将线路重新连接到断路器上。

（4）小结

空调控制系统是城市轨道车辆空调系统的核心部分,控制空调系统各部分在各种工况下有条不紊的运作,是整个空调系统正常运行的重要保障。本部分介绍了空调控制系统的运作模式,重点介绍了城市轨道车辆空调控制系统的日常保养工作。

（三）空调检漏及高低压故障

（1）空调检漏

空调系统制冷剂泄漏故障是地铁车辆常见故障之一,其泄漏部位主要发生在管路的焊接处、压缩机吸排气口的连接处、压力开关的引接处等,管路焊接不良或车辆运行中冲击、振动造成连接螺钉松动或连接部位多次振动后出现裂纹等原因均可造成空调系统制冷剂泄漏。

制冷剂的泄漏因原因不同,其泄漏程度也不尽相同。较轻微的泄漏可引起制冷量不足,低压压力过低而压力开关保护动作,蒸发器吸热不足等现象。严重的泄漏可造成机组制冷不良。制冷剂已漏光,系统中混入空气,压缩机继续运转将最终导致压缩机因过热而被烧毁。

制冷剂的检漏方法如下所述。

1）外观检查

由于制冷剂泄漏会渗出冷冻油,一旦发现管路某处有油迹的话,可用白布擦拭或用手直接触摸检查,并做进一步确认。

2）泡沫检漏

泡沫检漏是一种简便的方法,用混有清洁剂的水涂在预计可能发生泄漏的被检处,若该处有泄漏的话,将会出现气泡,从而可以准确确定泄漏发生的位置。

3）电子检漏仪

用电子检漏仪接近被检处,一旦检漏仪检测到有泄漏,将发出异常的声音予以提示,此时应擦拭干净触头,在怀疑处再次测试确认。

4）压力检查

将复合式压力表连接到系统中,检查系统停机时的平衡压力,以及机组运行情况下的低压压力。

（2）充注制冷剂

充注制冷剂是制冷设备维修中的重要操作工艺之一。在制冷设备的使用说明书上,一般都标有充注制冷剂的品名和充注量,不能随便改换制冷剂或充注量。

1）制冷剂充注量的判定

制冷剂充注量的判定一般以实验方法为主,在维修过程中,制冷剂的充注量可按下述几种方法判定。

①称质量。将制冷剂钢瓶放在电子秤上,充注前记下钢瓶的总质量,在向制冷剂系统充注制冷剂的过程中,注意电子秤数值的变化,当钢瓶内制冷剂的减少量等于所需制冷剂的充注量时即可停止充注。

②测压力。根据安装在系统上的压力表的压力值即可判断制冷剂充注量是否合适。

③测电流。以压缩机电机的满载电流值为标准,如测得的电流符合规定值,即表示制冷剂充注量合适。

④测温度。蒸发器进口与出口温度之差以及气液分离器出口与蒸发器出口的温度之差与制冷剂充注量有关,因此可测量上述各点的温度以判断制冷剂充注量是否合适。

另外,根据系统的结霜情况也可判断制冷剂充注量是否合适。例如,结霜只限于毛细管上,表示充注量不足。结霜在蒸发器铜管上,表示充注量过多。结霜刚好在毛细管与蒸发器的交接处,表示充注量合适。若吸气管结霜段过长或邻近压缩机处有结霜现象,则表明充注量过多。

2)制冷剂充注程序

制冷剂的充注方法一般有低压充注法和高压充注法两种。低压充注法的优点是比较容易控制制冷剂的充注量,安全且不易损坏部件,但充注时间较长,而且制冷剂呈气态,含水量较大,必须经干燥器处理。高压充注法的优点是充注时间短,但较难控制制冷剂的充注量。

①开启式半封闭压缩机制冷剂的充注操作如下所述。

a.将制剂钢瓶放在电子秤上,拧上钢瓶接头。

b.将压缩机低压吸入控制阀沿逆时针方向旋紧,关闭多用通道口,再拧下多通道口上的螺塞和其他安装部件。

c.装上三通换向阀,一端接真空压力表,另一端接直径 6 mm 的紫铜管,并经干燥过滤器连接到制冷剂钢瓶的接头上。

d.稍稍打开钢瓶上的阀门,使紫铜管中充满氟利昂气体,在稍稍打开三通换向阀接头上的接头螺母,利用氟利昂气体的压力将充注管及干燥过滤器中的气体排出,然后拧紧所有接头螺母,将钢瓶阀门打开。

e.使连接管及干燥过滤器处于均匀不受力的状态,从电子秤上读出钢瓶质量,同时注意充注用具及电子秤也不得承受外力,以免影响读数。

f.按顺时针方向旋转压缩机的低压吸入控制阀,使多用通道口和低压吸入管及压缩机处于连通状态,制冷剂即由此进入制冷系统,充注时应注意制冷剂钢瓶质量的变化和低压表压力的变化。如压力已达到平衡而充注量还未达到规定值,应先开冷却水(或冷却风扇),待冷却水从冷凝器出水口流出后,再启动压缩机进行充注。开机前应将低压吸入控制阀向逆时针方向旋转,关小多用通道口,以免发生液击(如有液击,应立即停机),然后按顺时针方向慢慢开大多用通道口,使制冷剂进入制冷剂系统。

g.当达到规定的充注量时,先关闭钢瓶阀门,然后逆时针旋转低压吸入控制阀,关闭多用通道口,再立即停下压缩机。

h.卸下接管螺母、充注用具以及三通换向阀,将原先卸下的细牙接头、低压表等部件装上并拧紧。

i.顺时针旋转低压吸入阀 1/2~3/4 圈,使多用通道口与低压表及压力控制器相通(开启的大小以低压表指针无跳动为准)。

②全封闭压缩机制冷系统的充注操作如下所述。

a.将装有压力表的三通换向阀一端接压缩机低压工艺管,另一端接制冷剂钢瓶。

b.稍稍开启制冷剂钢瓶并倒置,将连接管内的空气排出,然后拧紧接头螺母,关闭钢瓶阀门。

c.开启三通换向阀和钢瓶阀门,使制冷剂徐徐充入制冷系统,当表压达到规定值时关闭三通换向阀。

d.启动压缩机,观察蒸发器结霜情况,当制冷剂充注量足够时,冷凝器和吸气管的温度、压缩机的工作电流均在额定范围之内。如充注过量,应放掉多余的制冷剂。

e.充注量足够时,先关闭钢瓶阀门,让压缩机继续运行,将钢瓶连接管中的制冷剂抽入制冷系统后,再关闭三通换向阀。

f.在距压缩机充气管口 20 cm 处,用封口钳夹扁充气管,进行封口操作。

(3)空调机组低压和高压故障处理

空调机组故障处理见表 4.8 所示。

表 4.8　空调机组故障处理

故障内容	故障的原因	故障的判断方法	处理方法
空调机组低压故障	制冷剂泄漏	压缩机电流小	修理制冷剂循环系统
	吸入空气温度太低	蒸发器结霜	充入制冷剂
	蒸发器散热片堵塞	检查	清洗
	液管电磁阀未打开	①压缩机启动时电磁阀无动作声;②控制柜无 AC220 V 输出;③电磁阀线路是否断路	检查电磁阀线路并修理
	压力开关调定值低于设定值	测试压力值是否与要求的压力值相符合	重新调整
	压力开关故障	测定压力开关的阻值	更换
空调机组高压故障	室外热交换器脏	检查室外热交换器	清扫
	制冷剂充注过多	电流过大	将制冷剂少量释放
	冷凝风机反转	检查	将相序调整正确
	室外通风机不转(电机烧损)	测线圈电阻	更换电机
	室外通风机不转(电机轴承损伤)	耳听电机异响	更换球轴承
	压力开关调定值高于设定值	测试压力值是否与要求的压力值相符合	重新调整
	压力开关故障	测定压力开关的阻值	更换

(4)小结

本部分主要介绍了空调系统制冷剂泄漏的检测方法,重点介绍了空调制冷剂泄漏后充注制冷剂的方法、步骤以及空调机组低压和高压故障的原因、处理方法等。

(四)车门典型故障及处理未改

（1）地铁车门客车侧门概述

地铁车辆客室侧门系统故障诊断功能由系统控制单元集中完成,这也是列车检修工经常需要经常检查处理的点之一。在客室侧门系统工作时,其硬件和软件故障在任何时候都能通过诊断系统检测到。并且所有诊断信息以及故障信息自动提供给列车监控系统。监控系统通过列车总线控制系统接收从客室侧门系统传来的故障信息,并附带一定的相关数据和相应的时间。

以某城市电动内藏门的门控系统为例。该门控制系统具有故障自动诊断功能和车门状态指示功能。故障诊断功能用数码管显示,不同数值和字母代表不同的车门状态、动作、门控器响应的指令及故障。另外,通过在线软件,使用 USB 口与计算机连接,从而对车门的状态和故障实现在线诊断或对程序进行刷新。

所有的故障信息可断电保存在存储器里,可方便地下载,存储容量达到 1 M。

对重要的故障信息包含相应的相关数据,通过相应的分析软件和专门通信线可以将下载的数据还原成可用于分析故障的故障记录表,分析过程可以在通用的 PC 上完成。

门控制系统有故障自动诊断功能和车门状态指示功能。故障诊断和状态显示功能可以用位于门控器表面的 LED 数码管显示,不同数值代表不同的故障现象和车门状态。其中存在的常见故障数值代码见表 4.9。

表 4.9　LED 数值显示列表

故障名称	故障数字代码	故障名称	故障数字代码
正常等待	00	防挤压检知	15
开门过程	01	无使能信号	16
开门缓冲	02	网络开/关门模式	17
关门过程	03	电机开路	21
关门缓冲	04	电机短路	22
集控开门指令	05	编码器故障	23
集控关门指令	06	锁到位开关故障	25
再开闭指令	07	门到位开关故障	26 或 27
服务按钮指令	08	电磁铁故障	28
上电初始化	09	电机过流	29
隔离	11	内网通信故障	30
紧急解锁	12	输出短路	31~35
无零速信号	13	安全回路故障	40
无零速紧急解锁	14		

（2）门系统故障分析及应急处理方法

1）门系统不能手动关闭

故障分析：

①下导轨处有障碍物。

②两门板中间有障碍物。

③门道内有障碍物。

④电机故障。

运营中处理方法：

①现场排除障碍物。

②无法处理的情况下做隔离式清客处理。

2）车门不能电动开门

故障分析：

①门控器无电源。

②电源开关故障。

③门控器故障。

④电磁铁故障。

⑤后部密封胶条刮侧墙。

⑥集控开门信号线插接不良或断路。

⑦零速信号线插接不良或断路。

⑧开门使能信号线插接不良或断路。

⑨闭锁开关卡滞。

⑩电机开路或电机短路故障。

⑪编码器故障。

处理方法：对门进行隔离。在车内或站台上用四方钥匙操作隔离锁将门系统隔离。

3）不能电动关门

故障分析：

①后部密封胶条刮侧墙。

②地板面导轨槽变形或损伤。

③门关到位开关和锁到位开关位置松动。

④门关到位开关和锁到位开关损坏。

⑤门控器故障。

⑥关门阻力大。

⑦集控关门信号线插接不良或断路。

⑧电机开路或电机短路故障。

⑨电机线松动或接触不良。

⑩编码器故障。

⑪编码器线松动或接触不良。

⑫下导轨处有障碍物。

⑬两门板中间有障碍物。

⑭门道内有障碍物。

处理方法:

①故障分析中发生前11项时:对门进行隔离。在车内或站台上隔离锁将门系统隔离。

②故障分析中发生后3项时:现场排除障碍物。

(3)门在开关门无减速、缓冲功能

故障分析:

①门控器故障。

②编码器线松动或接触不良。

③编码器故障。

处理方法:对门进行隔离。

(4)门关好指示灯不亮

故障分析:

①门板开关或闭锁开关故障。

②门安全环线线路接触不良或断路。

③门关好指示灯故障。

处理方法:清客回库处理。

(5)门控器故障

故障现象:包括门控器硬件故障、突然死机等。

查找处理:检查门控器软件版本是否为最新版本,若不是则更换新软件后重新开关门试验,检查是否正常。检查门控器的接线端子等是否异常,若不正常,则重新安装接线端子,若为门控器本身故障,则更换门控器单元。

(6)关门位置检测开关故障

故障现象:车门打开按下关门按钮后,单个车门无法关闭,车辆显示屏显示该车门故障。该故障的主要原因是开门行程开关在车门打开过程中出现故障或误动作,在关门过程中,门控器收不到"门关好"信息。

查找处理:检查该行程开关是否有故障,若有故障,将其更换;检查该行程开关的安装是否过紧,并检查其调整是否满足其要求。

(7)车门电机故障

故障现象:车门不动作、车门动作一段距离后停止运动。

查找处理:检查车门电机各接线是否有松动或断裂的情况,若松动,则重新紧固或更换断裂的部件,检查车门电机的连接件包括电机皮带、联轴器是否正常,若以上检查均正常,则考虑更换电机。

(8)电磁铁故障

故障现象:门无法正常打开。

查找处理:开门时,门控器已经驱动电磁铁输出,但未检测到锁钩被抬起,此时报出电磁铁故障,打开开门罩板,开门时观察锁钩状态,如果锁钩有抬起动作,则查找锁闭开关及接线。如果锁钩未抬起,则检查电磁铁或门控器。

其他机械故障如下所述。

①机械尺寸的变化引起的故障。

故障现象:在客流量大而集中时,由于车体挠度等因素的影响,造成车门相关部件与车体等部位的干涉,从而引起车门故障。

查找处理:此类故障应检查车门的尺寸调整是否在规定的范围内,如 V 型尺寸,车门对中尺寸等;同时还应该检查车门的各部件是否存在相互干涉的情况。

②车门解锁故障。

故障现象:地铁车门不能正常解锁,地铁车门显示一直处在解锁状态,造成地铁车门不能正常开关,从而影响地铁的正常应用,甚至威胁人身安全。

查找处理:解锁钢丝绳一段紧固在车门制动器上的螺栓而产生的影响,对其故障分析时,主要从这方面考虑。检查车门解锁钢丝绳在车门制动器处的紧固螺栓是否存在松脱现象,将使车门的解锁器产生移动的现象,在碰到紧急解锁开关的情况下解锁器将会动作,车门不能正常开关,在这种情况下必须重新紧固螺栓,这样才能有效解决地铁车门解锁故障问题,从而保证地铁列车车门系统的正常运行。

4.2.4 列车牵引制动

(一)阀维修检测及处理

(1)阀维修检测

风源制动系统作为电客车的关键系统,其系统功能的实现,主要是通过各个阀件将压缩气体进行再次分配,最终将所需的气压传递到基础制动装置,完成制动功能的实现,所以车下的各个阀件便是制动系统的关键。但是,随着运营时间的增加,阀件内部机械部件、橡胶部件均出现不同程度的磨损、老化,因此,制动阀类维修、检测及处理成为制动系统维护的关键。本部分将以制动系统中必要的调压阀、安全阀维护方式为例,对制动阀类维修、检测及处理进行讲解。

(2)调压阀

1)调压阀基本结构及原理

调压阀是连接在风源管路中,根据预先设定的压力值对气体压力进行调整的机械阀。调压阀安装在转向架空气弹簧进气管路一侧,将总风压力调整至(700±10)kPa并供给至空气弹簧,一是防止空气弹簧压力过大导致空气弹簧爆裂;二是防止主风压力较小时空气弹簧风压回流泄漏。

调压阀结构图如图 4.69 所示,工作时共有 3 个动作位置:

①充气位置:二次侧压力下降至调整压力以下时,供给阀打开,压缩空气由一次侧进入二次侧,即空气弹簧压力低于(700±10)kPa,且主风压力高于(700±10)kPa 时,调压阀打开,主风给空气弹簧充入压缩空气。

②重叠位置:二次侧达到了调整压力,供给阀关闭,两侧空气无流通和排除,即空气弹簧压力达到(700±10)kPa 时,调压阀关闭,主风和空气弹簧风压隔断时的一种平衡状态。

③排气作用:二次侧压力因某种原因达到压力调整值以上时,排气阀打开,二次侧排气直至压力达到调整压力值,即空簧压力过大时,调压阀排风阀打开,将空气弹簧压力排出,以使空气弹簧压力达到要求值。

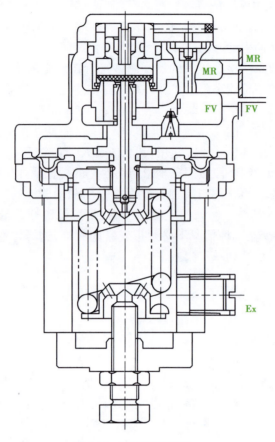

图 4.69　调压阀结构图

　　对于调压阀,主要有泄漏试验、灵敏度试验和容量试验性能指标的要求,具体情况见表 4.10。

表 4.10　调压阀主要性能指标检测

序号	试验项目	具体项目	性能指标/kPa
1	泄漏试验	供给阀泄漏试验	5
2		重叠泄漏试验	10
3		排气阀泄漏试验	5
4	灵敏度试验	供给灵敏度试验	15
5		排气灵敏度试验	25
6		排气重叠试验	20
7		过度充气灵敏度试验	700±10
8	容量试验	供给容量试验	压力从 0→600 kPa 的时间在 3.0 s 以下

在调压阀的使用过程中,只要其各项性能满足要求,阀件在装车后就能够满足其使用要求,从而保证空气弹簧的正常压力。因此调压阀维修的主要依据是恢复调压阀各项性能指标。

2)调压阀的维修

由于制动系统属于行车安全的关键系统,各个地铁公司在维修时都采用比较保守的策略,即过度依赖于设备厂家提供的技术资料,对于部件更换、检修标准等都完全按照厂家提供的通用技术资料执行。这样导致了部件的过度维修,造成了成本上升和维修工作量的增大。

考虑不同区域设备使用状况的差异,制动阀类的维护可以采用"联系实际使用,立足部件状态,兼顾技术文本"的思路,从而开展阀类自主维修的研究,以调压阀为例,具体如下所述。

①深入研究部件结构,掌握动作原理。首先要对调压阀的基本结构、动作原理、性能参数等技术关键点进行深入研究及分析,做到对维修部件掌握透彻,具体已在上文提到。

②研究阀类关键性能指标与实际使用的关系。调压阀性能要求二次侧压力调整值为(700±10)kPa,但是如果压力调整值为500 kPa,将会导致电客车空气弹簧压力为500 kPa,空簧压力过低将导致在车辆载荷相同的情况下车辆地板面高度降低,因站台高度不变,则车辆地板面与站台将不能保持同一高度。因此,对于性能指标与实际使用关系的研究是决定维修方式的重要依据。

③研究各部件与性能指标的关系。首先确认调压阀的气密性实验、灵敏度试验与哪些部件有关系,以及有何种关系。明确部件与阀整体性能的具体关系,才能够在维护过程中明确检修重点,为阀正常检修流程及故障排查提供依据。以下是对调压阀各个部件与气密性、灵敏度性能关系的分析表,具体见表 4.11、表 4.12。

表 4.11　气密性影响因素表

序号	性能指标	配合位置	影响因素
1	供给阀泄漏	供给阀与开口环配合状态	橡胶供给阀座面状态及供给阀高度
2			供给阀弹簧高度及弹簧力
3			开口环配合面状态
4		供给阀与本体安装面	供给阀外部 O 形密封圈
5	排气阀泄漏	排气阀轴与供给阀座面配合	橡胶供给阀座面状态及供给阀高度
6			排气阀轴端部配合面有无损伤
7		排气阀轴与模板连接处	主要为模板边缘安装状态是否良好,模板有无破损

表 4.12　灵敏度影响因素表

序号	性能指标	配合位置	影响因素
1	排气、重叠、过充气灵敏度	排气阀轴模板安装位置	模板安装状态,模板变形或气密性不足导致排气、重叠、过充气灵敏度下降
2	供给、排气、重叠、过充气灵敏度	模板压环与弹簧箱接触处	模板压环外圈油脂过多或者外观有损伤,动作不灵活导致供给、排气、重叠、过充气灵敏度下降
3	排气、重叠、过充气灵敏度	模板腔节流孔状态	节流孔阻塞导致排气、重叠、过充气灵敏度下降
4	供气、重叠灵敏度	供给阀节流孔	节流孔阻塞导致供气、重叠灵敏度下降
5	供气、重叠灵敏度	供给阀与阀导承接触面	阀外部油脂过多或者外观有损伤,导致阀动作不灵活,供气、重叠灵敏度下降
6	供气、重叠灵敏度		导承油脂过多,导承内部有损伤,导致阀动作不灵活,供气、重叠灵敏度下降
7	供气、重叠灵敏度	供给阀内部弹簧	内部弹簧性能下降或者尺寸变短,导致供气灵敏度上升,重叠灵敏度下降
8	供气、重叠灵敏度	弹簧箱弹簧	弹簧强度下降及长度变短,导致供气灵敏度、重叠灵敏度下降
9	排气、重叠灵敏度	排气阀轴	排气阀轴排气孔阻塞导致排气、重叠灵敏度下降

④拆解部件,掌握零部件使用状态。通过对已经使用多年的部件进行分解评估,结合部件与整体性能的关系对各个部件进行评估。如对弹簧进行力学性能检查,评估其自由状态和符合能力;对于供给阀导承检查评估各个重要配合尺寸,评估及磨耗限度是否超限。以下是对某批使用 5 年的调压阀某弹簧评估的数据,其标准为:自由长度 30 mm,载荷要求:21 mm 时负荷为(34±2)N,弹簧评估数据见表 4.13。

表 4.13　弹簧评估数据

序号	阀体编号	自由长度/mm	21 mm 负荷/N	判定结果
1	100102	30	35	合格
2	100122	30	34	合格
3	100803	30	35	合格
4	100264	30	35	合格
5	100350	30	34	合格
6	100018	30	34	合格

⑤确定维修策略。通过对1~2列车制动阀的评估,确定各个部件整体状态,并根据数据积累确定必换件、故障件,并确定物资采购量。

通过评估确定了再架修期对调压阀采用表4.14所示维修方式进行维修。

表4.14 调压阀维修方式

序号	部件名称	维修方式	原 因
1	阀体	外观检查,故障维修或更换	评估一列车全部合格
2	弹簧	外观检查,故障维修或更换	评估一列车全部合格
3	供给阀	数据测量,故障维修或更换	故障率较低,约10%
4	排气阀轴	外观检查,故障维修或更换	评估一列车全部合格
5	模板压环	外观检查,故障维修	评估一列车全部合格
6	O形密封圈	架修更换	橡胶件寿命到期
7	膜板	架修更换	橡胶件寿命到期
8	环形密封垫	架修更换	橡胶件寿命到期

⑥开展维修并不断优化。按照原定维修策略,在维修过程中通过数据的积累,不断优化维修策略,最终形成科学、合理的维修策略。

(3)安全阀

1)安全阀的基本结构及原理

安全阀是一种安全设备。当气动设备内的压力因某种原因上升并超过规定值(最大值)时,它向外排出压缩空气,防止因设备破损而造成事故。

如图4.70所示,安全阀由壳体、阀、阀杆、弹簧、调整螺套、排气调整螺母、固定螺母以及盖形螺母所组成。为了防松,将盖形螺母用保险铁丝固定到壳体。

在位于阀杆的凸缘与调整螺套之间的弹簧的作用下,阀被压在阀座上。

如果作用在阀下面的压力腔(h)内空气压力大于弹簧力,则阀上升并离开阀座。阀一旦离开阀座,则其承压面积增大,将以阀座为导承快速上升,气动设备内的大部分压缩空气经通路(b)被排出至大气中。有一部分压缩空气经通路(c)→(e)腔→通路(f)→(g)腔→通路(a)被排出至大气中,但由于通路(a)具有节流效果,故在(g)腔产生背压。此时的阀升程决定于阀杆与盖形螺母之间的间隙。

如果气动设备内的压力因排气而开始减小,则弹簧力将阀杆与阀向下推动。此时,在(g)腔所产生的背压作为将阀向下推动的力而作用在阀上,与弹簧力一起将阀确实地按压在阀座上。

对于安全阀,主要有以下性能指标的要求:调整试验和泄漏试验,具体情况见表4.15。

表4.15 安全阀性能指标要求

序号	试验项目	具体项目	性能指标
1	调整试验	开始排气试验	390 kPa
2		开始排气和停止排气的压力差	50 kPa
3	泄漏试验	阀全体泄漏试验	20 kPa

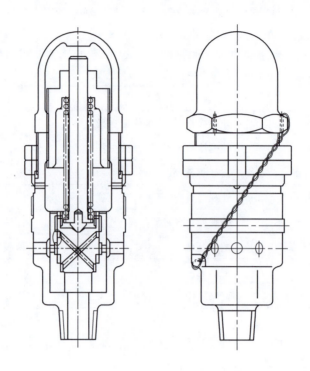

图 4.70　安全阀基本结构

在安全阀的使用过程中,只要求其各项性能满足要求,阀件在装车后能够满足其使用要求。因此安全阀维修主要依据是恢复安全阀各项性能指标。

2)安全阀的维修

与调压阀的方案基本一致,安全阀的维护方案也可以从以下几步开始研究分析。

①深入研究部件结构,掌握动作原理。要对安全阀的基本结构、动作原理、性能参数等技术关键点进行深入研究及分析,做到对维修部件掌握透彻,具体已在上文提到。

②研究阀类关键性能指标与实际使用的关系。安全阀性能要求开始排气的压力调整值为(950±20)kPa,但是如果压力调整值偏高或者偏低,则会导致列车总风压力过高或者总风压力不足。因此,对于性能指标与实际使用关系的研究是决定维修方式的重要依据。

③研究各部件与性能指标的关系。首先确认安全阀的调整实验、泄漏试验与哪些部件有关系,以及有何种关系。以下是对安全阀各个部件与调整、泄漏性能关系的分析表(表4.16),具体如下:

表 4.16　安全阀各个部件与调整、泄漏性能关系分析表

序号	性能指标	配合位置	影响因素
1	调整试验	排气调整螺母的位置	调整螺母的位置直接影响开始排气的压力调整值
2	泄漏试验	阀与阀座配合	阀与阀座的配合直接影响气密性

④拆解部件,掌握零部件使用状态。通过对已经使用多年的部件进行分解评估,结合

部件与整体性能的关系对各个部件进行评估。对安全阀进行分解评估,分别对阀、弹簧、阀杆等零部件进行状态评估,发现其状态基本良好,可以确定其为故障维护。但安全阀属于关键部件,而且弹簧的作用极为关键,因此确认弹簧为必换。

⑤确定维修策略。通过1~2列车制动阀的评估,确定各个部件整体状态,并根据数据积累确定必换件、故障件,并确定物资采购量。

通过评估确定了再架修期对调压阀采用表4.17所示维修方式进行维修。

表4.17 调压阀维修方式

序 号	部件名称	维修方式	原 因
1	阀杆	外观检查,故障维修或更换	评估一列车全部合格
2	阀	外观检查,故障维修或更换	评估一列车全部合格
3	弹簧	架修更换	安全阀关键部件

⑥开展维修并不断优化。按照原定维修策略维修过程中通过数据的积累,不断优化维修策略,最终形成科学、合理的维修策略。

(4)总结

按照该维修方式制订的阀类部件维修策略,通过多列车的维修验证,且车辆制动系统在经过1年的使用后状态功能正常,完全满足电客车的使用要求。因此该制动阀类的维修思路及方式验证可行,可进一步推广该思路,在其他制动系统及大架修修程中开展同类部件的维修。

(二)制动减速度和制动距离测试

(1)制动距离的计算

对列车来说,列车中各车的制动缸理论上应立即、同时开始充气增压,但实际上,在施行制动时,首先存在一个制动控制指令经列车信息控制系统传输的网络通信延迟,然后,在制动控制单元BCU接受制动指令到BCU将控制信号传送至电空转换阀还有一定的延迟,这说明列车中各车的制动缸并非立即、同时开始充气增压。但这些时间延迟为毫秒级,所以各制动缸压力开始上升的时间滞后和时间差别很小;另一方面,制动缸压力也有一个上升的过程,各制动缸的空气压力并非在瞬间达到最大值。

如图4.71所示,t_0和t_m分别为从开始施行制动至第一辆车和最后一辆车制动缸压强开始上升所经历的时间。在t_0的时间内,列车实际上在惰行,无制动力和牵引力,称为纯空走时间。t_c为制动缸充气时间(每一辆车制动缸压力由0上升到预定值所经历的时间)。t_a为全列车制动缸充气时间(从第一辆车的制动缸压力由0上升开始,到最后一辆车的制动缸压力上升到预定值为止所经历的时间)。

因此,列车制动的全过程可分为3个阶段:无制动力的纯空走阶段、全列车闸片压力由0上升到预定值的递增阶段和全列车闸片压力保持不变的稳定阶段。通常,为了计算方便,假定全列车的闸片在压力递增阶段的某一瞬间同时压上车轮,并且闸片压力在该瞬间从0突增到最大值,如图4.72所示,虚线部分即为假定的情形。

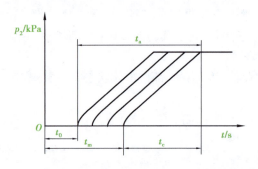
图 4.71　制动缸压强的上升

图 4.72　空走距离的原始概念

这时,列车制动过程就被简化成两个阶段:前一阶段是从施行制动到假定的闸片压力突增的那一瞬间,为毫无制动力的空走过程,它所经历的时间称为空走时间,以 t_k 表示,列车在这一段时间内所走过的距离称为空走距离,以 S_k 表示;后一阶段为从压力突增那一瞬间到列车停住的阶段,这一阶段是全列车闸片压力保持预定值的有效制动过程,它所经历的时间称为有效制动时间,以 t_e 表示,在这一段时间内走过的距离称为有效制动距离,以 S_e 表示。因此,制动距离 S_b 可按下式计算:

$$S_b = S_k + S_e$$

1)空走时间与空走距离的计算

列车在平道、上坡道和坡度绝对值较小的下坡道上运行时,速度逐渐降低,空走距离较短;而在较陡的下坡道,当坡道下滑力大于列车的基本阻力时,在空走时间内列车速度不但不降,反而会逐渐上升,空走距离较长。为简化计算,通常假定在空走时间内列车速度不变,始终等于制动初速度,至于线路坡度对列车速度和空走距离的影响,采用修正空走时间值的办法来解决。这样,空走距离可以简单地按下式计算

$$S_k = \frac{1\,000 \cdot v_0 \cdot t_k}{60 \times 60} = \frac{v_0 \cdot t_k}{3.6}\ (\text{m})$$

式中　v_0——制动初速度,km/h;

　　　t_k——空走时间,s。

空走时间 t_k 可以通过试验获得经验公式计算,此处引入国产 CRH 系列动车组紧急制动(纯空气制动)空走时间的计算公式定为

$$t_k = 3 - 0.08i_j(\text{s})$$

式中　i_j——加算坡度千分数,当 $i_j > 0$ 时,规定按 $i_j = 0$ 计算。关于空走理论具体介绍可参
　　　考专业书籍。

2)有效制动距离的计算

①制动距离标准。根据《中华人民共和国交通运输行业标准》"城市轨道交通设备设施维护与更新技术规范第 2 部分:车辆"中明确指出,在列车动态调试中,检查各系统动态功能、测试制动距离等,要求功能正常,参数满足标准。

根据《车辆基本技术条件》,平均制动减速度要求:

在额定载员情况下,在平直干燥轨道上,车轮半磨耗状态,列车在最高运行速度 80 km/h 时,从给出制动指令到停车,平均减速度为:

最大常用制动:$\geqslant 1.0$ m/s^2;

紧急制动:$\geqslant 1.2$ m/s^2;

电阻制动能力:仅实施电阻制动时,列车可达到的平均减速度不小于 0.8 m/s^2(50±5 km/h);计算用黏着系数:0.16。

②制动距离测试方案。就目前的情况,测量制动距离有下述几种方案。

a.人工测量法。人工测量法就是列车在试车线规定速度下运行,当运行至某一点时,按照试验规定进行减速,列车在减速度的作用下停车,此时,车上的人员下车测量减速前到减速后的距离。此种方法测量简单,但是误差较大,而且很受列车操作人员的影响,故不推荐此法。

或者可以采取将停车距离以实际的形式在试车线上标出,让列车直接在试车线上进行测试,只测试其是否满足标准。但是此法对列车操作人员要求较高,且对实际运行速度的精度也有一定的要求,故在实际操作中很难进行。

b.数据测量法。数据测量法就是利用 BECU 内部的记录,通过电脑与 BECU 连接读取相关数据,再利用微积分将制动距离计算出来。

或者记录试验测试时间区域,通过测试完毕后查看列车 CF 卡数据,寻找对应时间记录范围,获取相关数据。

此测量方法测量相对简单,无论是 BECU 内部记录数据还是 CF 卡数据记录相对准确,而且可以利用现有的设备就可以完成测量。由于涉及数学计算,容易产生累积误差。

c.多普勒雷达测量法。多普勒雷达测量法就是在列车上架设多普勒雷达进行测量,通过计算机读取具体测量数据。

多普勒雷达的工作原理可表述如下:当雷达发射一固定频率的脉冲波对空扫描时,如遇到活动目标,回波的频率与发射波的频率出现频率差,称为多普勒频率。根据多普勒频率的大小,可测出目标对雷达的径向相对运动速度;根据发射脉冲和接收的时间差,可以测出目标的距离。同时用频率过滤方法检测目标的多普勒频率谱线,滤除干扰杂波的谱线,可使雷达从强杂波中分辨出目标信号。所以多普勒雷达比普通雷达的抗杂波干扰能力强,能探测出隐蔽在背景中的活动目标。

多普勒雷达可以直接测量列车的制动距离和制动时间,通过制动距离和制动时间反向计算平均减速度。

(2)总结

制动距离测试及制动减速度的测试都是对车辆制动系统性能的一个基本的判定,一般来说,均可通过测试其制动距离来反向推算制动减速度,再与设计要求进行对比,从而判定车辆的制动性能。

(三)制动控制器监控数据分析

(1)监控数据

制动系统相关信息一般会被制动控制器所记录,只有准确读取相关监控数据,才能对系统状态进行准确判断。因此,制动控制器监控数据分析是分析制动系统故障的关键。本小节将以全国地铁所使用的几家主流系统为例,对制动控制器监控数据分析进行详细讲解。

（2）EP2002系统制动控制器监控数据分析

EP2002系统是克诺尔公司生产制造的制动系统，其监控数据一般存放在EP2002阀中，维护人员一般通过连接CAN线来读取数据。其监控数据主要为具体事件，信息内容简单，方便故障分析。

1）故障等级分类

在EP2002系统中，故障等级一般分为3种，而列车司机及维护人员必须根据故障等级情况来判断列车具体状况，从而决定列车的运营状态。下述为具体分类。

①大故障：大故障为等级最高的一级，当出现大故障时，列车制动系统已无法满足正常的制动需求，严重者将会危及行车安全，因此一般要求司机正常运行到下一站，清客，返回车辆段进行维护。

②中等故障：中等故障为中间一级的故障等级，当出现中等故障时，列车制动系统能基本满足制动需求，对行车安全危险较小，一般要求司机正常运行一个往返，然后返回车辆段进行维护。

③小故障：小故障为最低一级的故障等级，当出现小故障时，列车制动系统状态基本良好，对于正常运营不造成太多的影响，一般要求司机可以正常运营到当天结束，不再继续投入运营。

但是无论是哪个等级的故障，必须全部完成故障处理后才能上线运营。

2）具体故障描述

①单个网关阀严重故障。信息内容描述为：Serious fault of valve on x y。网关阀检测到相应转向架上一个或者多个制动控制系统故障，系统无法自行对这些故障进行修改，以致系统性能无法被接受，会报出此类故障。当出现此类故障时，整个列车制动性能已处于最低性能。

②单个网关阀中等故障。信息内容描述为：Medium fault of valve on x y。网关阀检测到相应转向架上一个或者多个制动控制系统故障，这些故障导致系统自身对其功能进行修改，以发挥系统降级模式下可能的最好性能，会报出此类故障。当出现此类故障时，制动控制系统的性能降低，但仍能满足列车基本的性能要求。

③单个网关阀轻微故障。信息内容描述为：Slight fault of valve on x y。制动控制系统没有检测到故障，但系统检测到了，需要进行一些预防性的维护措施及纠正措施，会报出此类故障。当出现此类故障时，制动控制系统总体性能良好。

④单个RIO阀严重故障。信息内容描述为：Serious fault of valve on x y。RIO阀检测到相应转向架上一个或者多个制动控制系统故障，系统无法自行对这些故障进行修改，以致系统性能无法被接受，会报出此类故障。此类故障等级与网关阀严重故障一致。

⑤单个RIO阀中等故障。信息内容描述为：Medium fault of valve on x y。RIO阀检测到相应转向架上一个或者多个制动控制系统故障，这些故障导致系统自身对其功能进行修改，以发挥系统降级模式下可能的最好性能，会报出此类故障。此类故障等级与网关阀中等故障一致。

⑥单个RIO阀轻微故障。信息内容描述为：Slight fault of valve on x y。制动控制系统没有检测到故障，但系统检测到了，需要进行一些预防性的维护措施及纠正措施，会报出此类故障。此类故障等级与网关阀轻微故障一致。

⑦单个智能阀严重/中等/轻微故障。可以参考网关阀严重/中等/轻微故障。

⑧速度传感器故障。信息内容描述为:Speed sensor fault of x y。EP2002 阀检测到速度传感器故障,对于轮对无速度显示,受影响的阀只能根据剩余轮对的速度传感器传递速度信号进行防滑控制,所以受干扰的轮对防滑控制受限。因此在轮轨黏着不好的情况下,车轮有被擦伤的风险。当出现此类故障时,列车的防滑性能会降低。

⑨单个 CAN 总线故障。信息内容描述为:CAN1 Bus faulty or CAN2 Bus faulty。该单元 CAN 总线 1 或者总线 2 受到干扰时会出现此类故障,该故障发生后,系统自动切换到另一组能正常工作的 CAN 总线,提供同样的操作性能。当出现此类故障时,该车的制动控制系统保持正常的操作性能。

⑩CAN 总线连接断开。信息内容描述为:CAN1 Bus faulty and CAN2 Bus faulty。CAN总线 1 和 CAN 总线 2 均出现故障时,会报出此类故障。当出现此类故障时,损失的制动力将被尽量弥补,转向架紧急制动不受直接影响,但状态信息丢失,防滑性能降低。EP 阀内部制动诊断受限。

⑪载荷检测故障。信息内容描述为:ASP out of range x y。相应转向架上的空气弹簧压力无法被检测或者空气弹簧压力超出范围将会报出此类故障,这时,相应转向架将根据同一辆车上另一个转向架的 ASP 值进行制动。

⑫空气制动未缓解。信息内容描述为:Brake not released x y。当相应转向架上的阀期望检测到空气制动缓解状态,但实际检测到制动缸有压力时会报出此类故障。在这种情况下如果长距离牵引将产生闸瓦和车轮无法接受的热应力。

⑬制动力不足检测。信息内容描述为:BCP too low x。在常用制动时,在 15 s 中,实际所达到的制动缸压力比制动缸压力要求值低于设定值时,会出现此类故障。该转向架的制动控制系统性能下降,但仍能满足基于列车等级的可接受性能。

⑭与制动系统相关的故障描述。

⑮同时接收到制动指令和牵引指令。信息内容描述为:Command not consistent。当同时收到制动指令和牵引指令时会报出此类故障。当出现此类故障时,封锁牵引,施加全常用制动。

3)CAN 单元级别的事件

在不考虑其他设备,仅基于对制动系统评估的基础上,CAN 单元级别的事件分为 3 种:大事件、中等事件、小事件。这 3 种事件也被发送给 ATI,由操作人员确认故障状态。

①大事件:大事件与大故障等级一致,一般要求司机正常运行到下一站,清客,返回车辆段进行维护。

②中等事件:中等事件与中等故障等级一致,一般要求司机正常运行一个往返,然后返回车辆段进行维护。

③小事件:小事件与小故障等级一致,一般要求司机可以正常运营到当天结束,不再继续投入运营。

4)具体事例

上文对各个故障信息内容进行了具体的描述,下面将以具体事例来说明制动控制器监控数据分析。

①事件背景:列车在正线正常运营时,AIT 报 CAN 单元中等事件,显示制动力不足,司机确认信息后,正常运行一个往返,清客,然后返回车辆段进行维护。

②事件调查:列车维护人员分别下载了 ATI 数据和 EP2002 阀内部数据。

ATI 数据显示在某一 CAN 单元内报出："CAN 单元内发生中等事件""制动力不足"。故障 EP2002 阀内部数据显示：BCP too low。

③原因分析：现在对逐条信息进行分析。

ATI 数据显示的"CAN 单元内发生中等事件"，可以根据 CAN 单元级别事件的中等事件进行分析，中等事件等同于中等故障，因此可以判断出故障等级，同时可以立刻给予司机准确的判断。

ATI 数据显示的"制动力不足"，EP2002 阀内部数据显示：BCP too low，可以根据制动力不足检测进行分析，说明在该故障阀内部，实际所达到的制动缸压力低于制动缸压力要求值的设定值，因此产生该故障。

所以，对于具体故障信息，只需根据实际显示的信息，对于查找具体故障描述，就可以轻松找出具体故障内容，方便维护及使用。

（3）CGSZK5-B 型城轨车辆制动系统制动控制器监控数据分析

CGSZK5-B 型城轨车辆制动系统由中车青岛四方车辆研究所有限公司生产制造，其监控数据一般存放在 EBCU 中，维护人员一般通过连接 EBCU 来读取数据。其监控数据主要为 4 位数字代码，维护人员需了解代码含义从而对故障信息进行确认。

1）系统概况

电子制动控制单元监视制动系统的状态信息、控制信息和故障信息。单车监控软件可以直接调出各项实时监控数据，也可以通过 EBCU 内部的数据存储卡回放某一特定时间段内的监控数据。BECU 如图 4.73 所示。

图 4.73　BECU 图示

2）软件界面

图 4.74 所示为西安 2 号线国产化制动系统的单车监控软件的界面。

单车界面监控的数据可以让用户更加直接地了解目标时间段内的牵引/制动工况的信息。调查故障时，只要在显示的这些信息中寻找异常，就可以较为方便地找到故障点。

如果在该界面仍无法找到异常点，该软件还提供制动详细信息界面，如图 4.75 所示。

在制动详细信息界面，人们可以更加直观地看到 EBCU 可以判断的故障点以及制动相关数据的详细值，以便于人们缩小故障范围，尽快找到实际故障点。

根据供应商的不同，制动控制器数据监控软件虽不尽相同，但监控的大体内容多为以下几种：

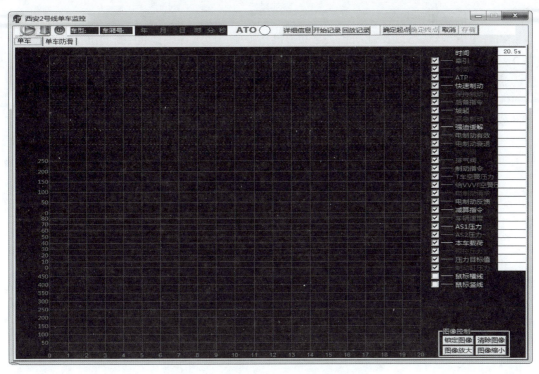

图 4.74　西安 2 号线单车监控系统界面

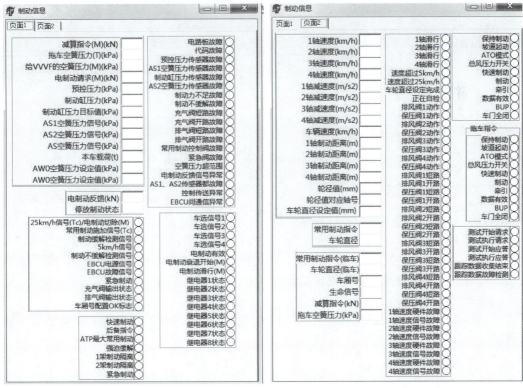

（a）制动页面1　　　　　　　　　　　　　（b）制动页面2

图 4.75　制动信息界面

①牵引指令和状态。

②制动指令、状态以及制动相关数据(包括空簧压力、各轴速度、制动缸压力、总风压力等)。

③网络系统与制动系统通信(如有)的数据。

④制动系统与牵引系统直接通过硬线通信的重要数据(如电制动请求、电制动切除、车辆载荷信息等)。

通过对上述数据的监控,能够辅助用户更快更准确地查找真实故障点,为检修作业提供了极大的便利。

3)故障等级分类

其故障等级也分为3类,如下所述。

①如同大故障,列车必须停靠在最近的车站,乘客应该疏散,空车返回车库。

②如同中等故障,允许车辆根据运行线路图的规定完成往返运行,然后返回车库。

③如同小故障,允许车辆完成运行线路图规定的全天运行,然后返回车库。

4)具体故障信息

具体故障信息一般以4位数字在EBCU显示,表4.18将会以几个具体的例子来表示相关信息。

表4.18　故障信息实例

序号	故障码	故障名称	影　响	故障等级
1	4101	制动力不足	故障车自动施加紧急制动,可能造成制动过大	A
2	4102	制动不缓解	空气制动未缓解,无法牵引	A
3	4601	EBCU间通信异常	接收不到临车EBCU的通信信号,Tc/T车使用纯空气制动,Mp/M车单独进行电空混合制动	B
4	5801	ATI监视数据异常	EBCU上传ATI监控数据异常	C
5	2512	速度异常-信号	自动使用临轴速度信号替代,如果临轴速度也异常,则无法进行防滑控制	C

(4)HRA系统制动控制器监控数据分析

HRA系统由纳博特斯克公司生产制造,其监控数据一般存放在制动控制器中,维护人员一般通过连接制动控制器来读取数据。其监控数据主要为简单的数字代码,维护人员需了解代码含义从而对故障信息进行确认。

1)制动控制器组成

制动控制器安装于制动控制装置内。制动控制器内部装有3块具有不同功能的印刷电路板单元:

①电源与接口电路板。

②微处理器电路板。

③显示器电路板。

各电路板间由连接器进行电路连接,各电路板正面的连接器与安装连接器相连。

制动控制器正面的显示器面板上装有各种开关、LED 显示器,并可以通过旋转开关的设定显示制动控制器的控制信息,检查工作状况。

各开关、LED 等的配置如图 4.76 所示。

2)各开关功能

滑动开关的设定如图 4.77 所示。

如图 4.77 所示,切换 SW1(3),可以对有效还是无效的设定进行故障检测。通常应在"ON"状态下使用。

LED5(绿),LED6(红)的工作说明如下所述。

①LED5(绿):表示 CPU 正常。电源接通,制动控制器的微处理器工作正常,则此灯闪烁。制动控制器处于调整状态,则闪烁周期将发生变化。

②LED6(红):表示制动控制器的故障状态。

③灯灭——正常(无故障数据)。

④闪烁——过去故障(有故障数据),表示过去发生了故障但现在已经恢复正常,是故障数据被保存在制动控制器内部存储器中的状态。

亮灯——故障中(有故障数),是检测出当前的设备故障的状态。故障数据被保存在制动控制器内部存储器中。

LED 显示器显示的内容:通过转动旋钮开关 SW3、SW4 来显示具体故障内容,见表 4.19。

表 4.19　故障信息的显示

| 开关位置 | | 显示项目 | 7 段 LED 显示内容 | | | | 备　注 |
SW3	SW4		LED1	LED2	LED3	LED4	
C	0	异常信息	初期监控	RAM	常用电磁阀输出	—	1:异常 0:正常
C	1		—	牵引空重车信号	电制动指令信号	电制动等效信号	
C	2		ATI 通信	—	BECU 间的通信	速度传感器电源	
C	3		—	—	制动力不足检测	不缓解检测	
C	4		AS1 压力传感器	AS2 压力传感器	BC 压力传感器	AC 压力传感器	
C	5		1 轴速度	2 轴速度	3 轴速度	4 轴速度	
C	6		1 轴防滑阀输出	2 轴防滑阀输出	3 轴防滑阀输出	4 轴防滑阀输出	

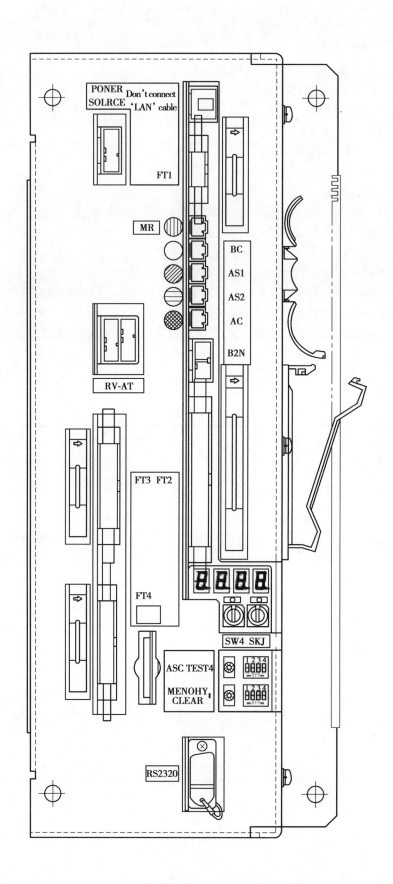

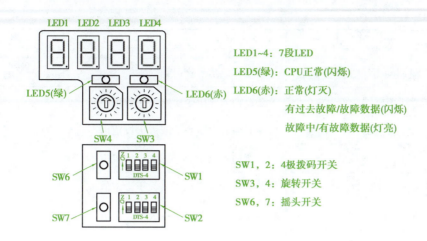

LED1
LED2
LED3
LED4
LED5(绿)
LED6(赤)
SW4
SW3
SW6
SW7
SW1
SW2
DIS-4
DIS-4
LED1~4：7段LED
LED5(绿)：CPU正常(闪烁)
LED6(赤)：正常(灯灭)
有过去故障/故障数据(闪烁)
故障中/有故障数据(灯亮)
SW1，2：4极拨码开关
SW3，4：旋转开关
SW6，7：摇头开关

图 4.76　各开关、LED 等配置

SW1	(1)	(2)	(3)	(4)
ON	M车设定		有监控	有滞后补偿
OFF	T车设定		无监控	无滞后补偿

图 4.77　滑动开关的设定

3）故障显示及其内容

故障显示及其内容见表 4.20。

表 4.20　故障显示及其内容

故障代码	项　目	检测条件	故障水平
01H	初期测试异常	接通电源时，RV、HV 的输出不一致	轻
02H	RAM 检测异常	RAM 的异常	重
03H	ATI 通信异常	无数据接收	轻
04H	BECU 间通信异常	无数据接收	轻
05H	常用制动控制阀异常	ON 故障 OFF 故障	重
06H	电制动力指令异常	过大过小输出	轻
07H	牵引空重车信号异常	过大过小输出	轻

续表

故障代码	项　目	检测条件	故障水平
08H	电制动力等效信号异常	电制动有效信号接通	轻
09H	AS1 传感器	传感器输入电压小于或大于设定值	轻
0AH	AS2 传感器	传感器输入电压小于或大于设定值	轻
0BH	AS1、AS2 传感器均异常	传感器输入电压小于或大于设定值	轻
0CH	BC 传感器	传感器输入电压小于或大于设定值	轻
0DH	AC 传感器	传感器输入电压小于或大于设定值	重
0EH	电源异常	电路故障	轻
0FH	第 1 轴速度异常	基准轴速度为设定值以上,无速度输入	轻
11H	第 2 轴速度异常	基准轴速度为设定值以上,无速度输入	轻
12H	第 3 轴速度异常	基准轴速度为设定值以上,无速度输入	轻
13H	第 4 轴速度异常	基准轴速度为设定值以上,无速度输入	轻
14H	1 轴防滑信号异常	输出不一致	轻
15H	2 轴防滑信号异常	输出不一致	轻
16H	3 轴防滑信号异常	输出不一致	轻
17H	4 轴防滑信号异常	输出不一致	轻
18H	制动不足	规定制动模式下,BC 压力在规定值以下	重
19H	制动不缓解	制动缓解时,BC 压力在设定值以上	重

(四)牵引逆变器高速脉冲数据

(1)牵引逆变器高速脉冲数据的基本定义

牵引逆变器高速脉冲数据指的是当列车发生牵引重大故障时,牵引控制单元将以较高的脉冲频率对故障点及其附近数据进行采样和记录,以便于从微观数据层面对故障进行分析。以某品牌牵引系统为例,其高速脉冲采样周期仅为 1 μs,其微处理器对采样数据的处理时间仅为 200 μs,随着处理器精度的提高,高速脉冲采样周期及数据的处理时间可进一步缩短。

(2)牵引逆变器高速脉冲数据的特点

牵引逆变器高速脉冲数据是相对于通常标准数据而言的。

当牵引逆变器发生一般性不会对牵引设备造成较大危害的故障,或伴随有机械动作其用时在毫秒级以上的故障时,该类故障不需要太高的采样频率就能够捕捉到故障点及前后的数据情况(如继电器、接触器的动作状态;电压、电流的记录等),因此通过宏观数据层面就能进行分析。

当牵引逆变器发生重大的可能对牵引设备造成较大危害的故障,或其动作频率较高变化周期在微秒及以下时,要分析此类数据必须要有微观的数据记录,才好判断故障点前后数据究竟发生了怎样的变化而导致故障的发生,此种情况就需要有高速脉冲数据(如对IGBT触发脉冲的记录)。

(3)牵引逆变器高速脉冲数据的监控

由于对牵引逆变器发生的重大故障需要从微观数据层面才能够较好地实现对故障的分析,因此当牵引逆变器发生重大故障时,控制单元将触发高速脉冲数据采样机制,并将采集到的脉冲数据存储到预置的存储区内,当需要对数据进行分析时可用专用的高速脉冲监控软件对存储区内的脉冲数据进行读取分析。

(4)牵引逆变器高速脉冲数据监控软件应具备的功能

常用的牵引逆变器高速脉冲数据监控软件应具备以下基本功能:

①读取记录在逆变器控制单元内的故障数据信息。

②读取的故障数据信息,可以数值显示、图表显示。

③读取的故障数据信息,可以数值打印、图表打印。

④逆变器控制装置的故障数据信息,可以删除。

(5)监控软件与牵引控制单元的连接

在进行监控数据的读取、记录以及监控数据的清除时,需先把装有高速脉冲数据监控软件的电脑连接到牵引控制单元上。

(6)高速脉冲监控软件的使用此处仅为举例

监控软件启动后,至少会显示以下功能一览如图4.78所示。可根据需要选择相应功能的图标。

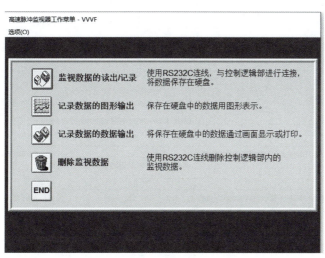

图 4.78　高速脉冲监控软件功能一览

①监控数据的读取记录,利用RS232C电缆与控制单元进行通信,把数据记录到硬盘里。本功能是将记载在牵引控制单元的高速脉冲故障数据信息经由RS232C接口以串行传输的形式读取出来,记录到电脑的存储装置中。

②记录数据的图表输出,将记录到硬盘上的数据,用图表的形式显示。将已记录的数据以图表的形式输出到电脑界面或者打印机上。此处可以根据需要选择常规模式或放大模式。

常规模式图表输出如图 4.79 所示。

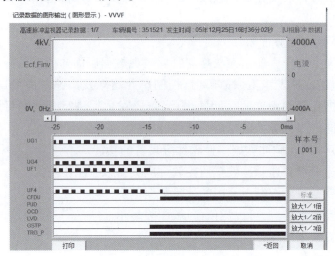

图 4.79　常规模式图表输出

放大 3 倍后的图表输出如图 4.80 所示。

图 4.80　放大 3 倍后的图表输出

③记录数据的数值输出,将记录到硬盘上的数据用数值显示或者打印出来。将已记录

的数据，以数值的形式输出到电脑界面或者打印机中。此处数据的显示可以根据需要选择常规模式（图 4.81）或放大模式（图 4.82）。

记录数据的数据输出（画面输出） - VVVF

高速脉冲监视器记录数据：1/7　车辆编号：351521　发生时间：05年12月25日16时36分02秒　[标准数据]

1step [200us]	IM-U [A]	IM-V [A]	IM-W [A]	FIV [Hz]	ECF [V]	U G 1 / UU GF 41 / UV FG 41 / VV GF 41 / VW FG 41 / WW GF 41 / W F 4	CCC FFF DDD WVU	GT POLSR UCVTG DDDPP
1	326.1	-111.1	-216.7	0.9	1638.1	1...1..............1...1	...	.....
2	330.0	-111.1	-220.6	0.9	1638.1	...1...1...1...1...1...1	...	.....
3	326.1	-111.1	-220.6	0.9	1638.1	...1...1...1...1...1...1	...	.....
4	322.2	-115.0	-220.6	0.9	1638.1	1...1...1...1...1...1...	...	.....
5	330.0	-115.0	-220.6	0.9	1638.1	1...1...1...1...1...1...	...	.....
6	326.1	-115.0	-216.7	0.9	1638.1	...1...1...1...1...1...1	...	.....
7	330.0	-111.1	-220.6	0.9	1638.1	...1...1...1...1...1...1	...	.....
8	326.1	-111.1	-220.6	0.9	1638.1	...1...1...1...1...1...1	...	.....
9	326.1	-111.1	-224.5	0.9	1638.1	1...1...1...1...1...1...	...	.....
10	330.0	-111.1	-224.5	0.9	1638.1	1...1...1...1...1...1...	...	.....
11	326.1	-111.1	-220.6	0.9	1638.1	...1...1...1...1...1...1	...	.....
12	330.0	-107.2	-224.5	0.9	1638.1	...1...1...1...1...1...1	...	.....
13	326.1	-107.2	-224.5	0.9	1638.1	1...1...1...1...1...1...	...	.....
14	330.0	-111.1	-224.5	0.9	1638.1	1...1...1...1...1...1...	...	.....
15	330.0	-111.1	-224.5	0.9	1638.1	1...1...1...1...1...1...	...	.....
16	330.0	-107.2	-224.5	0.9	1638.1	...1...1...1...1...1...1	...	.....
17	330.0	-107.2	-228.4	0.9	1638.1	...1...1...1...1...1...1	...	.....
18	330.0	-107.2	-224.5	0.9	1638.1	1...1...1...1...1...1...	...	.....
19	333.9	-111.1	-228.4	0.9	1638.1	1...1...1...1...1...1...	...	.....
20	330.0	-111.1	-224.5	0.9	1638.1	1...1.......1...........	...	.....
21	333.9	-111.1	-224.5	0.9	1638.1	...1...1...1...1...1...1	...	.....
22	333.9	-107.2	-228.4	0.9	1638.1	...1...1...1...1...1...1	...	.....
23	330.0	-111.1	-228.4	0.9	1638.1	1...1...1...1...1...1...	...	.....
24	333.9	-111.1	-228.4	0.9	1638.1	1...1...1...1...1...1...	...	.....
25	330.0	-111.1	-224.5	0.9	1638.1	...1...1...1...1...1...1	...	.....

<返回　取消

图 4.81　常规模式数值输出

记录数据的数据输出（画面输出） - VVVF

高速脉冲监视器记录数据：1/7　车辆编号：351521　发生时间：05年12月25日16时36分02秒　[放大数据]　样本号[005]

1step [1.0us]	IM-U [A]	IM-V [A]	IM-W [A]	FIV [Hz]	ECF [V]	U G 1 / UU GF 41 / UV FG 41 / VV GF 41 / VW FG 41 / WW GF 41 / W F 4	CCC FFF DDD WVU	GT POLSR UCVTG DDDPP
1	330.0	-115.0	-220.6	0.9	1638.1	1...1...1...1...1...1...	...	.....
2	330.0	-115.0	-220.6	0.9	1638.1	1...1...1...1...1...1...	...	.....
3	330.0	-115.0	-220.6	0.9	1638.1	1...1...1...1...1...1...	...	.....
4	330.0	-115.0	-220.6	0.9	1638.1	1...1...1...1...1...1...	...	.....
5	330.0	-115.0	-220.6	0.9	1638.1	1...1...1...1...1...1...	...	.....
6	330.0	-115.0	-220.6	0.9	1638.1	1...1...1...1...1...1...	...	.....
7	330.0	-115.0	-220.6	0.9	1638.1	1...1...1...1...1...1...	...	.....
8	330.0	-115.0	-220.6	0.9	1638.1	1...1...1...1...1...1...	...	.....
9	330.0	-115.0	-220.6	0.9	1638.1	1...1...1...1...1...1...	...	.....
10	330.0	-115.0	-220.6	0.9	1638.1	1...1...1...1...1...1...	...	.....
11	330.0	-115.0	-220.6	0.9	1638.1	1...1...1...1...1...1...	...	.....
12	330.0	-115.0	-220.6	0.9	1638.1	1...1...1...1...1...1...	...	.....
13	330.0	-115.0	-220.6	0.9	1638.1	1...1...1...1...1...1...	...	.....
14	330.0	-115.0	-220.6	0.9	1638.1	1...1...1...1...1...1...	...	.....
15	330.0	-115.0	-220.6	0.9	1638.1	1...1...1...1...1...1...	...	.....
16	330.0	-115.0	-220.6	0.9	1638.1	1...1...1...1...1...1...	...	.....
17	330.0	-115.0	-220.6	0.9	1638.1	1...1...1...1...1...1...	...	.....
18	330.0	-115.0	-220.6	0.9	1638.1	1...1...1...1...1...1...	...	.....
19	330.0	-115.0	-220.6	0.9	1638.1	1...1...1...1...1...1...	...	.....
20	330.0	-115.0	-220.6	0.9	1638.1	1...1...1...1...1...1...	...	.....
21	330.0	-115.0	-220.6	0.9	1638.1	1...1...1...1...1...1...	...	.....
22	330.0	-115.0	-220.6	0.9	1638.1	1...1...1...1...1...1...	...	.....
23	330.0	-115.0	-220.6	0.9	1638.1	1...1...1...1...1...1...	...	.....
24	330.0	-115.0	-220.6	0.9	1638.1	1...1...1...1...1...1...	...	.....
25	330.0	-115.0	-220.6	0.9	1638.1	1...1...1...1...1...1...	...	.....

<返回　取消

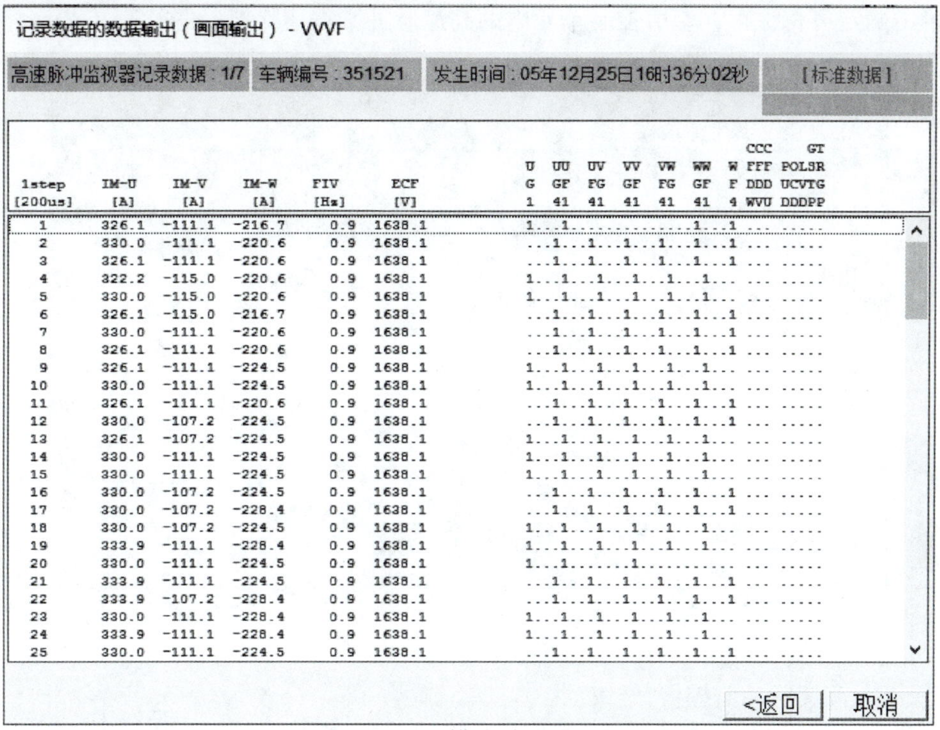

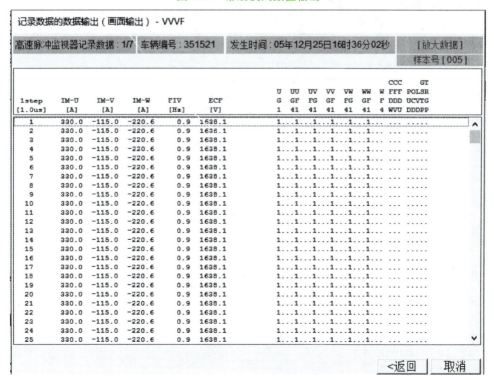

图 4.82　对 5 号样本放大后的数值输出

④监控数据的删除,利用 RS232C 电缆,删除控制逻辑部的监控数据。

单击确定可将保存在牵引控制单元内的高速脉冲数据清除掉(图 4.83)。

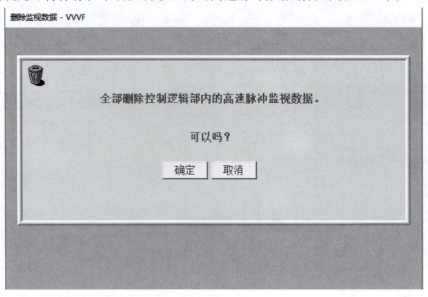

图 4.83　清除数据

⑤END,高速脉冲监控器,结束。

(7)高速脉冲数据的基本内容(此处仅为举例)

牵引控制单元记录的高速脉冲数据基本内容见表 4.21。

表 4.21　牵引控制单元记录的高速脉冲数据基本内容

No.	区　分	略号	含　义	备　注
1	脉冲数据	UG1	U 相上桥臂 IGBT 门极信号	
2		UF1	U 相上桥臂 IGBT 门极反馈信号	
3		UG4	U 相下桥臂 IGBT 门极信号	
4		UF4	U 相下桥臂 IGBT 门极反馈信号	
5		VG1	V 相上桥臂 IGBT 门极信号	
6		VF1	V 相上桥臂 IGBT 门极反馈信号	
7		VG4	V 相下桥臂 IGBT 门极信号	
8		VF4	V 相下桥臂 IGBT 门极反馈信号	
9		WG1	W 相上桥臂 IGBT 门极信号	
10		WF1	W 相上桥臂 IGBT 门极反馈信号	
11		WG4	W 相下桥臂 IGBT 门极信号	
12		WF4	W 相下桥臂 IGBT 门极反馈信号	

No.	区　分	略号	含　义	备　注
13	微处理数据	Ecf	滤波电容器电压［V］	
14		Finv	逆变器频率［Hz］	
15		IM-U	U 相电流瞬间值［A/群］	
16		IM-V	V 相电流瞬间值［A/群］	
17		IM-W	W 相电流瞬间值［A/群］	
18		CFDU	U 相 CFD 检测信号	
19		CFDV	V 相 CFD 检测信号	
20		CFDW	W 相 CFD 检测信号	
21		PUD	PUD 检测信号	
22		OCD	MMOCD 检测信号（U,V,W 相 MMOCD 检测的 OR）	
23		LVD	电源 LVD 检测信号（PLVD,P110LVD,GPLVD 检测的 OR）	
24		GSTP	门极停止信号	
25		TRG_P	监控器触发信号	

（五）牵引软件数据分析及典型问题处理

（1）常用牵引系统软件变量

城市轨道交通车辆牵引系统控制软件监测变量较多，但其中多数变量为系统内部逻辑判断、牵引控制等控制所用，在日常运行故障数据分析时，专业技术人员无须掌握全部变量的具体参数及相关用途，只需要掌握与列车运行息息相关的变量即可，下面以城市轨道交通车辆欧系牵引系统为例介绍牵引系统常用变量，具体见表 4.22。

表 4.22　牵引系统常用软件变量

序号	变量名称	监测目的	故障触发条件	故障消除条件	备注
1	no_dplug	检测数据插头状态	数据插头故障	数据插头恢复正常	
2	ref_soft_id	检测软件的版本号	软件版本号无效	检测到有效软件版本号时	
3	tcms_loss	检测列车控制系统（TCMS）与牵引逆变器（VVVF）通信状态	TCMS 与 VVVF 通信中断	TCMS 与 VVVF 通信恢复	
4	temp_sens	检测温度传感器状态	温度传感器故障	温度传感器状态恢复正常	
5	ccc_fb	检测预充电接触器状态	预充电接触器接到闭合指令后，反馈状态为断开	预充电接触器接到闭合指令后，反馈状态为闭合	

续表

序号	变量名称	监测目的	故障触发条件	故障消除条件	备注
6	高速断路器_cl	检测高速断路器状态	高速断路器接收到闭合指令后,反馈状态为断开	高速断路器接收到闭合指令后,反馈状态为闭合	
7	高速断路器_op	检测高速断路器状态	高速断路器接收到断开指令后,反馈状态为闭合	高速断路器接收到断开指令后,反馈状态为断开	
8	高速断路器_selftrip	记录高速断路器自跳闸次数	在高速断路器闭合状态下,未收到断开指令而断开高速断路器	收到高速断路器断开指令	
9	k_fan1	记录逆变器散热风扇工作指令与状态不一致	指令信号与反馈信号不一致	指令信号与反馈信号保持一致	
10	mot_temp_wrn	检测牵引逆变器逆变模块温度	逆变模块温度高于180 ℃	逆变模块温度低于170 ℃	
11	mot_temp_over	检测牵引逆变器逆变模块温度	逆变模块温度高于200 ℃	逆变模块温度低于190 ℃	
12	rheo_temp_warn	检测制动电阻温度	制动电阻温度高于450 ℃	制动电阻温度低于400 ℃	
13	rheo_temp_over	检测制动电阻温度	制动电阻温度高于500 ℃	制动电阻温度低于450 ℃	
14	dir_invalid	记录牵引逆变器收到方向指令	同时收到牵引制动指令	只收到牵引或者制动指令	
15	pwr_curr_bal	记录线路电流传感器不平衡	进线电流传感器和返回电流传感器的差值超过200 A	进线电流传感器和返回电流传感器的差值低于100 A	
16	idc_hi	检测线路电流值	线路电流值高于1 300 A	线路电流值低于1 000 A	
17	idc_very_hi	检测线路电流值	线路电流值高于1 400 A	线路电流值低于1 000 A	
18	iph_hi	检测电机相电流值	电机相电流值高于2 200 A	电机相电流值低于1 500 A	
19	iph_very_hi	检测电机相电流值	电机相电流值高于2 400 A	电机相电流值低于1 500 A	

序号	变量名称	监测目的	故障触发条件	故障消除条件	备注
20	uf_hi	检测滤波电压值	滤波电压值高于 2 150 V	滤波电压值低于 1 950 V	
21	uf_very_hi	检测滤波电压值	滤波电压值高于 2 250 V	滤波电压值低于 1 950 V	
22	uf_low	检测滤波电压值	滤波电压值低于 900 V	滤波电压值高于 950 V	
23	self_load_wrn	当达到告警级时降低线路电流	线路电抗器负载率大于 2.2 Pu	线路电抗器负载率小于 2.0 Pu	
24	self_load_over	检测线路电抗器过载	线路电抗器负载率大于 2.5 Pu	线路电抗器负载率小于 2.3 Pu	

（2）牵引软件一般功能介绍

城市轨道交通车辆牵引系统日常维护可分为硬件维护及软件维护,软件维护又可分为以下3种:软件更新、数据监控、故障下载。

1）软件更新

城市轨道交通车辆牵引系统控制软件更新主要是基于牵引系统漏洞修复、控制方式升级等一系列需求,以欧系牵引控制系统为例,在牵引系统出现故障,排查后发现软件问题,例如牵引系统常见的能耗记录异常、滑行控制逻辑、电控转换配合等,这就需要多次对软件进行更新。

2）数据监控

什么是数据监控,其意义在什么地方,这都是人们需要了解的。在牵引系统故障处理中,需要对关键数据进行实时监测,来确定是否出现超出正常值范围,这在很大程度上能帮助解决牵引系统的故障。

3）故障下载

城市轨道交通车辆在运行过程中会出现各种故障,在故障处理过程中,原始的故障记录是十分重要的数据,技术人员根据故障记录可确定故障发生时间点、相关参数及故障的等级。结合故障记录可初步判断出车辆是否还具有在正线继续载客运行的条件。

在城市轨道交通车辆检修作业中,员工不需要掌握牵引系统软件的更新操作、变量设定操作等深度操作,但是最基本的故障记录下载是需要掌握的技能。

（3）牵引系统数据分析及典型问题处理

城市轨道交通车辆通常格外重视牵引系统故障,针对牵引系统故障诊断,主要有以下原则:

①确保电客车牵引系统及时投入工作。

②确保在电客车设备处于安全工作状态下运行至终点站。

③确保在电客车设备处于安全工作状态下运行至下一站清客,并运行至最近存车线。

牵引系统故障等级分类一般为 3 级,轻微故障不影响牵引系统有效性,可以继续正常载客运营;中级故障牵引系统临时失效,然后可以自动恢复正常状态,不再重复出现该故障,则可以继续正常载客运营;严重故障牵引系统失效且被隔离,只能通过列车线进行可能的故障重置,此时只能回库后解除隔离。下面以四动两拖电客车在失去两节动力后的故障处理为例,介绍牵引系统的问题处理方式。

　　故障现象:列车在正线运行时列车控制系统(TCMS)显示牵引系统中等故障、牵引状态栏显示线路接触器闭合,其中 2 车、3 车牵引系统状态显示故障,同时 2 车、3 车高速断路器显示断开。

　　故障分析:对于一个故障,不能只从表象来分析故障原因,要结合电客车所处运行工况、运行区段、经验判断综合分析。

　　针对上述故障现象,电客车所表现出的表面现象是 2 车牵引系统、3 车牵引系统故障,导致 2 车牵引系统、3 车牵引系统失去动力,列车损失 1/2 的动力单元,属于严重的正线故障。针对故障现象开始查找故障现象表现出的特点,首先,2 车牵引系统、3 车牵引系统同属一个受电弓下的供电单元,所以如果受电弓故障,会导致 2 车牵引系统、3 车牵引系统同时故障;其次,2 车牵引系统、3 车牵引系统的交流 380 V 电源由 1 车辅助逆变器供电,所以如果 1 车辅助逆变器交流 380 V 电源输出故障,同样会导致 2 车牵引系统、3 车牵引系统同时故障;最后,就是 2 车牵引系统、3 车牵引系统确实同时故障,这种概率是有的,但确实微乎其微。

　　上述故障发生后,在得出初步结论后,迅速与行车人员联系,确认判断结果是否正确。得到的回复为 1 车、2 车、3 车辅助用电全部失电,空调停止工作、紧急照明启动,但是从TCMS 界面可以确定受电弓升弓状态正常。从上述回复中迅速给出结论为 1 车辅助逆变器故障,导致 1 车、2 车、3 车失去交流 380 V 电源以及直流 110 V 电源,上述故障只能回库后处理。

　　故障调查:列车回库后,故障依然存在。此时人们需要做的不是恢复系统正常工作状态,而是要尽可能多地收集故障数据。首先,查看 TCMS 故障记录,在 15:49 报电池温度超出范围 1 故障,16:04 报逆变器温度适配器跳保护,同时报牵引系统中等故障,如图 4.84 所示。

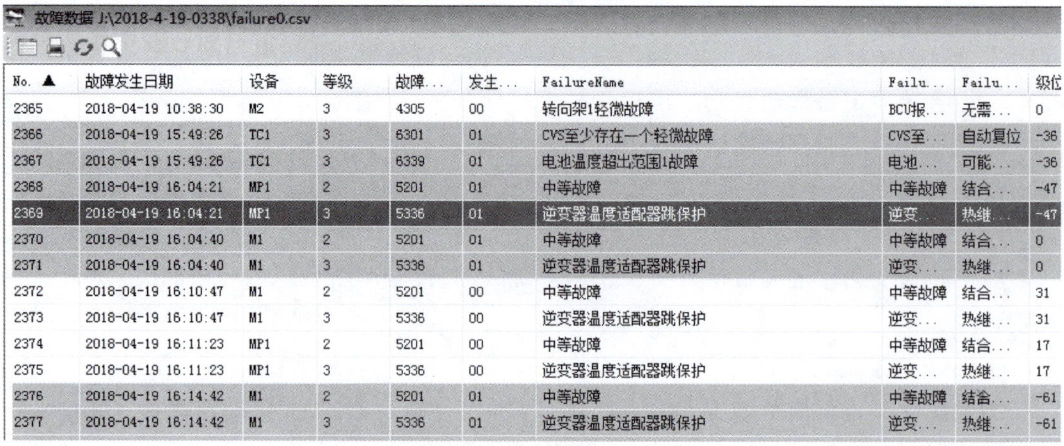

No. ▲	故障发生日期	设备	等级	故障...	发生...	FailureName	Failu...	Failu...	级位
2365	2018-04-19 10:38:30	M2	3	4305	00	转向架1轻微故障	BCU报	无需...	0
2366	2018-04-19 15:49:26	TC1	3	6301	01	CVS至少存在一个轻微故障	CVS至...	自动复位	-36
2367	2018-04-19 15:49:26	TC1	3	6339	01	电池温度超出范围1故障	电池...	可能...	-36
2368	2018-04-19 16:04:21	MP1	2	5201	01	中等故障	中等故障	结合...	-47
2369	2018-04-19 16:04:21	MP1	3	5336	01	逆变器温度适配器跳保护	逆变...	热继...	-47
2370	2018-04-19 16:04:40	M1	2	5201	01	中等故障	中等故障	结合...	0
2371	2018-04-19 16:04:40	M1	3	5336	01	逆变器温度适配器跳保护	逆变...	热继...	0
2372	2018-04-19 16:10:47	M1	2	5201	00	中等故障	中等故障	结合...	31
2373	2018-04-19 16:10:47	M1	3	5336	00	逆变器温度适配器跳保护	逆变...	热继...	31
2374	2018-04-19 16:11:23	MP1	2	5201	00	中等故障	中等故障	结合...	17
2375	2018-04-19 16:11:23	MP1	3	5336	00	逆变器温度适配器跳保护	逆变...	热继...	17
2376	2018-04-19 16:14:42	M1	2	5201	01	中等故障	中等故障	结合...	-61
2377	2018-04-19 16:14:42	M1	3	5336	01	逆变器温度适配器跳保护	逆变...	热继...	-61

故障数据 J:\2018-4-19-0338\failure0.csv

图 4.84　故障数据显示界面

其次,查看牵引系统故障记录,在 15:49 牵引系统记录到 1 次 Battery overtemperature
(蓄电池过温),此时牵引系统记录到温度为 85.214 ℃,到 17:55 列车下线回库再无其他故
障记录,如图 4.85 所示。

Date/Time	Code	Mnemo.	Status	Counter	Label
2018/04/19 01:33:34:000	A3-03-00	POWER_DO...	Present		Board powered down (EXT UBAT)
2018/04/19 05:29:19:000	A3-02-00	POWER_UP	Present		Board powered up
2018/04/19 15:49:27:569	0A-52-52	AL_52	Present	1	Battery overtemperature
2018/04/19 18:16:36:000	A3-02-00	POWER_UP	Present		Board powered up
2018/04/19 18:16:36:000	A3-21-00	HOT_RESET	Present		Hot reset of the electronic
2018/04/19 18:16:45:715	0A-52-52	AL_52	Present	2	Battery overtemperature
2018/04/19 18:16:55:525	0A-53-53	AL_53	Present	1	Battery temperature probe out of range
2018/04/19 18:35:04:000	A3-03-00	POWER_DO...	Present		Board powered down (EXT UBAT)

Variable	t0
StatusBC	1
StatusInv	1
BCPermFault	0
AA3PermFault	0
MesVAirFanD...	19.082
InvPermFault	0
MesIacOutPh...	73.043
MesTBattP2...	85.214
SivMode	203
InputPermFault	0
ACOutputPer...	0

For Help, press F1

图 4.85　牵引系统故障记录

最后,测量蓄电池温度传感器阻值,拆开度电池温度传感器插头测量阻值为无穷大
(击穿),正常值为 108 Ω,如图 4.86 所示。

 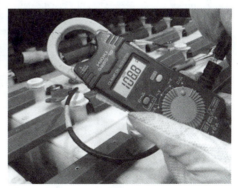

(a)故障温度传感器　　　　　　　　　　(b)正常温度传感器

图 4.86　蓄电池温度传感器

故障分析:当辅助逆变器检测到蓄电池温度在 2 s 内持续大于 75 ℃时,会停止工作,
逻辑如图 4.87 所示。

Event stack 事件堆栈	: BC_FAULTS
Name of the variable in the event context 事件上下文中的变量名称	: OverheatBat
LRU concerned 涉及的 LRU	: BC module, Agate Aux BC 模块、Agate Aux
Occurrence criterion 事件发生标准	: The battery temperature is above 75°C during more than 2s and there is no probe fault 蓄电池温度在超过2秒时间内高于75°C，且无探头故障
Reset criterion 重置标准	: The battery temperature is less than 70°C during more than 1s 蓄电池温度在超过 1 秒时间内低于 70°C
Action(s)措施	: Stop CVS operation and resume automatically when fault disappears 停止CVS操作，然后在故障消失后自动恢复
Category 类别	: Not counted fault 未计数故障

图 4.87　逻辑图

出于对车辆安全方面因素考虑，不予进行扩展供电，故而导致故障辅助逆变器下属 AC380 用电器失电，从而 2、3 车牵引逆变器散热风扇停止工作，导致逆变器温度持续上升到设定温度，从而断开本车线路接触器，从而导致 TCMS 报牵引控制系统中等故障。牵引逆变器停止工作后，温度逐渐降低，待温度降低到设定温度后，故障自动恢复，牵引系统重新投入运行，如此往复循环，导致牵引系统重复出现故障，故障控制逻辑如图 4.88 所示。

1.4.7.9 Inverter over-temperature: FLT_cool_inv_temp_over	
Object 目的	in order to inhibit the inverter in case of overheating 当逆变器过热时，禁止逆变器
Set equation 触发条件	The traction motor temperature from the model > K_COOL_INV_TEMP2 逆变器温度> K_COOL_INV_TEMP2
Reset equation 重置条件	The traction motor temperature < K_COOL_INV_TEMP2_RES 逆变器温度< K_COOL_INV_TEMP2_RST
Actions 动作方式	Opening of line contactor 断开线路接触器
Actions if repeated 重复动作	Isolation of traction system 隔离牵引系统
Fault Class 故障等级	Simple fault: Major 单一故障：中级 Repeated fault: Critical 重复故障：严重

图 4.88　故障控制逻辑图

综上所述：由于 1 车蓄电池温度传感器故障，1 车辅助逆变器监测蓄电池温度过温，导致 1 车辅助逆变器停止工作，1 车无 AC380 输出，2、3 车牵引逆变器散热风机所需 AC380 电源中断，列车在正线运营由于牵引或电制动导致牵引逆变器模块温度过高而报"逆变器温度适配器跳保护"故障，牵引系统断开线路接触器对相应牵引系统进行隔离保护，如图 4.89 所示。

牵引无流故障	⟷	逆变器过热	⟷	风扇停止工作	⟷	无AC380

传感器故障	⟷	蓄电池过温	⟷	CVS停止工作	⟷	CVS无输出

图 4.89 蓄电池故障响应流程图

故障处理:更换 1 车蓄电池温度传感器后辅助逆变器功能恢复正常,电脑监测温度与点温枪实时温度相同。

4.2.5 列车辅助及控制系统

(一)蓄电池电化学原理及典型问题处理

蓄电池是将化学能直接转化成电能的一种装置,是按可再充电设计的电池,通过可逆的化学反应实现再充电。根据 GB 5157—2013 规定,地铁车辆需选用浮充蓄电池供电的设备,其标称电压应选用 110 V 及 24 V,蓄电池容量应能满足车辆在故障及紧急情况下的车门控制、应急照明、应急通风、通信等不低于 45 min。

(1)常见蓄电池分类

1)铅酸蓄电池

铅酸蓄电池是电池中的一种,属于二次电池。其工作原理:充电时利用外部的电能使内部活性物质再生,把电能储存为化学能,需要放电时再次把化学能转换为电能输出,比如生活中常用的手机电池等。它用填满海绵状铅的铅基板栅(又称格子体)作负极,填满二氧化铅的铅基板栅作正极,并用密度 1.26~1.33 g/mL 的稀硫酸作电解质。电池在放电时,金属铅是负极,发生氧化反应,生成硫酸铅;二氧化铅是正极,发生还原反应,生成硫酸铅。电池在用直流电充电时,两极分别生成单质铅和二氧化铅。移去电源后,它又恢复到放电前的状态,组成化学电池。铅蓄电池是能反复充电、放电,它的单体电压是 2 V,电池是由一个或多个单体构成的电池组,简称蓄电池,最常见的是 6 V、12 V 蓄电池,其他还有2 V、4 V、8 V、24 V 蓄电池,如汽车上用的蓄电池(俗称电瓶)是 6 个铅蓄电池串联成12 V的电池组。

2)磷酸铁锂电池

磷酸铁锂电池是锂离子电池家族中最安全的高比能量电池。磷酸铁锂电池的放电电压非常平稳,一般为 3.2 V,放电后期(主要指剩余的 10%容量)电压变化较快,截止电压一般为 2.5 V。环境温度特别是低温会对磷酸铁锂电池的放电容量产生影响:−20 ℃的放电容量是常温容量的 45%,−10 ℃是常温的 65%,−5 ℃是常温的 80%,0 ℃是常温的 90%,0~20 ℃的放电容量变化非常小。磷酸铁锂电池的低温性能优于铅酸蓄电池。

3)镍镉蓄电池

工业碱性蓄电池初期由镍铁(1892 年)和镍镉(1894 年)两个分支演化而来,由 1890年袋式极板发展到 1938 年的烧结式极板,至 1995 年发展为 FNC 极板。袋式极板结构,活性物质装入由穿孔钢带加工而成的小"口袋"里,传导物质环绕着活性物质,电极中添加石墨增加其导电性,石墨氧化后会生成碳酸盐,降低单体的电导率,降低可用容量。烧结式极板镍片在非常薄的钢箔上烧结形成极板,镍片之间的空间内充满了活性物质,金属核心和超薄设计的电极,能实现非常高倍率的放电,脆性结构,具有记忆效应——在充放电后很难得到应有的补偿造成容量的下降。

FNC结构,即纤维式结构有着灵活的厚度和尺寸、不含石墨的纯活性物质、高密度导体、高弹性的纤维结构、高孔隙率及电解液无须更换等优势,其与烧结式结构对比如图4.90所示。

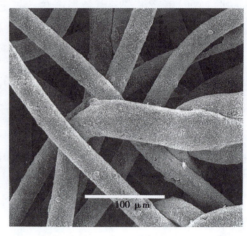

图4.90 纤维式和烧结式结构对比

(2)铅酸蓄电池工作原理

铅酸蓄电池的电化学反应原理就是充电时将电能转化为化学能在电池内储存起来,放电时将化学能转化为电能供给外系统。其充电和放电过程是通过电化学反应完成的,电化学反应式如下:

正极:

$$PbSO_4 + 2H_2O \underset{放电}{\overset{充电}{\rightleftharpoons}} PbO_2 + H_2SO_4 + 2H^+ + 2e^-$$

副反应:

$$H_2O \overset{充电}{\longrightarrow} \frac{1}{2}O_2 + 2H^+ + 2e^-$$

负极:

$$PbSO_4 + 2H^+ + 2e^- \underset{放电}{\overset{充电}{\rightleftharpoons}} Pb + H_2SO_4$$

副反应:

$$2H^+ + 2e^- \overset{充电}{\longrightarrow} H_2$$

从上面反应式可看出,充电过程中存在水分解反应,当正极充电到70%时,开始析出氧气,负极充电到90%时开始析出氢气,由于氢氧气的析出,如果反应产生的气体不能重新复合使用,电池就会失水干涸;对于早期的传统式铅酸蓄电池,由于氢氧气的析出并从电池内部逸出,不能进行气体的再复合,是需经常加酸加水维护的重要原因;而阀控式铅酸蓄电池能在电池内部对氧气再复合利用,同时抑制氢气的析出,克服了传统式铅酸蓄电池的主要缺点。

铅酸蓄电池采用负极活性物质过量设计,吸液式(AGM)或阀控式胶体(GEL)电解液吸附系统,正极在充电后期产生的氧气通过 AGM 或 GEL 空隙扩散到负极,与负极海绵状铅发生反应变成水,使负极处于去极化状态或充电不足状态,达不到析氢过电位,所以负极不会由于充电而析出氢气,电池失水量很小,故使用期间不需加酸加水维护。阀控式铅酸蓄电池氧循环如图 4.91 所示。

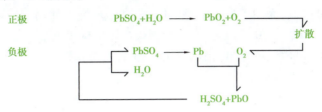

图 4.91　阀控式铅酸蓄电池氧循环图

可以看出,在铅酸蓄电池中,负极起着双重作用,即在充电末期或过充电时,一方面极板中的海绵状铅与正极产生的 O_2 反应而被氧化成一氧化铅,另一方面是极板中的硫酸铅又要接受外电路传输来的电子进行还原反应,由硫酸铅反应生成海绵状铅。

(3)FNC-R 蓄电池

FNC-R 技术有着极为充沛的电化学性能、显著的机械性能,可用于低温和高温环境中,具有超长的寿命周期、可以高倍率电流充电,即使在大电流下,比能量高等特性。铅酸蓄电池与镍镉蓄电池对比,有着表 4.23 所示的优缺点。

表 4.23　铅酸蓄电池与镍镉蓄电池优缺点对比

分　类	缺　点	优　点
铅酸蓄电池	低温下,性能差 高温下,寿命短 电解液会腐蚀电极 电解液对钢架有腐蚀性 微妙的电化学反应	低成本 同等电压电池数量比镍镉少 40% 浮充电压 2.23 V/cell 简化充电状态的检查工作 高容量
镍镉蓄电池	高成本 电压低 1.2 V/cell(铅酸 2 V/cell)	低温下,性能好 高温下,寿命长 循环次数多 电解液不腐蚀电极 电解液不腐蚀钢架 可用大电流进行补充电 电化学反应很充分 机械性能好

铅酸蓄电池一般工作温度为 -20~45 ℃,高温环境下会降低其使用寿命,因此不适宜在高温环境下使用。一般在 20 ℃ 情况下,铅酸蓄电池的设计寿命为 12~15 年,经容量损失界限 1 000 次循环后,日常维护均衡充电即可,最大充电电流为 0.1C,充电系数为 1.2,充电效率为 83.30%,不允许过充和深放电。

袋式极板蓄电池一般工作温度为 -20~45 ℃,高温环境下会出现石墨氧化效应,使电解液中产生更多的碳酸盐,而电池容量更低,寿命也会随之降低,因此不适宜在高温环境下使用。一般在 20 ℃情况下,袋式极板蓄电池的设计寿命为 10~15 年,经容量损失界限 800~1 200 次循环后,日常维护需要更换电解液和均衡充电,最大充电电流为 0.5C,充电系数为 1.4~1.6,充电效率为 71.50%,允许过充和深放电。

FNC 蓄电池一般工作温度为 -20~45 ℃,高温环境下不会出现石墨氧化效应,也不会因高温使电池容量更低,无须更换电解液,可以在高温环境下使用。一般在 20 ℃情况下,FNC 蓄电池的设计寿命为 20 年以上,经容量损失界限 2 000 次循环后,日常维护需要更换电解液和均衡充电,可用快速充电方式,最大充电电流为 0.7C,充电系数为 1.2,充电效率为 83.30%,允许过充和深放电。

(4)FNC 蓄电池的原理

正极

$$2NiOOH + 2H_2O + 2e^- \longrightarrow 2Ni(OH)_2 + 2OH^-$$

$$2Ni^{3+} + 2e^- \xrightarrow{\text{放电}} 2Ni^{2+}$$

负极

$$Cd + 2OH^- \longrightarrow Cd(OH)_2 + 2e^-$$

$$Cd^0 \xrightarrow{\text{放电}} Cd^{2+} + 2e^-$$

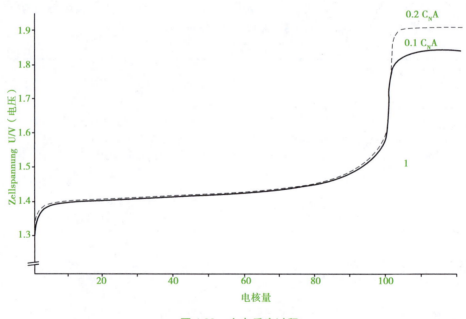

图 4.92　充电反应过程

在充电过程中的顺序为单体充电反应完成后,就开始另一个需要高能量的水分解反应。

正极:

$$4OH^- \longrightarrow 2H_2O + 4e^- + O_2$$

负极:

$$4H_2O + 4e^- \longrightarrow 2H_2 + 4OH^-$$

总方程式:

$$2H_2O \longrightarrow O_2 + 2H_2$$

从上述内容看,当单体完成充电后,持续充电产生高能会使电解液发生水解反应,产生氧气和氢气,因此,蓄电池附近严禁烟火!

(5)镍镉蓄电池的电化学反应

镍镉蓄电池电解反应

$$2NiOOH+Cd+2H_2O \longrightarrow 2Ni(OH)_2+Cd(OH)_2$$

$$更精确为:\{uNiO_2 \cdot v\,NiOOH\}$$

作为比较,铅酸蓄电池的主要电解反应为:

$$Pb+PbO_2+2H_2SO_4 \longrightarrow 2PbSO_4+2H_2O$$

对于镍镉蓄电池 25 ℃时热力学数据为(+/-表示放电):反应焓 $\Delta H \approx -276$ kJ,自由反应焓 $\Delta G \approx -247$ kJ,反应熵 $\Delta S \approx -97$ kJ/grd,均衡电压 E_0:

$$E_0 = -\frac{\Delta G}{nF} = 1.3 \text{ V}$$

式中 n——电荷量;

F——法拉第。

放电反应放热/充电过程吸热:

$$T\Delta S = \Delta H - \Delta G = -29 \text{ kJ}(T = 293 \text{ K})$$

$$\frac{T\Delta S}{\Delta G} = +11.7\%$$

每单位质量可以存储的能量,每转换最初物质质量的能量根据公式:

$$183 \text{ g} + 112 \text{ g} = 295 \text{ g}$$

转换电量:

$2 \times 96\,500$ As = 53.61 A·h   能量被存储。

理论值:

$$\frac{53.61 \text{As} \times 1.3 \text{V}}{0.295} \text{kg} = 236 \text{ W} \cdot \text{h/kg}$$

表 4.24　FNC 蓄电池各型通用参数

FNC-型号	FNC-X	FNC-H	FNC-M	FNC-L
放电倍率	超高	高	中等	低
放电电流	超过 7 CNA	≤7 CNA	≤3.5 CNA	≤1 CNA
放电时间	<0.5~5 min	0.5~15 min	10 min ~5 h	1 ~10 h
应用范围	—不间断电源 —自动传送车 —柴油机启动 —铁路	—不间断电源 —自动传送车 —柴油机启动 —应急照明 —铁路	—叉车电池 —自动传送车 —铁路 —应急照明	—铁路 —应急照明 —通信,电讯 —太阳能 —不间断电源

FNC-型号	FNC-X	FNC-H	FNC-M	FNC-L
电极单元内阻（100 A·h/电极单元）	0.17~0.22 mΩ	0.4~0.5 mΩ	1.0~1.2 mΩ	1.4~1.6 mΩ
电极板厚度/mm	1.2	2.5	4.5	5
电极板尺寸/mm	109×120 109×162 109×162	109×120 109×162 180×162	109×162 180×162 140×235	109×162 180×162 140×235 180×235

（6）FNC-蓄电池的浮充方式

"电流"的作用被分为两部分，即总电流和水分解的电流。

①总电流：在单体/电池终端测量到的电流。

②水分解的电流：为总电流中分解电解液中水的电流（通常计算在浮充操作下单体/电池的水损失）。

总电流和水分解的电流的区别：水分解的电流用于补偿单体/电池的自放电。

温度对过充的影响："经验法则"：温度升高 10 K 所有化学过程的反应速度加倍；温度每升高 10 K 电流增大 1 倍。

图 4.93 显示 L、M、H 蓄电池系列在浮充方式下电压与电流的关系。

（7）蓄电池中的水损耗

蓄电池中的水损耗以富液式蓄电池中为例。

规律：过充 1 A·h 分解 0.336 g（mL）的水。

在这个过程中产生如下气体：

氧气（O_2）：0.299 g = 0.209 1

氢气（H_2）：0.037 g = 0.418 1

估计加水间隔时间：

①根据浮充电压计算电流 I。

②根据单体的标签计算电解液量 V，乘以最大和最小液位线之间的距离。（电池上标注）减去 25% 的极板和隔膜。

③加水时间间隔：$\dfrac{t}{h} = \dfrac{V}{0.336 \times I}$。

（8）自放电

在开路状态储存（无电源），每一个电化学系统都有一定容量的损失，可以观测到开路电压的逐步降低，在图 4.94 中可以看出镍镉电池的自放电率。

它取决于储存的温度和时间。

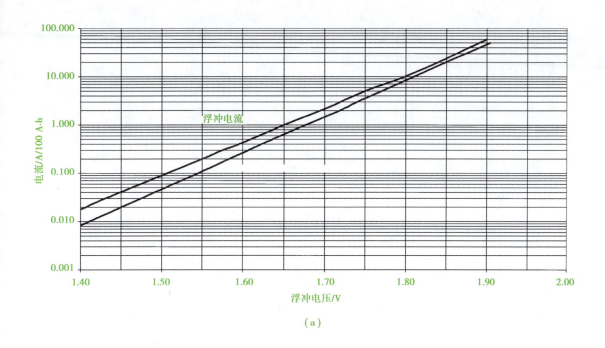

(a)

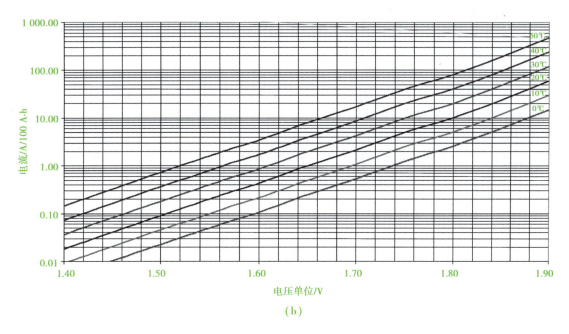

(b)

图 4.93　浮充方式不同温度下电压与电流的关系

（9）FNC 蓄电池的充电

1）固定应用

蓄电池按 IU 充电特性充电：浮充电压 1.40～1.45 V/cell，在特殊应用中电压达到

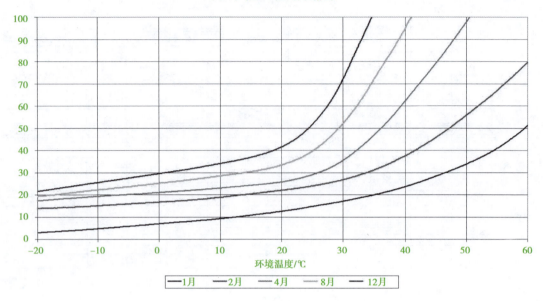

图 4.94　镍镉电池的自放电率

1.50 V/cell。

2）均衡充电

减少充电时间，均充电压 1.55~1.65 V/cell，恒流充电直到达到设定电压，接着在恒压下减小充电电流后充电，在 8~12 h 均充后一般自动切换到浮充状态。

运行或均衡充电：蓄电池恒流充电 7.5 h，电池可以达到非常高的电压，电池单体电压为 1.85 +/−0.05 V/cell，当电池电压过高时必须采取适当措施，以保护负载。

（10）浮充效应

1）浮充的现象介绍

①电压下降。蓄电池经过长时间的浮充（约 6 个月）后，电池自放电率小于刚充满电的电池，电压损失。而"电压下降"取决于浮充电的持续时间、浮充电压、放电电流。

②这种效应可能会导致降低放电容量（取决于允许的放电电压）。

2）产生浮充的原因

长期浮充电可导致在电极形成更大的结晶，从而造成更高的极化放电、更高的电压损失。

正极镍电极充电状态：在充电过程中，产生高价的 4 价镍离子，这些高价离子保证了放电过程中的高电压。在低电压浮充过程中这些 4 价镍离子转化为 3 价的镍离子，结果逐步降低放电电压水平。

3）记忆效应

如果电池只是循环地浅放电后就充电，从此，电池将不能提供浮充电后的电池总容量，而只能在"正常"的电压水平放出以前的部分容量，其余的容量只能在较低的电压水平放电，看起来就像电池只"记住"以前的局部放电，表现出明显的容量损失或电压下降。

记忆效应取决于浅放电循环次数、浮充电电压、温度，主要存在于密封烧结式电池单体中。

过充效应:在过充中得到的活性物质不能完全用于局部放电,过充导致形成巨大的结晶,在放电过程中需要更高的能量来激活这些巨大的结晶。在放电过程中开始激活这些巨大晶体,将会导致电压下降。

记忆效应在 FNC 单体/电池和其他工艺中是不能完全避免的,但是它是非常小的,在正常测量的精度范围内,它可以被忽略不计。

电压下降和记忆效应都可以被消除,消除记忆效应可以采用标称电流循环充放电,消除 FNC 电池的电压下降,可以在放电后进行均衡充电。

(二)蓄电池整流模块

整流电路是电力电子电路中出现得最早的一种,它的作用是将交流电变为直流电能供给直流用电设备,整流电路的应用十分广泛,可分为相位控制整流电路和斩波控制整流电路,本节讲述相控整流电路。

(1)单相半波可控整流电路

典型的单相可控整流电路包括单相半波可控整流电路、单相整流电路、单相全波可控整流电路及单相桥式半控整流电路。单相可控整流电路的交流侧接单相电源,本节讲述单相半波可控整流电路。

带电阻负载的工作情况如下所述。

单相半波可控整流电路的原理图及带电阻负载的工作波形如图 4.95 所示。图 4.95 (a)中,变压器 T 起变换电压和隔离的作用,其一次侧和二次侧电压瞬时值分别用 u_1 和 u_2 表示,有效值分别用 U_1 和 U_2 表示,其中 U_2 的大小根据需要的直流输出电压 u_d 的平均值 U_d 确定。

在工业生产中,很多负载呈现电阻特性,如电阻加热炉、电解、电镀装置等。电阻负载的特点是电压与电流成正比,两者波形相同。

在电路分析过程中,认为各元器件均为理想工作状态,即晶闸管导通时其压降为零,晶闸管断开时其漏电流为零且晶闸管的通断均为瞬时完成。

在晶闸管 VT 处于断开状态时,电路中无电流,负载电阻两端电压为零,u_2 全部施加于 VT 两端。如果 u_2 正半周 VT 承受正向阳极电压期间的 ωt_1 时刻给 VT 门极加触发脉冲,如图 4.95(c)所示,则 VT 导通。忽略晶闸管通态电压,则直流输出电压瞬时值 u_d 与 u_2 相等。至 $\omega t = \pi$ 即 u_2 将为零时,电路中电流也将为零,VT 关断,之后 u_d 和 i_d 均为零。图 4.95(d)、图 4.94(e)分别给出 u_d 和晶闸管两端电压 u_{VT} 的波形。i_d 的波形与 u_d 波形相同。

改变触发时刻,u_d 和 i_d 波形随之改变,直流输出电压 u_d 为极性不变但瞬时值变化的脉动直流,其波形只在 u_2 正半周内出现,故称"半波"整流。加之电路中采用了可控器件——晶闸管,且交流输入为单相,故该电路称为单相半波可控整流电路。整流电压 u_d 波形在一个电源周期中只脉动 1 次,故该电路为单脉波整流电路。

从晶闸管开始承受正向阳极电压起,到施加触发脉冲止的电角度称为触发延迟角,用 α 表示,也称触发角或控制角。晶闸管在一个电源周期中处于通态的电角度称为导通角,如果用 θ 表示,$\theta = \pi - \alpha$。

$\alpha = 0$ 时,整流输出电压平均值为最大,用 U_{d0} 表示,$U_d = U_{d0} = 0.45U_2$。随着 α 增大,U_d 减小,当 $\alpha = \pi$ 时,$U_d = 0$,该电路中 VT 的 α 移相范围为 0°~180°。可见,调节 α 角即可控

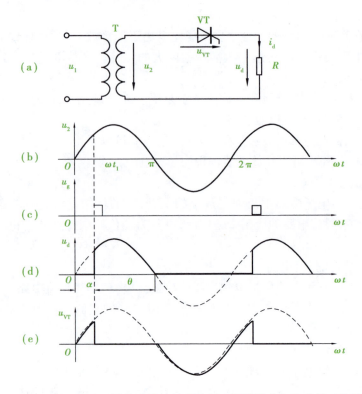

图 4.95　单相半波可控整流电路的电路原理图及带电阻负载的工作波形

制 U_d 的大小。这种通过控制触发脉冲的相位控制直流输出电压大小的方式称为相位控制方式,简称相控方式。

（2）三相桥式全控整流电路

蓄电池作为城市轨道交通车辆重要组成部分,其中弱电系统需要配置阀控式密封铅酸胶体蓄电池作为后备电源,如录音、广播、CCTV（视频监控）、PIS（乘客信息系统）、时钟、信号、ATS（综合监控）、BAS（车站设备监控）、FAS（火灾自动报警）、AFC（自动售检票）、ACS（门禁）、SCADA（电力监控）、屏蔽安全门控制及驱动电源、变电所操作电源、低压开关柜 MCC 柜控制电源、OA（办公自动化）、EPS（应急照明）等,该类电池具有体积小、质量轻、密封好、无泄漏、无污染、放电性能好、维护量小等优点。如此庞大的蓄电池数量,如何优化设计、合理配置,精细化维护,从而有效延长使用寿命,延长更换周期,在保证安全前提下降低运行成本,节约能源,值得深入探讨,下面就城市轨道交通车辆蓄电池充电电路（三相桥式全控整流电路）作介绍。

目前在各种整流电路中,应用最为广泛的是三相桥式全控整流电路,其原理如图 4.96 所示,人们习惯将其中阴极连接在一起的 3 个晶闸管（VT_1、VT_3、VT_5）称为共阴极组;阳极连接在一起的 3 个晶闸管（VT_4、VT_6、VT_2）称为共阳极组。此外,习惯上希望晶闸管按从 1~6 的顺序导通。为此将晶闸管按图示的顺序编号,即共阴极组中与 a、b、c 三相电源相接的 3 个晶闸管分别为 VT_1、VT_3、VT_5,共阳极组中与 a、b、c 三相电源相接的 3 个晶闸管分别为 VT_4、VT_6、VT_2。从后面的分析可知,按此编号,晶闸管的导通顺序为 VT_1—VT_2—VT_3—VT_4—VT_5—VT_6。以下首先分析带电阻负载时的工作情况。

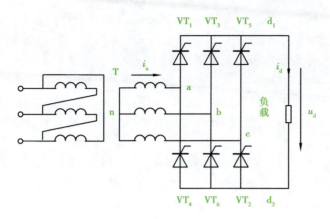

图 4.96　三相桥式全控整流电路

带阻性负载时的工作情况如下所述。

可以采用与分析三相半波可控整流电路时类似的方法,假设将电路中的晶闸管换作二极管,这种情况也就相当于晶闸管触发角 $\alpha = 0°$ 时的情况。此时,对共阴极组的 3 个晶闸管,阳极所接交流电压值最大的一个导通。而对共阳极组的 3 个晶闸管,则是阴极所接交流电压值最小(或者说负得最多)的一个导通。这样任意时刻共阳极组和共阴极组中各有一个晶闸管处于导通状态,施加于负载上的电压为某线电压。此时电路工作波形如图4.97 所示。

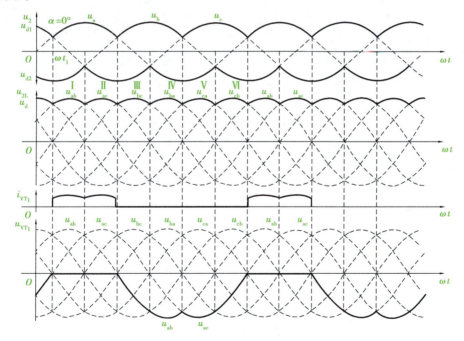

图 4.97　电路工作波形

$\alpha = 0°$ 时,各晶闸管均在自然换相点处换相。由图中变压器二次绕组相电压与线电压波形的对应关系看出,各自然换相点既是相电压的交点,同时也是线电压的交点。在分析 U_d 的波形时,既可从相电压波形分析,也可从线电压波形分析。

从相电压波形看,共阴极组晶闸管导通时,以变压器二次侧的中点 n 为参考点,整流

输出电压 u_{d1} 为相电压在正半周的包络线;共阳极组晶闸管导通时,整流输出电压 u_{d2} 为相电压在负半周的包络线,总的整流输出电压 $u_d = u_{d1} - u_{d2}$,是两条包络线间的差值,将其对应到线电压波形上,即为线电压在正半周的包络线。

直接从线电压波形看,由于共阴极组中处于通态的晶闸管对应的是最大(正得最多)的相电压,而共阳极组中处于通态的晶闸管对应的是最小(负得最多)的相电压,输出整流电压 u_d 为这两个相电压相减,是线电压中最大的一个,因此输出整流电压 u_d 波形为线电压在正半周期的包络线。

为了说明各晶闸管的工作情况,将波形中的一个周期等分为 6 段,每段为 60°,如图 4.97 所示,每一段中导通的晶闸管及输出整流电压的情况见表 4.25。由该表可见,6 个晶闸管的导通顺序为 $VT_1 - VT_2 - VT_3 - VT_4 - VT_5 - VT_6$。

表 4.25　阻性负载 $\alpha = 0°$ 时晶闸管工作情况

时　段	1	2	3	4	5	6
共阴极组中导通的晶闸管	VT_1	VT_1	VT_3	VT_3	VT_5	VT_5
共阳极组中导通的晶闸管	VT_6	VT_2	VT_2	VT_4	VT_4	VT_6
整流输出电压 u_d	$u_a - u_b = u_{ab}$	$u_a - u_c = u_{ac}$	$u_b - u_c = u_{bc}$	$u_b - u_a = u_{ba}$	$u_c - u_a = u_{ca}$	$u_c - u_b = u_{cb}$

从触发角 $\alpha = 0°$ 时的情况可以总结出三相桥式全控整流电路的一些特点,如下所述。

每个时刻均需两个晶闸管同时导通,形成向载供电的回路,其中一个晶闸管是共阴极组的,一个是共阳极组的,且不能为同一相的晶闸管。

对触发脉冲的要求:6 个晶闸管的脉冲按 $VT_1 - VT_2 - VT_3 - VT_4 - VT_3 - VT_6$ 的顺序,相位依次相差 60°;共阴极组 VT_1、VT_3、VT_5 的脉冲依次相差 120°,共阳极组 VT_4、VT_6、VT_2 也依次相差 120°;同一相的上下两个桥臂,即 VT_1 与 VT_4,VT_3 与 VT_6,VT_5 与 VT_2,脉冲相差 180°。

整流输出电压 u_d 一周期脉动 6 次,每脉动的波形都一样,故该电路为六脉波整流电路。

在整流电路合闸启动过程中或电流断续时,为确保电路的正常工作,需保证同时导通的两个晶闸管均有脉冲。为此,可采用两种方法:一种是使脉冲宽度大于 60°(一般取 80°~100°),称为宽脉冲触发。另一种是在触发某个晶闸管的同时,给前一个晶闸管补发脉冲,即用两个窄脉冲代宽脉冲,两个窄脉冲的前沿相差 60°,脉宽一般为 20°~30°,称为双脉冲触发。双脉冲电路较复杂,但要求的触发电路输出功率小。宽脉冲触发电路虽可少输出一半脉冲,但为了不使脉冲变压器饱和,需将铁芯体积做得较大,绕组匝数较多,导致漏感增大,脉冲前沿不够陡,对于晶闸管串联使用不利。虽可用去磁绕组改善这种情况,但又使触发电路复杂化。因此,常用的是双脉冲触发。

整流电路原理较为简单,由于篇幅限制本节中不再展开深入讲解,如需要深入了解相关知识,可参照相关电力电子的教材及期刊等。

(三)辅助逆变器实时数据监控及数据分析

辅助逆变器标准监视器主要用于读取辅助装置逻辑控制部分内记载的事故信息,可以将故障信息读出,并对事故信息进行管理、分析、打印等,同时可以设定辅助装置中的时钟。辅助逆变器数据记录触发条件见表4.26。

表 4.26　辅助逆变器数据记录触发条件表

编号	种类	采样周期	采样时间	采样点数	记载件数	触发条件	读取方法
1	跟踪数据	10 ms	前 2.0 s后 0.55 s	256 点	过去7 件	HBT、CFDI、CFDH、INVOCD、PUD、GPLVD、P5LVD、P15LVD、M15LVD、P24LVD、WDT、CHD、ACOVD、ACLVD、ACOCD、ACLGD	传送到 TCMS 装置,然后读取
2	1 点监控器	仅限于发生的时候	—	1 点	过去8 件	P1HLVD、OVD1、OVD3、FCLVD、EsLVD、THDI、THDH、IVLBF、HKF、3phF、CHRD、TLKF	将电脑连接到 SIV 装置逻辑控制部分进行读取
3	高速脉冲监控器	脉冲数据:1 μs微机数据:200 μs	25.6 ms	脉冲数据:25 600 点微机数据:128 点	过去6 件	HBT、CFDI、CFDH、INVOCD、PUD	将电脑连接到 SIV 装置逻辑控制部分进行读取

触发条件在各个保护动作产生时,仅限于对应条件成立时才会触发,但是,空级状态除外,下面将举例进行说明。

某日,某地铁日系牵引系统高压通电试验,1 车 SIV 装置未正常启动,报逆变器转流失败 CFDI 故障,对调 1 群和 2 群 V1 相门极驱动电路板,故障转移。

测量 V1 相 IGBT G-E 间电阻,阻值无异常;检查光纤配线状态,光纤光亮度正常,配线无异常。结合以上信息,判定为 V1 相门极驱动电路板故障。

将故障门极驱动电路板取下,更换新的门极驱动电路板,再次启动 SIV 电源装置,SIV 继续报转流失败故障,故障仍存在。

转流失败是控制单元发送的门极信号与其从门极反馈回来的信号不一致的故障表现形式,主要是电力电子功率器件的控制信号和反馈信号之间存在不一致。在 SIV 电源装置的电路中有两种转流失败故障,为逆变器转流失败 CFDI 和 IvHB 转流失败 CFDH。转流失败是 SIV 电源装置的重故障类型,一旦发生该故障,SIV 电源装置将停止工作不输出。

考虑到转流失败故障对 SIV 电源装置工作影响较大,现对产生转流失败故障原因的多种可能进行罗列和小结,并结合这些可能原因分析该车转流失败故障,整理转流失败故障的调查方法和调查思路。转流失败故障可能原因和调查部件见表 4.27,具体故障调查思路(从故障可能原因逐个调查)如下所述。

表 4.27　转流失败故障可能原因和调查部件

序号	调查部位	故障原因	备注(处理方法)
1	控制逻辑装置 (控制单元)	SCU 基板的故障	更换 SCU 基板
2		光纤的连接有误	正确连接光纤
3	门极电源	门极电源输出的异常	更换门极电源
4	光纤	断线	更换光纤
5	功率单元	IGBT 功率元件的故障	更换功率单元
6		门极驱动电路板的故障	更换门极驱动电路板
7		光纤的连接有误	正确连接光纤

控制逻辑装置产生转流失败的可能原因有:SCU 基板故障(发出信号指令)和光纤连接有误(传递信号指令媒介)。

(1)SCU 基板状态确认

首先是确认 SCU 基板输出状态 LED 的状态,为正常色:绿色;同时,更换 1 车的 1 群 SCU 基板和 2 群 SCU 基板,故障无转移,再次判定转流失败与 SCU 基板状态无关,且 SCU 基板工作状态正常。

(2)光纤连接状态确认

检查 SCU 基板上光纤插座标签,确认与光纤插头对应的插头标签完全一致,具体调查结果见表 4.28,传递信号指令输出侧光纤连接没问题。

表 4.28　光纤连接状态确认结果

序号	SCU 基板 插座标签	光纤插头 标签	是否一致	备注
1	U_1	U_1	一致	
2	U_2	U_2	一致	
3	U_3	U_3	一致	
4	U_4	U_4	一致	
5	V_1	V_1	一致	
6	V_2	V_2	一致	
7	V_3	V_3	一致	
8	V_4	V_4	一致	
9	W_1	W_1	一致	

序号	SCU 基板 插座标签	光纤插头 标签	是否一致	备注
10	W_2	W_2	一致	
11	W_3	W_3	一致	
12	W_4	W_4	一致	

对门极电源的 CP_1 和 CP_2 接线端子进行输出电源测量,测量结果和标准值见表 4.29,并判定门极电源状态正常。

表 4.29　门极电源输出标准值和测量结果

	测量端子	标准值		测量值	判定结果
门极电源	CP_1–CP_2	输出电压/V	AC30(参考值)	AC30.2	正常
		频率/kHz	80 ± 8	81	正常

通过使用手电对光纤的输入侧进行间歇式光照,光纤的输出端对应变化且亮度良好,判定光纤无衰减,光亮信号功能正常(光纤的光亮较弱也会影响信号的传输)。

功率单元故障产生换流失败的可能原因有:IGBT 功率元件故障、门极驱动电路板故障和光纤连接有误。因 IGBT 元件是密封并集成于功率单元内部,IGBT 功率元件故障通常是使用排除法,即其他故障均排除后判定 IGBT 元件故障,经分解拆卸对 IGBT 元件的外观、测试和试验进行最终判定,为 IGBT 功率元件故障。

1)门极驱动电路板状态调查

对调 1 群和 2 群 V_1 相门极驱动电路板,故障转移,判定为门极驱动电路板(制造编号:SHX-008GDC-02B)故障,更换新的门极驱动电路板。

再次启动 SIV 电源装置,SIV_1 群继续报转流失败故障,对调 1 群和 2 群门极驱动电路板,故障未转移,恢复电路板原始安装状态。判定是非门极驱动电路板部件故障。

查看 1 群门极驱动电路板,标签标示不清晰,仔细观察 V_1 相门极信号和其反馈信号安装时交叉装反,更正后,SIV 可正常启动。

2)门极驱动侧光纤连接状态检查

检查门极驱动侧光纤连接状态,驱动板标签和光纤标签完全一致;使用手电间歇式光照,光纤的另一端对应间歇式变化,光亮信号功能正常。

通过上述产生转流失败故障可能原因的调查,该牵引系统 SIV 转流失败故障是因 V_1 相门极电路板故障和门极电路板安装有误而导致的。

任务 4.3　高级工复习思考题

(一)机械传动种类有哪些?

答:机械传动主要是指利用机械方式传递动力和运动的传动。一般分为两大类:一类是靠机械部件之间的摩擦力传递动力与摩擦传动;另一类是靠主动件与从动件啮合或借助中间件啮合传递动力或运动的啮合传动。

(二)简述交流调功器(周波控制器)的工作原理。

答:交流过零触发开关电路就是利用零触发方式来控制晶闸管的导通与关断。交流零触发开关使电路在电压为零或零附近瞬间接通,利用管子电流小于维持电流使管子自行关断,这种开关对外界的电磁干扰最小。

由过零触发开关电路组成的单相交流调功器,是采用周期控制的方式。即将交流电源与负载接通几个整周期,再断开几个整周期,通过改变接通周期数与断开周期数的比值来调节负载上的平均功率。即通过控制导通比 $D = n/m$ 可以调节平均功率。

(三)目前在铁路机车、客车上普遍使用的蓄电池有几种,它们的优势是什么?

答:目前在铁路机车、客车上普遍使用的蓄电池有两种:一种是阀控式密封铅酸蓄电池,一种是少维护镍镉蓄电池。与铁路上传统的富液式酸性蓄电池及铁壳普通镍镉蓄电池相比,它们都具有使用寿命长、少维护、不漏液、终身无须换液等优点,但镍镉蓄电池在快充能力、放电深度、使用寿命、低温性能和可靠性方面具有更明显的优势。在地铁车辆实际运营中,蓄电池组的可靠性尤为重要。

(四)转向架气密性试验常规试验标准步骤是什么?

答:①准备劳保及安全防护:轻质安全帽、工作服、防砸鞋、手套。

②准备检漏剂。

③连接转向架与试验台气路,启动气密性试验台。

④管路 1 连接停放管路快速接头,保压 5 min,泄漏量不超过 15 kPa。

⑤使用检漏剂排查易漏气点(三通接头、快速接头、TBU 接头)。

⑥制动动作试验:

a.停放制动充气→常用制动充气,检查常用制动是否施加。

b.常用制动排气,检查闸瓦是否松脱。

c.常用制动充气→停放制动排气→常用制动排气,检查停放制动是否施加。

d.检查停放制动是否缓解。

⑦整理工具,出清现场。

(五)描述列车空调控制系统基本组成。

答:列车空调控制系统一般由控制盘、紧急逆变器、监控通信系统等组成。

(六)测量列车制动距离有哪些方法?

答:①人工测量法。

②数据测量法。

③多普勒雷达测量法。

项目5 技师理论知识及实操技能

任务 5.1 通用知识

5.1.1 机械知识

(一)带传动受力分析

地铁车辆中有多处带传动的方式,比较典型的为客室内藏门,多采用的齿带传递就是其中的一种;应掌握带传动工作原理、受力分析、带的应力分布图,在理论的基础上指导解决带传动易出现的问题点,在实际现场生产中指导完成修程故障的研判和处理。

(1)带传动介绍

带传动是两个或多个带轮之间用带作为挠性拉曳零件的传动,工作时借助部件之间的摩擦来传递动力或运动。根据带的横截面形状,可分为平带传动、V 带传动、多楔带传动、圆形带传动等,如图 5.1 所示。

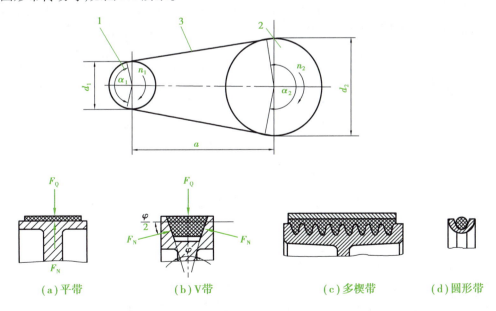

(a)平带　　(b)V带　　(c)多楔带　　(d)圆形带

图 5.1 带传动类型

（2）带传动特点

带传动是具有中间挠性件的一种传动，具有下述优缺点。

1）带传动优点

①皮带具有弹性和挠性，能缓和载荷冲击。

②运行平稳，没有噪声。

③过载时会引起带在带轮上打滑，可防止其他零件的损坏。

④制造和安装精度不像啮合传动那样严格。

⑤可增加带长以适应中心距较大的工作条件。

⑥张紧力对轴和轴承压力大。

2）带传动缺点

①带的寿命较短。

②传递同样大的圆周力时，轮廓尺寸和轴上的压力都比啮合传动大。

③有弹性滑动和打滑，传动比不准确，并且效率较低（同步带传动是靠啮合传动的，所以可保证传动同步）。

（3）应用范围

带传动的应用范围很广。带的工作速度一般为 5~25 m/s，使用高速环形胶带时可达 60 m/s；使用锦纶片复合平带时，可高达 80 m/s。胶帆布平带传递功率小于 500 kW，普通 V 带传递功率小于 700 kW。

（4）受力分析

1）带传递的力

带传动中带呈环形，并以一定的拉力（称为张紧力）F_0 套在一对带轮上，如图 5.2 所示，使带和带轮相互压紧。带传动不工作时，带两边的拉力相等，均为 F_0；工作时，由于带与轮面间的摩擦力使一边拉力增大到 F_1，称为紧边拉力，另一边拉力减小到 F_2，称为松边拉力。$F = F_1 - F_2$ 为有效拉力，F 等于沿带轮的接触弧上摩擦力的总和。在一定条件下，摩擦力有一极限值，如果工作阻力超过极限值，带就在轮面上打滑，传动不能正常工作。

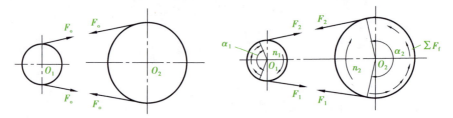

图 5.2　带传动受力

以 v 表示带速，m/s；P 表示传动功率，kW；则有效拉力为

$$F = F_1 - F_2 = \frac{1\,000P}{v}$$

2）带传动的弹性滑动

由于带的弹性变形而引起带与带轮之间的相对滑动称为弹性滑动，如图 5.3 所示，带自 a 点绕上主动轮时，此时带的速度和带轮表面的速度是相等的，但当它沿 ab 前进时，带的拉力由 F_1 降低到 F_2，所以带的拉伸弹性变形也要相应减小，带在逐渐缩短，带的速度要

落后于带轮,因此两者之间必然发生相对滑动。同样的现象也发生在从动轮上,但情况恰好相反,在带绕上从动轮时,带和带轮具有同一速度,但当带沿前进方向时,却不是缩短而是被拉长,使带的速度领先于带轮。上述现象称为带的弹性滑动。

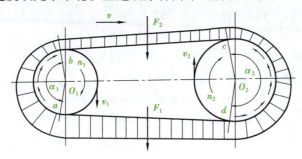

图 5.3 受力分析

弹性滑动引起的后果如下所述。

①从动轮的圆周速度低于主动轮。

②降低了传动效率。

③引起带的磨损。

④使带温度升高。

弹性滑动与打滑的区别如下所述。

①打滑是由于过载引起的带在带轮上的全面滑动,打滑总是在小轮上先开始。

②弹性滑动不能避免,打滑可以避免。

3)带传动在实际生产现场的主要表现

带传动在实际生产现场的主要表现为弹性滑动与打滑。其中弹性滑动是由于带是挠性件,摩擦力引发的拉力差是带产生弹性变形不同而引起,是带传动所固有的,是不可避免的,也是正常工作中允许的。而打滑是过载引起的,是失效形式之一,是正常工作所不允许的。此外弹性滑动的影响会造成传动不稳定,传动弹性件常发热、磨损;打滑会使带剧烈磨损,转速急剧下降,不能正常工作。

(二)齿轮传动受力分析

齿轮变速传动是地铁车辆牵引部分的重要组成,其中多采用分体式齿轮箱,一级斜齿轮传动,为带齿式联轴节的平行轴式驱动方式,其在地铁车辆运行中齿轮传动承担着重要的角色。

(1)概述

齿轮传动用于传递任意两轴之间的运动和动力,是机械传动中应用最广泛的一种传动形式。已达到的水平:P—10^5 kW;v—300 m/s;D—33 m;n—10^5 r/min。

(2)主要特点

1)优点

①适用范围广,瞬时传动比 i 准确(为常数),可传递任意两轴间的运动和动力。

②结构紧凑,效率高,工作可靠,寿命长。

2)缺点

①制造费用高,需专用机床和设备。

②精度低时,振动、噪声大。

③不适于中心距大的场合。

（3）分类

1）按工作条件分类

①开式传动：外露的，低速传动，润滑条件差，易磨损。

②半开式传动：装有简单的防护罩，但不能严密防止杂物侵入。

③闭式传动：齿轮等全封闭于箱体内，润滑良好，使用广泛。

2）按一对齿轮传动的传动比是否恒定分类

按一对齿轮传动的传动比是否恒定，齿轮机构可以分为两大类：其一是定传动比齿轮机构，齿轮是圆形的，又称为圆形齿轮机构，是应用最广泛的一种；其二是变传动比齿轮机构，齿轮一般是非圆形的，又称为非圆形齿轮机构，仅在某些特殊机械中适用。

3）按一对齿轮在传动时运动方式分类

按一对齿轮在传动时相对运动是平面运动还是空间运动，圆形齿轮机构又可以分为平面齿轮机构和空间齿轮机构两类。

（4）齿廓啮合基本定律

工程实际中，对齿轮传动的基本要求之一是传动比保持不变，否则，当主动轮等角速度回转时，从动轮的角速度为变量，从而产生惯性力。这不仅影响齿轮传动的工作精度和平稳性，甚至可能导致轮齿过早失效。齿轮机构的传动比是否恒定，直接取决于两轮齿廓曲线的形状。齿廓啮合基本定律就是研究当齿廓形状符合何种条件时，才能满足这一基本要求。

图 5.4 所示为一对相互啮合的传动的齿轮。两轮轮齿的齿廓 C_1，C_2 在某一点 K 接触，设两齿廓上 K 点处的线速度分别为 v_{K1}，v_{K2}，要使这一对齿廓能够通过接触而传动，它们沿接触点公法线方向的分速度应相等，否则两齿廓将不是彼此分离就是相互嵌入，而不能达到正常传动的目的。两齿廓接触点间的相对速度 v_{K2K1} 只能是沿着两齿廓接触点处公法线方向的。

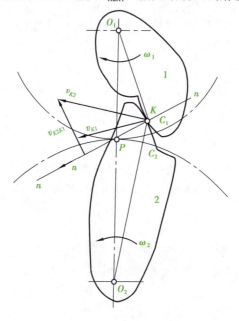

图 5.4　齿轮受力分析

两啮合齿廓在接触点处的公法线 nn 与两齿轮连心线 O_1O_2 的交点 P 即为两齿轮的相对瞬心,故两轮此时的传动比为:

$$i_{12} = \frac{\omega_1}{\omega_2} = \frac{O_2P}{O_1P}$$

上式表明,相互啮合的一对齿轮,在任意位置时的传动比都与其连心线 O_1O_2 被其啮合齿廓在接触点处的公法线所分成的两线段长成反比。

（5）齿轮的常用材料

制造齿轮的常用材料主要有调质钢、渗碳钢、铸钢、合金铸钢、灰铸铁和球墨铸铁。

用于制造齿轮的调质钢的材料牌号为 45#钢、35SiMn、42SiMn、50SiMn、40Cr、35CrMo、42CrMo、37SiMn2MoV、40CrMnMo、40CrNi、38SiMnMo、42CrMo4V。

用于制造齿轮的渗碳钢的材料牌号为 20Cr、20CrMnTi、20CrMnMo、38CrMoAl、17CrNiMo6、12Cr2Ni4、20Cr2Ni4、20CrNi3。

用于制造齿轮的铸钢和合金铸钢的材料牌号为 ZG310-570、ZG340-640、ZG40Mn2、ZG35SiMn、ZG42SiMn、ZG50SiMn、ZG40Cr、ZG35CrMo、ZG35CrMnSi。

用于制造齿轮的灰铸铁和球墨铸铁的材料牌号为 HT250、HT300、HT350、QT500-7、QT600-3、QT700-2、QT800-2、QT1200-1。

（6）齿轮组成

齿轮一般由轮齿、齿槽、端面、法面、齿顶圆、齿根圆、基圆、分度圆组成。

1）轮齿

轮齿简称齿,是齿轮上每一个用于啮合的凸起部分,这些凸起部分一般呈辐射状排列,配对齿轮上的轮齿互相接触,可使齿轮持续啮合运转。

2）齿槽

齿槽是齿轮上两相邻轮齿之间的空间。

3）端面

端面是圆柱齿轮或圆柱蜗杆上,垂直于齿轮或蜗杆轴线的平面。

4）法面

法面是垂直于轮齿齿线的平面。

5）齿顶圆

齿顶圆是齿顶端所在的圆。

6）齿根圆

齿根圆是槽底所在的圆。

7）基圆

基圆是形成渐开线的发生线作纯滚动的圆。

8）分度圆

分度圆是在端面内计算齿轮几何尺寸的基准圆。

齿轮可按齿形、齿轮外形、齿线形状、轮齿所在的表面和制造方法等分类。

齿轮的齿形包括齿廓曲线、压力角、齿高和变位。渐开线齿轮比较容易制造,因此在现代使用的齿轮中,渐开线齿轮占绝对多数,而摆线齿轮和圆弧齿轮应用较少。

在压力角方面,小压力角齿轮的承载能力较小;而大压力角齿轮,虽然承载能力较强,但在传递转矩相同的情况下轴承的负荷增大,因此仅用于特殊情况。而齿轮的齿高已标准化,一般均采用标准齿高。变位齿轮的优点较多,已遍及各类机械设备中。

另外,齿轮还可按其外形分为圆柱齿轮、锥齿轮、非圆齿轮、齿条、蜗杆蜗轮;按齿线形状分为直齿轮、斜齿轮、人字齿轮、曲线齿轮;按轮齿所在的表面分为外齿轮、内齿轮;按制造方法可分为铸造齿轮、切制齿轮、轧制齿轮、烧结齿轮等。

齿轮的制造材料和热处理过程对齿轮的承载能力和尺寸质量有很大的影响。现多用表面硬化钢。按硬度,齿面可区分为软齿面和硬齿面两种。

软齿面的齿轮承载能力较低,但制造比较容易,跑合性好,多用于传动尺寸和质量无严格限制,以及小量生产的一般机械中。因为在配对的齿轮中,小轮负担较重,因此为使大小齿轮工作寿命大致相等,小轮齿面硬度一般要比大轮的高。

硬齿面齿轮的承载能力高,它是在齿轮精切之后,再进行淬火、表面淬火或渗碳淬火处理,以提高硬度。但在热处理中,齿轮不可避免地会产生变形,因此在热处理之后须进行磨削、研磨或精切,以消除因变形产生的误差,提高齿轮的精度。

制造齿轮常用的钢有调质钢、淬火钢、渗碳淬火钢和渗氮钢。铸钢的强度比锻钢稍低,常用于尺寸较大的齿轮;灰铸铁的机械性能较差,可用于轻载的开式齿轮传动中;球墨铸铁可部分地代替钢制造齿轮;塑料齿轮多用于轻载和要求噪声低的地方,与其配对的齿轮一般用导热性好的钢齿轮。

未来齿轮正向重载、高速、高精度和高效率等方向发展,并力求尺寸小、质量轻、寿命长和经济可靠。

齿轮理论和制造工艺的发展将是进一步研究轮齿损伤的机理,这是建立可靠的强度计算方法的依据,是提高齿轮承载能力、延长齿轮寿命的理论基础;发展以圆弧齿廓为代表的新齿形;研究新型的齿轮材料和制造齿轮的新工艺;研究齿轮的弹性变形、制造和安装误差以及温度场的分布,进行轮齿修形,以改善齿轮运转的平稳性,并在满载时增大轮齿的接触面积,从而提高齿轮的承载能力。

(7)齿轮的失效形式

齿轮在工作过程中会因为某种原因而损坏,使其失去正常工作能力的现象称为失效。齿轮的失效形式有很多种,常见的失效形式有下述几种。

1)齿面磨损

齿轮在传动过程中,轮齿啮合表面间存在相对滑动。齿轮在受力情况下,齿面间的相对滑动使齿面发生磨损,磨损会破坏齿面形状,造成传动不平稳。另外,磨损使轮齿变薄,造成齿侧间隙增大,轮齿强度降低。齿面磨损是润滑条件差的开式齿轮传动(外露的齿轮传动)的主要失效形式,也是开式蜗杆传动的主要失效形式。

2)轮齿折断

齿轮在工作中,其轮齿的受力状况相当于悬臂梁,齿根处受到的弯矩最大,所产生的应力集中。在啮合过程中,齿轮根部所受的弯矩是交替变化的,因此,在该处最容易产生疲劳裂纹而使轮齿折断,轮齿的这种失效形式称为轮齿的疲劳折断。齿轮的另一种折断是长期过载或受到过大冲击载荷时的突然折断,称为过载折断。

3)轮齿塑性变形

在低速重载的工作条件下,齿轮的齿面承受着很大的压力和摩擦力,由于这些力的作用,材料较软齿轮的局部齿面可能产生塑性流动,使齿面出现凹槽或凸起的棱台,从而破坏齿轮的齿廓形状,使齿轮丧失工作能力。齿轮的这种失效形式称为轮齿的塑性变形。

4)齿面点蚀

齿轮工作时,当啮合表面反复受到接触挤压作用,且由此所产生的压力过大或使用时间过长时,齿面会产生细微的疲劳裂纹。随着齿轮的连续工作,裂纹会沿表层不断扩大,使齿面出现小块金属剥落,形成麻点和斑坑。轮齿齿面发生的这种失效形式称为齿面点蚀。严重的齿面点蚀会破坏齿轮轮齿的工作表面,造成传动不平稳,产生噪声,甚至使齿轮失去工作能力。

齿面点蚀这种失效形式多发生在润滑条件良好的闭式齿轮传动中。

5)齿面胶合

在高速重载的闭式齿轮传动中,齿面润滑较为困难,啮合面在重载作用下产生局部高温使其黏结在一起,当齿轮继续运动时,会在较软的齿面上撕下部分金属材料而出现撕裂沟痕,这种由于齿面黏结和撕裂而造成的失效称为齿面胶合。齿面出现胶合现象后,将严重损坏齿面而导致齿轮失效。在闭式蜗杆传动中极易发生这种失效。

6)地铁车辆齿轮箱轴承润滑方式

地铁车辆齿轮箱润滑是通过齿轮旋转产生飞溅油雾来润滑的,即"飞溅润滑方式";供货厂家通常会在齿轮箱下箱体上设有一个油标,其上面有2条水平线,分别代表油位的最高油位、最低油位。正常工况下,油液面必须保持在最高油位和最低油位所示的两线之间。合理润滑能有效降低齿轮传动摩擦、减少磨损、降低噪声污染、节约能源。

(三)机械装配

(1)装配概述

在日常车辆检修作业中,检修工常常会遇到机械部件的拆卸、装配,简单的如螺栓拆卸/紧固、密封垫圈更换、紧急对讲面板粘接、空调滤网清洁;复杂的如车门电机更换、车门夹紧力调整以及故障联轴节更换等,这都需要相关人员掌握一定的机械装配技术知识,以达到高级工电客车检修业务技能。

一般机械产品是由许多零件和部件组成的。装配工作是把各个零部件组合成一个整体的过程,而各个零部件按照一定的程序、要求固定在一定的位置上的操作称为安装。各零部件在安装中必须达到下述要求。

①以正确的顺序进行安装,如图5.5所示。

②按图样规定的方法进行安装,如图5.6所示。

③按图样规定的位置进行安装。

④按规定的方向进行安装,如图5.7所示。

⑤按规定的尺寸精度进行安装。

安装完毕后,产品必须达到预定的要求或标准。同时,每一个装配的产品必须能够拆卸,以便进行保养或维修。

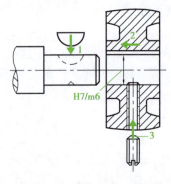

图 5.5　以正确的顺序进行安装

1—半圆键;2—齿轮;3—筒

图 5.6　按规定的方法和位置进行安装

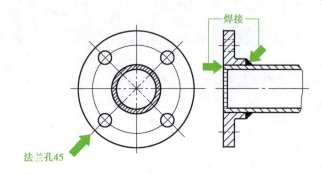

图 5.7　按规定的方法和位置进行安装

下面主要以地铁车辆装配常见的螺纹连接、轴类防松连接、密封件装配、零件粘接等方式进行详细介绍。

（2）螺纹连接的装配

螺纹连接是一种可拆的固定连接,它具有结构简单、连接可靠、装拆方便等优点,在地铁车辆中应用极为广泛。螺纹连接为达到连接可靠和紧固的目的,要求纹牙间有一定的摩擦力矩,所以螺纹连接装配时应有一定的拧紧力矩,这样纹牙间才会产生足够的预紧力。此外,螺纹连接一般都具有自锁性,在静载荷下不会自行松脱。但在冲击、振动或交变载荷作用下,会使纹牙之间正压力突然减小,以致摩擦力矩减小,螺母回转,使螺纹连接松动,对于地铁车辆来说,在正线运行时,如果底架安装设备吊挂螺栓松脱,轻则设备脱落,重则电客车倾覆脱轨,造成人员伤亡。因此在车辆设计伊始,就要求螺纹连接必须具有可靠的防松装置,以防止摩擦力矩减小和螺母回转。同时也要求车辆检修人员在车辆日常检修作业时,必须仔细检查设备安装螺栓是否出现松动,防松标记是否错位。

常用螺纹防松装置主要有下述几类。

1）用附加摩擦力防松的装置

用附加摩擦力防松的装置主要有锁紧螺母（双螺母）防松和弹簧垫圈防松两种。

①锁紧螺母防松。锁紧螺母防松装置使用了主、副两个螺母。先将主螺母拧紧至预定位置,然后再拧紧副螺母。由图 5.8 可以看出,当拧紧副螺母后,在主、副螺母之间这段螺杆因受拉伸长,使主、副螺母分别与螺杆牙形的两个侧面接触,都产生正压力和摩擦力。当螺杆再受某个方向突变载荷时,就能始终保持足够的摩擦力,从而起到防松作用。这种

防松装置由于要用两只螺母,增加了结构尺寸和质量,一般用于低速重载或载荷较平稳的场合。

②弹簧垫圈防松。普通弹簧垫圈防松用弹性较好的材料制成,开有 70°~80° 的斜口并在斜口处有上下拨开间距。把弹簧垫圈放在螺母下,当拧紧螺母时,垫圈受压,产生弹力,顶着螺母。从而在螺纹副的接触面间产生附加摩擦力,以防止螺母松动。同时斜口的楔角分别抵住螺母和支撑面,也有助于防止回松,如图 5.9 所示。但这种防松装置容易刮伤螺母和被连接件表面,同时由于弹力分布不均,螺母容易偏斜。它构造简单,防松可靠,一般应用在不经常装拆的场合。

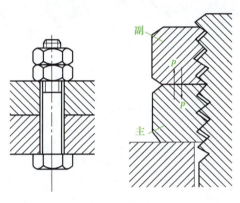

图 5.8　双螺母防松

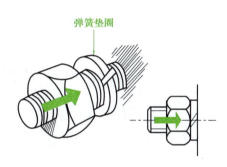

图 5.9　弹簧垫圈防松

2)用零件的变形来防松的装置

在装配过程中,防松零件通过变形来阻止螺母的回松。通常在螺母和螺栓头下安装止动垫片。止动垫片通常用钢或黄铜制成,由于变形(弯曲)的原因,只可使用一次,如地铁车辆车钩连挂卡环安装,如图 5.10 所示。

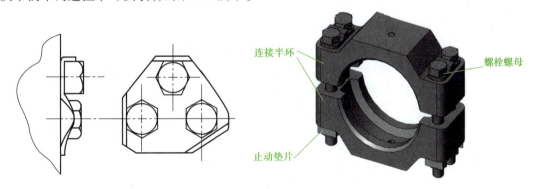

图 5.10　止动垫片防松

3)其他防松形式

其他防松形式主要有开口销与带槽螺母、串联钢丝、胶黏剂防松等形式,如图 5.11 至图 5.13 所示。

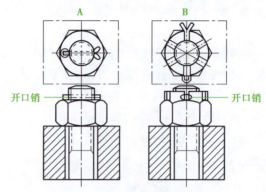

图 5.11　开口销与带槽螺母防松

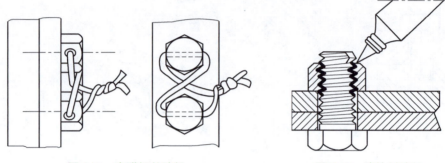

图 5.12　串联钢丝防松　　　　　图 5.13　胶粘剂防松

①开口销与带槽螺母防松方式,首先必须在螺杆钻出一个小孔,使开口销能穿过螺杆,并用开口销把螺母直接锁在螺栓上,从而防止螺母松开,多用于变载或振动的场合。

②串联钢丝防松方式,用钢丝连接穿过一组螺栓头部的径向小孔,以钢丝的牵制作用来防止回松,适用于布置较为紧凑的成组螺纹连接。

③胶粘剂防松方式,在正常情况下,螺栓和螺母的螺纹之间存在间隙,用胶粘剂注入间隙内进行防松,这种防松粘接牢固,粘接后不易拆卸。

4)螺母和螺钉的装配要点

螺母和螺钉装配除了要按一定的拧紧力矩来拧紧以外,还要注意以下内容。

①螺钉或螺母与工件贴合的表面要光洁、平整。

②成组螺栓或螺母在拧紧时,应根据零件形状,螺栓的分布情况,按一定的顺序拧紧螺母。在拧紧长方形布置的成组螺母时,应从中间开始,逐步向两边对称扩展;在拧紧圆形或方形布置的成组螺母时,必须对称进行(如有定位销,应从靠近定位销的螺栓开始),以防止螺栓受力不一致,甚至变形,如齿轮箱油位面板固定螺栓拧紧顺序如图5.14 所示。

③拧紧成组螺母时要做到分次逐步拧紧(一般不少于 3 次)。

图 5.14　齿轮箱油位面板
安装螺栓拧紧顺序

（3）轴类防松元件的装配

弹性挡圈用于防止轴或其上零件的轴向移动，其具有内侧夹紧能力，用于轴上锁紧零件，主要有平弹性挡圈[图 5.15（a）]、弯曲弹性挡圈[图 5.15（b）]、锥面弹性挡圈[图 5.15（c）]3 种形式。平弹性挡圈通常安装在经过精密加工的沟槽内；弯曲弹性挡圈成弯曲形状，可用于消除轴端游动；锥面弹性挡圈在其内周边上加工成锥面，用于轴上沟槽有锥面的场合。如地铁车辆联轴节内部就使用平弹性挡圈进行轴向定位，如图 5.16 所示。

（a）平弹性挡圈　　　　　　（b）弯曲弹性挡圈　　　　　　（c）锥面弹性挡圈

图 5.15　轴用弹性挡圈

（a）平弹性挡圈远图　　　　　　　　　　（b）平弹性挡圈近图

图 5.16　联轴节内部弹性挡圈

紧键连接主要指楔键连接。楔键连接分为普通楔键和钩头锲键两种。楔键的上下两面是工作面，键的上表面和毂槽的底面各有 1∶100 的斜度，键侧与键槽有一定的间隙。装配时需打入，靠楔紧作用传递扭矩。紧键连接还能轴向固定零件和传递单方向轴向力，可使轴上零件与轴的配合产生偏心和歪斜，多用于对中性要求不高、转速较低的场合。有钩头的楔键用于不能从另一端将键打出的场合，图 5.17 所示为齿轮箱与联轴节键连接。

花键连接由轴和毂孔上的多个键齿组成。花键连接承载能力高，传递扭矩大，同轴度和导向性好，对轴的强度削弱小。适合用于载荷大和同轴度要求较高的连接中。但制造成本高，在机床和汽车中应用广泛。按工作方式，花键连接有静连接和动连接；按齿廓形状，花键可分为矩形花键、渐开线花键及三角形花键 3 种。矩形花键因加工方便，应用最为广泛。

(a) 近图

(b) 远图

图 5.17 齿轮箱与联轴节键连接

(4) 密封件的装配

在地铁车辆中,密封件是必不可少的零件,其主要起着阻止介质泄漏和防止污物侵入的作用。在装配中要求其所造成的磨损和摩擦力尽可能小,以便长期保持密封功能。

1) O 形密封圈的装配

O 形密封圈是截面形状为圆形的密封元件。大多数的 O 形密封圈由弹性橡胶制成,具有良好的密封性,是一种压缩性密封圈,同时又具有自封能力,一般被安装在沟槽内。为了保证良好的密封效果,O 形密封圈应有一定的预压缩量,预压缩量的大小对密封性能影响较大。过小时密封性能不好,易泄漏;过大则压缩应力增大,使 O 形密封圈容易在沟槽中产生扭曲,加快磨损,缩短寿命。预压缩量通常为 15%~25%。

O 形密封圈在外加载荷或变形去除后,都具有迅速恢复其原来形状的能力。但是在长期使用后,几乎总有某种程度的变形仍然不能恢复,这种现象被称为"永久性变形",导致 O 形密封圈的密封能力下降。为了衡量 O 形密封圈的"残余弹性",常用永久性变形来表示 O 形密封圈的密封能力和恢复至其原有厚度的能力。其用百分率来表示:

$$C = \frac{t_0 - t_1}{t_0 - t_s} \times 100\%$$

式中　C——O 形密封圈的永久性变形;

　　　t_0——O 形密封圈未受工作压力时的初始直径;

　　　t_s——O 形密封圈受工作压力后的截面厚度;

　　　t_1——O 形密封圈在工作压力去除后的截面厚度。

C 值越小,密封效果越好。

O 形密封圈的弹性橡胶越软,则密封圈调节自身适应密封面的能力越佳,特别在低压情况下,密封能力越强;温度升高时,弹性橡胶同样会变得越软,并随使用时间会发生硬化现象,这是弹性橡胶老化的结果(硫化过程进展缓慢)。

2) 密封垫的装配

密封垫广泛用于管道、压力容器以及各种壳体接合面的静密封中,如齿轮箱油位面板使用的密封垫,如图 5.18 所示。密封垫有非金属密封垫、非金属与金属组合密封垫(半金属密封垫)、金属密封垫 3 大类。

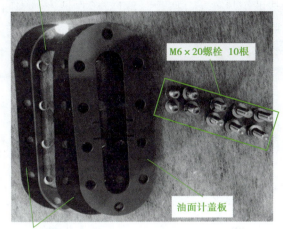

图 5.18　齿轮箱油位面板密封垫

对密封垫的要求有下述几点。

①具有良好的密封能力。一种良好的密封垫必须能在较长的时期内保持其密封的能力。当螺栓旋紧时,垫片即被压并同时发生径向延伸或蠕动,从而可能出现界面泄漏,所以密封垫应有高抗蠕动能力。

②具有高致密性。密封垫具有高的致密性,可防止产生渗透泄漏,即因压力差而导致介质从高压侧通过密封垫的微缝隙渗漏到低压侧。

③具有较高的抗高温和抗化学腐蚀能力。

所以,在选择密封垫材料时,必须根据内部压力、温度、外部压力、抗化学腐蚀能力、密封面的形状和表面条件等进行决定。

3) 密封垫的材料

密封垫的材料主要有下述几种。

①纤维。如棉、麻、石棉、皮革等纤维材质制成的密封垫,具有良好的防水、防油和防汽油能力。经常用于内燃机的管道法兰。

②纸。纸的厚度必须是 0.5 mm 左右。用于防水、防油或防气场合的密封,其压力和温度不能太高。在水泵、汽油泵、法兰和箱盖上都有应用。

③橡胶。可用于被密封表面不太光滑的场合,其工作压力和温度不能太高。橡胶有天然橡胶和合成橡胶两种。由于天然橡胶易于被石油和油脂所破坏,所以现今主要使用合成橡胶。因为橡胶是一种柔性物质,所以经常用于水管中作密封垫片。

④铜。铜质密封垫只可用在表面粗糙度好的小型表面上。其适用于高温和高压,可使用于高压管道和火花塞上,通常将其装于沟槽内。

⑤塑料。聚四氟乙烯是塑料中最常使用的密封材料,具有良好的防酸、防溶解和防气的能力,与其他物质间的摩擦力十分微小。并且由于其价格上的优势和优良的特性,已经

被广泛用作密封垫材料。

⑥钢。薄钢板制成的密封件十分坚硬,只可应用在被密封表面十分平滑且不变形的场合。这类钢质密封材料具有良好的抗高温和抗高压能力,可用于内燃机的汽缸盖和进气管上作为密封垫片。

4)安装密封垫的注意事项

在安装密封垫时,应注意下述几点。

①应将两个被密封表面清洗干净,并清除旧密封垫的残留物。

②检查被密封表面是否平直,是否已受损坏。平直度可用直尺来检查。如果法兰产生变形,则必须进行校直处理。

③安装密封垫时必须在密封垫上稍微涂抹润滑脂,这样也可防止移动。

(5)粘接技术

此外,粘接是不可拆的新型连接工艺,它是借助胶粘剂在固体表面上所产生的粘合力,将同种或不同种材料牢固在连接在一起的一种连接技术。粘接技术既可用于金属材料,也可应用于非金属材料。广泛应用于地铁车辆客室内装踢脚线、地板布接缝处、紧急对讲面板等,如图 5.19 所示。

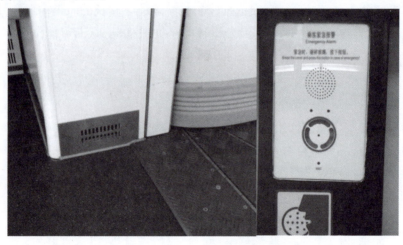

图 5.19 踢脚线、紧急对讲面板粘接

5.1.2 电子电气知识

(一)电子电路软件使用

PCB 设计的学习,首先至少得学会一门 EDA 软件,然后熟练应用它。之后,再来学习 PCB 设计的各种技巧,各种电路模块的设计、各种典型产品的 PCB 设计,这里以最常用的 Altium Designer 软件为例来讲解使用。

(1)常用快捷操作

器件的放置,以两个三极管 2N3904 为例,单击"库面板",找到 2N3904 元件,双击或右键选择"place 2N3904",在原理图区就会出现一个元器件图样跟随鼠标点击处。此时按下

"Tab"键,可以为此元件设置属性,如 Designator(元件编号)等。

在需要放置元件的地方单击鼠标,元件完成放置,此时,鼠标光标处仍有一个元件图样跟随(此时如果不需要继续放置相同的元件,按鼠标右键即可取消放置)。此时按"X",使得元件沿 x 轴方向翻转(镜像,按"Y"则元件沿 y 轴方向翻转)。翻转完成后,在需要放置的地方单击鼠标左键,完成放置,结果如图 5.20 所示,这样放置的两个元件可以自动编号。

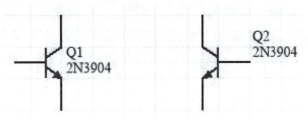

图 5.20　器件的放置

(2)文件结构

Altium Designer 完整的电路板工程包含两个部分,如下所述。

1)原理图和原理图库

原理图包含电路的电气结构,主要是元件和元件间的连接线。原理图需要检查一些常见的错误,比如重复部件号,单端网络等。原理图库包含元件的定义,包括引脚,封装类型等。这里需要注意的是实际封装和元件定义的封装是否对应。

2)电路板图和电路板库

电路板图是由原理图生成的,经过调整元件的摆放最终生成实际的电路板。电路板库包含元件的封装定义。

①原理图。原理图的编译和检查。常见错误,错误类型可在错误报告中查看和设置(project-projectoption-error report)。

duplicate designator,重复的器件号(每一个原理图上的器件的器件号应该是独一无二的)。

Floating net labels 悬浮网标,网络标识没有停靠到任何网络上。

Nets with only one pin 单端网络,器件有一个端点没有接到任何网络上。

②原理图中器件的重新连续编号。相关操作在 tools-annotate-annotate schematic 中选中需要修改的原理图(图 5.21)。

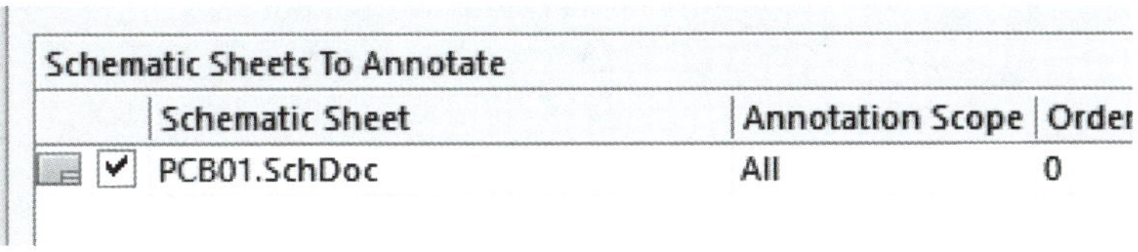

Schematic Sheets To Annotate		
Schematic Sheet	Annotation Scope	Order
☑ PCB01.SchDoc	All	0

图 5.21　原理图

在 Proposed Change List 中,选中不用修改的器件号,然后选择锁定,锁定后的器件号变成灰色,然后单击下方的 Reset All,未被锁定的器件号变成问号,然后单击下方的 Update Change List,可以为未锁定的器件重新编号,最后 Accept Change,在弹出的窗口中单击 Excute Change,完成修改。

(3)原理图批量封装信息更改

选中一个器件,然后右键菜单里选择 Find Similar Objects,在弹出的窗口里,找到 Current Footprint,在右边的规则里选择 same,然后在下面的复选框里选中 Select Matching (如果不勾选这个选项,则只会高亮符合规则的目标),然后选择 Apply,这样就会选中所有符合规则的目标,最后单击"OK"按钮,弹出 SCH Inspector,修改里面的 Current Footprint,即可达到批量修改封装的目的。

批量修改 Part Comments(比如电阻阻值,电容容值等),原理同上。

(4)原理图导入到 PCB 文档

1)导入之前的封装完整性检查

在从原理图导入到 PCD 之前,需要对封装进行检查。

首先是导入,从原理图的 Design 菜单里选择 Update PCB Document(或者从 PCB 编辑界面 Import Change),如图 5.22 所示。

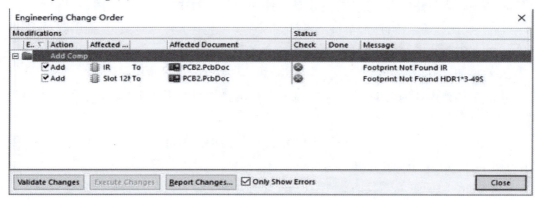

图 5.22　Update PCB Document

Validate Changes 之后,选择 Only Show Errors,如果有错误的地方,会在上面显示出来,从上面的图示可以看出,有两个元件的封装没有找到,因此没有导入成功。

可以根据错误的提示去找相应的部件,看有没有对应的封装。如果没有找到对应的封装,可以在 PCB 库里面根据实际元件的图纸设计一个对应的封装,或者从外部导入一个已有的封装。

2)直接导入和第三方导入

直接导入如图 5.22 所示。

第三方导入是利用第三方生成的网表导入表 5.1。

表 5.1　第三方生成网表数据

| 铜皮厚度 70 μm | | 铜皮厚度 50 μm | | 铜皮厚度 35 μm | |
| 铜皮 $t=10$ | | 铜皮 $t=10$ | | 铜皮 $t=10$ | |
电流/A	宽度/mm	电流/A	宽度/mm	电流/A	宽度/mm
6.00	2.50	5.10	2.50	4.50	2.50
5.10	2.00	4.30	2.00	4.00	2.00
4.20	1.50	3.50	1.50	3.20	1.50
3.60	1.20	3.00	1.20	2.70	1.20
3.20	1.00	2.60	1.00	2.30	1.00
2.80	0.80	2.40	0.80	2.00	0.80
2.30	0.60	1.90	0.60	1.60	0.60
2.00	0.50	1.70	0.50	1.35	0.50
1.70	0.40	1.35	0.40	1.10	0.40

注:用铜皮作导线通过大电流时铜箔宽度的载流量应参考表中的数值降额 50% 去选择考虑!

由于敷铜板铜箔厚度有限,在需要流过较大电流的条状铜箔中,应考虑铜箔的载流量问题。仍以典型的 0.03 mm 厚度的为例,如果将铜箔作为宽为 W(mm),长度为 L(mm)的条状导线,其电阻为 $0.0005×L/W$(Ω)。另外,铜箔的载流量还与印刷电路板上安装的元件种类、数量以及散热条件有关。在考虑到安全的情况下,一般可按经验公式 $0.15×W$(A)来计算铜箔的载流量。

PCB 电路板铜皮宽度和所流过电流量大小的计算方法如下所述。

一般 PCB 板的铜箔厚度为 35 μm,线条宽度为 1 mm 时,那么线条的横切面的面积为 0.035 mm^2,通常取电流密度 30 A/mm^2,所以,每毫米线宽可以流过 1 A 电流。

(二)电子电路板制作

以制作的一个使用 LD3320 基于非特定人语音识别技术的语音识别/声控芯片的模块单层电路板为例,分印出 PCB 电路布局、裁剪覆铜板涂抹抗蚀刻蓝油、曝光、显影、腐蚀、脱膜、打孔等制作流程来较为详细地说明感光法制作单面 PCB 的过程。

(1)打印出电路布局

根据原理图.sch 文件,设置好元器件的封装尺寸,进入.pcb 文件。合理设置 PCB 布局,同时设置好电路所在的层面,如图 5.23 所示。

把整个电路布局放置在机械层 1,观察是否有遗忘的飞线,在 pcb 设计中非常重要。打印预览,在页面设置中选择缩放模式为"Scaled Print",缩放为"1",即为实际的 1:1 打印,颜色设置为"灰度",如图 5.24 所示。

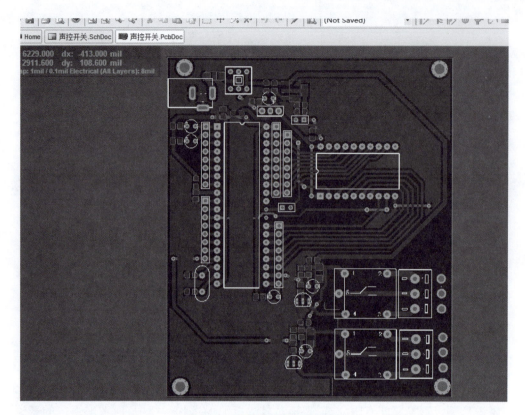

图 5.23　设置电路所在的层面

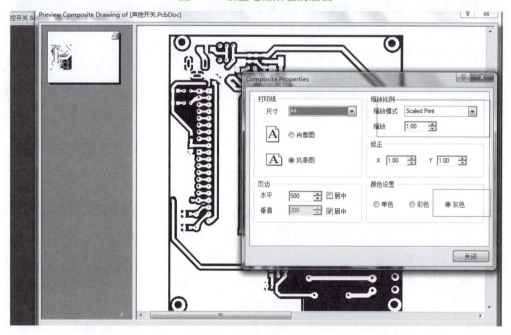

图 5.24　颜色设置为灰度

在打印预览中,在打印空白处单击右键,选择适配(configuration),进入属性设置框,若没有"mechanical",单击右键,再单击插入层(insert layer)。若有层"top overlay",则单击右键"delete"将该层删除。将孔(holes)的选项打钩。配置好后单击"OK"按钮。图中黑色部分都是将要腐蚀掉的部分,白色部分都是铜箔,焊盘中间黑色的孔也是将要腐蚀掉的部分。由于是采用感光法制作 PCB,与抗蚀刻蓝油有关,一般使用的是负片输出打印。即黑色部分为碳粉,在紫外线曝光时阻挡抗蚀刻蓝油硬化,在显影溶液中可以被溶解掉,而白色部分没有碳粉,经过紫外线曝光后硬化,不能被显影溶液溶解,覆盖住铜箔,如图 5.25 所示。

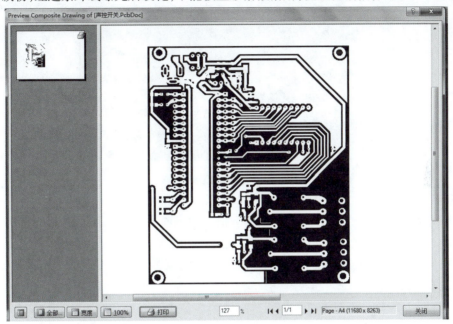

图 5.25　采用感光法制作 PCB

选择打印机驱动,打印在 A4 纸上查看打印效果,然后再打印在硫酸纸上。透过灯光查看打印好的硫酸纸,可以看到打印出来的黑色碳粉不是完全严密的,有空洞的感觉,这就需要用到增黑剂。然后用软毛笔刷沾上增黑剂,轻轻刷打印好的硫酸纸。注意:只能从一个方向刷,并且只能刷一次。因为如果刷到同一个地方,增黑剂将会使碳粉溶解,碳迹将变化并使打印好的电路变得模糊不清,如图 5.26 所示。

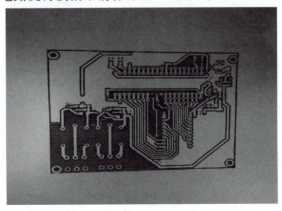

图 5.26　打印

（2）裁剪覆铜板,涂抹抗蚀刻蓝油

比照打印在 A4 纸上面的电路,裁剪略大于电路布局的覆铜板。用细砂纸打磨覆铜板,用锉刀打磨板子边缘。并用纸擦干,然后用吹风机吹干覆铜板。涂抹并干燥抗蚀刻蓝油是非常重要的一步,也是整个制作过程中相对费时的一步。首先在覆铜板上均匀涂抹一层抗蚀刻蓝油,越薄越好,利于干燥。在薄薄的一层抗蚀刻蓝油干燥后,再均匀地涂抹一层抗蚀刻蓝油。目的是防止抗蚀刻蓝油太薄,曝光、显影、腐蚀时线迹被腐蚀。当然,除非那层抗蚀刻蓝油涂抹得非常均匀,如图 5.27 所示。

图 5.27　抗蚀刻蓝油涂抹

（3）曝光

将打印好的硫酸纸,打印面(即打印的有碳迹的一面)在上面,涂抹并干燥后的覆铜板放到打印好的电路布局上面,然后曝光。曝光时间自己调试把握,与曝光灯离板子的距离有关。本例的曝光时间为 10 min 左右。曝光太少,在显影这一步不能显示完整的电路,曝光过度,电路将完全被覆盖。

（4）显影

先把曝光后的覆铜板放在一个容器内(不能是金属的,有腐蚀性的)。显影几分钟,并用毛刷刷掉溶解的抗蚀刻蓝油。曝光时,碳迹(黑色部分)遮挡部分没有曝光,可以被显影剂溶解,留下了固化后的抗蚀刻蓝油部分。用水冲洗后,显影后的电路板如图 5.28 所示。

图 5.28　显影后的电路板

（5）腐刻

用台钻打孔，以用来悬挂覆铜板，因为腐蚀槽较深且较窄。将覆铜板悬挂在蚀刻剂内腐蚀。冲洗覆铜板，通过灯光的照射查看腐蚀好后的覆铜板的腐蚀效果，如图5.29所示。

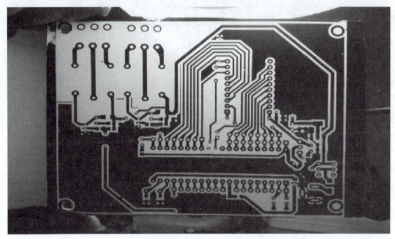

图5.29　腐蚀效果

（6）脱膜

将腐蚀好并冲洗后的覆铜板放到脱膜剂里面，等待脱膜完成。脱膜完成后，用水冲洗干净，用纸擦拭干净，并用吹风机吹干覆铜板，如图5.30所示。

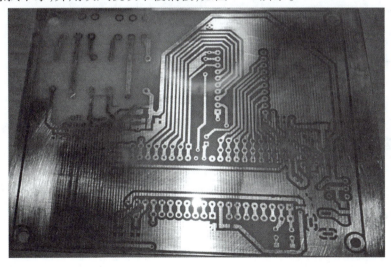

图5.30　脱膜

（7）打孔

用相应孔径的钻头打孔。用细砂纸打磨电路板，用水冲洗干净，用纸擦拭干净，并用吹风机吹干电路板。涂抹松香水，防止电路板铜皮被氧化，然后自然晾干或用吹风机吹干，如图5.31所示。

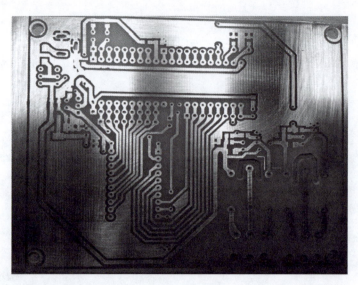

图 5.31　打孔

（三）高精度测量仪器及其应用

（1）信号发生器的概念及应用

信号发生器又称信号源,是在电子测量中提供符合一定电技术要求的电信号的设备,并能提供不同波形、频率、幅度大小的电信号,主要是正弦波、方波、三角波、锯齿波和脉冲波等,为测试提供不同的信号源。它与电子线路中的电流源、电压源的区别在于其提供的是电信号,而后者提供的是电能。

1）分类

信号发生器可按输出波形和输出频率两种方法进行分类。

①按输出波形分类,信号发生器可分为以下 4 种类型。

a.正弦波信号发生器:可产生正弦波或受调制的正弦波。

b.脉冲信号发生器:可产生脉宽可调的重复脉冲波。

c.函数信号发生器:可产生幅度与时间成一定函数关系的信号,如正弦波、三角波、方波、锯齿波和钟形波脉冲等。

d.噪声信号发生器:可产生各种模拟干扰的电信号。

②按输出频率可分类,信号发生器可为以下 6 种类型。

a.超低频信号发生器:频率范围为 0.0001~1 kHz。

b.低频信号发生器:频率范围为 1 Hz~1 MHz。

c.视频信号发生器:频率范围为 20 Hz~10 MHz。

d.高频信号发生器:频率范围为 200 kHz~30 MHz。

e.甚高频信号发生器:频率范围为 30~300 Hz。

f.超高频信号发生器:频率范围为 300 MHz 以上。

2）典型 agilent 33522A 型信号发生器的主要特性

①30 MHz 双通道模式、正弦波、方波和脉宽波形,可支持更多应用。

②信号保真度。保真度越高,就越可靠。该波形发生器能够保证它产生的任何信号

的抖动均小于 40 ps,超过现有的函数和任意波形发生器 10 倍以上。它具有同类产品中最高的 16 位分辨率、小于 0.04% 的总谐波失真、高达 250 MSa/s(16 位)的采样率、可选的、高稳定性时基和任意波形存储器扩展能力。

③灵活的信号生成。33522A 能够生成双音频信号,用于电信设备测试中的双音多频(DTMF)信号应用。33522A 发生器还特别提供一个灵活的双通道模式,包含频率与幅度耦合的差分通道以及合成输出通道。这一功能在器件(例如心脏起搏器等)测试应用中非常重要,因为这些应用需要两个清晰信号进行定时和交互,才能正常运行。

④逐点波形。具有真正的逐点生成任意波形能力,可预防混叠并确保出色的精度,生成更广泛的波形。定义任意波形时,该型号可利用专利技术提供的输入控制功能。这项控制功能等同于采用多个不同波形序列,对更复杂的逐点波形进行定义。

⑤可以同时执行参数设置、信号查看和波形编辑等任务。标配 USB 和 LAN(符合 LXI C 类标准),可快速、轻松地连接至 PC 或网络;并配有 GPIB 选件。其还能够通过浏览器连接至内置网页,进行远程操作。

3)技术指标

已校准仪器在 0~55 ℃ 的工作温度范围内放置至少 2 h,再经过 45 min 预热后,可保证性能。全部技术指标均包括测量不确定性,并且符合 ISO 17025 标准。

①典型值。表示 80% 或以上仪器均可达到的典型性能;该数据并非保证数据,并且不包括测量不确定性,仅在室温(约 23 ℃)条件下有效。

②额定值(nom)。表示平均性能或由设计确定的特性值,例如连接器类型、物理尺寸或运行速度。该数据是在室温(约 23 ℃)条件下测得的,并非保证数据。

③测量值(meas)。表示为了同预期性能进行比较,在开发阶段测得的性能特征。该数据是在室温(约 23 ℃)条件下测得的,且并非保证数据。

④精度。表示指定参数的可追踪精度,包括测量误差、时基误差和校准源不确定性。

和方根方法得出随机测量误差,并与 M 相乘,即得出预期置信度。系统误差由时滞误差、触发定时误差和时基误差(视具体测量类型而定)线性相加得出。

⑤置信度。如需 99% 的置信度,在精度计算中设定 $k=2.5$;如需 95% 的置信度,在精度计算中设定 $k=2.0$。

4)使用注意事项

使用前应认真阅读仪器说明书,了解其基本性能、使用方法;接通电源前,检查测量装置的接线是否正确;仪器的量程、频段、衰减、输出等旋钮是否有松脱、错位现象;仪器预热;在仪器通电并充分预热后,进行电气调零,将仪器的输入端短路,调节仪器使其读数指示零或规定值。对于具有内部校准装置的仪器,使用前要正确校准,正确连接测量电路连线,并选择合适的量程,日常维护应注意:防尘、防潮、防腐、防振动等。

5)信号发生器原理

①利用文氏桥振荡电路,产生正弦波,RC 可调频率,如图 5.32 所示。

②产生的正弦波通过滞回比较器产生方波,通过稳压管得到想要的幅值,如图 5.33 所示。

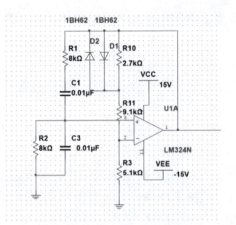

图 5.32　产生正弦波

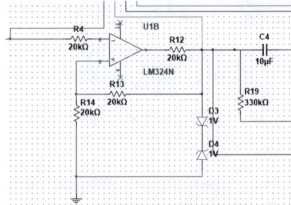

图 5.33　产生方波

③过积分电路将方波变换成三角波,如图 5.34 所示。

④过比例电路将三角波转换成锯齿波,如图 5.35 所示。

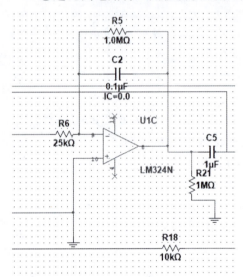

图 5.34　变换三角波

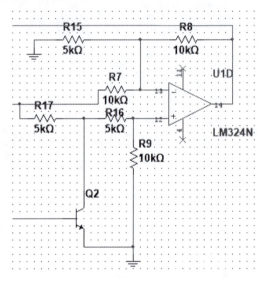

图 5.35　转换成锯齿波

(2)示波器的概念及应用

1)示波器的基本概念

示波器是一种用途十分广泛的电子测量仪器。它能将肉眼看不见的电信号变换成看得见的图像,便于人们研究各种电现象的变化过程。示波器利用狭窄的、由高速电子组成的电子束,打在涂有荧光物质的屏面上,就可产生细小的光点(这是传统的模拟示波器的工作原理)。在被测信号的作用下,电子束就好像一支笔的笔尖,可以在屏面上描绘出被测信号的瞬时值的变化曲线。利用示波器能观察各种不同信号幅度随时间变化的波形曲线,还可以用它测试各种不同的电量,如电压、电流、频率、相位差、调幅度等。

2)作用

用来测量交流电或脉冲电流波的形状的仪器,由电子管放大器、扫描振荡器、阴极射线管等组成。除观测电流的波形外,还可以测定频率、电压强度等。凡可以变为电效应的周期性物理过程都可以用示波器进行观测。

示波器可以分为模拟示波器和数字示波器,对于大多数的电子应用,无论模拟示波器和数字示波器都是可以胜任的,只是对于一些特定的应用,由于模拟示波器和数字示波器所具备的不同特性,才会出现适合和不适合的地方。

模拟示波器的工作方式是直接测量信号电压,并且通过从左到右穿过示波器屏幕的电子束在垂直方向描绘电压。

数字示波器的工作方式是通过模拟转换器(ADC)把被测电压转换为数字信息。数字示波器捕获的是波形的一系列样值,并对样值进行存储,存储限度是判断累计的样值是否能描绘出波形为止,随后,数字示波器重构波形。

数字示波器可以分为数字存储示波器(DSO)、数字荧光示波器(DPO)和采样示波器。

3)典型 DL9040 数字示波器的使用

①设置菜单(图 5.36)。

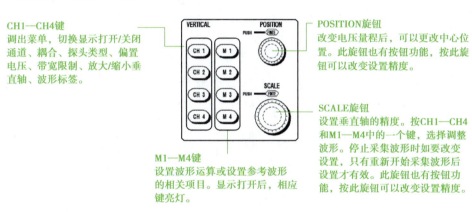

CH1—CH4键
调出菜单,切换显示打开/关闭通道、耦合、探头类型、偏置电压、带宽限制、放大/缩小垂直轴、波形标签。

POSITION旋钮
改变电压量程后,可以更改中心位置。此旋钮也有按钮功能,按此旋钮可以改变设置精度。

SCALE旋钮
设置垂直轴的精度。按CH1—CH4和M1—M4中的一个键,选择调整波形。停止采集波形时如要改变设置,只有重新开始采集波形后设置才有效。此旋钮也有按钮功能,按此旋钮可以改变设置精度。

M1—M4键
设置波形运算或设置参考波形的相关项目。显示打开后,相应键亮灯。

图 5.36 设置菜单

②触发(图 5.37)。

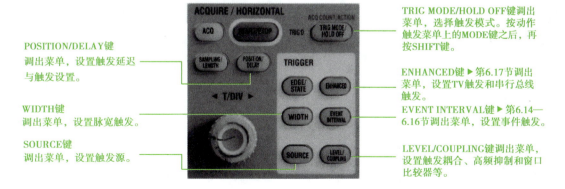

POSITION/DELAY键
调出菜单,设置触发延迟与触发设置。

WIDTH键
调出菜单,设置脉宽触发。

SOURCE键
调出菜单,设置触发源。

TRIG MODE/HOLD OFF键调出菜单,选择触发模式。按动作触发菜单上的MODE键之后,再按SHIFT键。

ENHANCED键 ▶第6.17节调出菜单,设置TV触发和串行总线触发。

EVENT INTERVAL键 ▶第6.14—6.16节调出菜单,设置事件触发。

LEVEL/COUPLING键调出菜单,设置触发耦合、高频抑制和窗口比较器等。

图 5.37 触发

③波形采集(图5.38)。

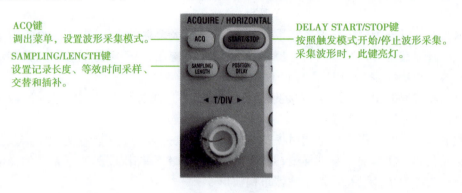

ACQ键
调出菜单,设置波形采集模式。

SAMPLING/LENGTH键
设置记录长度、等效时间采样、
交替和插补。

DELAY START/STOP键
按照触发模式开始/停止波形采集。
采集波形时,此键亮灯。

图5.38　波形采集

④操作、显示、分析和搜索(图5.39)。

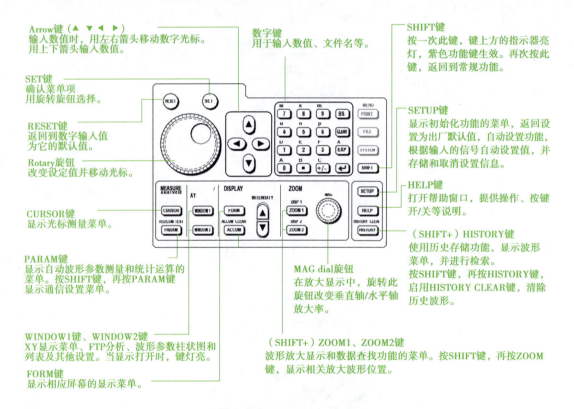

Arrow键(▲ ▼ ◀ ▶)
输入数值时,用左右箭头移动数字光标。
用上下箭头输入数值。

SET键
确认菜单项
用旋转旋钮选择。

RESET键
返回到数字输入值
为它的默认值。

Rotary旋钮
改变设定值并移动光标。

CURSOR键
显示光标测量菜单。

PARAM键
显示自动波形参数测量和统计运算的
菜单。按SHIFT键,再按PARAM键
显示通信设置菜单。

WINDOW1键、WINDOW2键
XY显示菜单、FTP分析、波形参数柱状图和
列表及其他设置。当显示打开时,键灯亮。

FORM键
显示相应屏幕的显示菜单。

数字键
用于输入数值、文件名等。

MAG dial旋钮
在放大显示中,旋转此
旋钮改变垂直轴/水平轴
放大率。

(SHIFT+)ZOOM1、ZOOM2键
波形放大显示和数据查找功能的菜单。按SHIFT键,再按ZOOM
键,显示相关放大波形位置。

SHIFT键
按一次此键,键上方的指示器亮
灯,紫色功能键生效。再次按此
键,返回到常规功能。

SETUP键
显示初始化功能的菜单,返回设
置为出厂默认值,自动设置功能,
根据输入的信号自动设置值,并
存储和取消设置信息。

HELP键
打开帮助窗口,提供操作、按键
开/关等说明。

(SHIFT+)HISTORY键
使用历史存储功能,显示波形
菜单,并进行检索。
按SHIFT键,再按HISTORY键,
启用HISTORY CLEAR键,清除
历史波形。

图5.39　操作、显示、分析和搜索

⑤历史存储(图5.40)。测量波形时,可以将数据加载到采集内存,并在DL9000的屏幕上浏览相关波形。连续测量时,发现异常波形后即使停止测量,屏幕上通常会显示停止测量前的最新波形,无法仔细观测异常的波形。但通过历史存储功能,停止波形采集后就可以显示保存在采集内存中的过去采集到的波形数据。另外,还可以在历史波形中搜索符合指定波形条件的波形。搜索条件有下述6种。

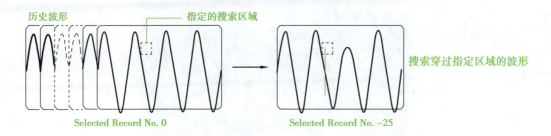

历史波形　　　　　指定的搜索区域　　　　　　　　　　　搜索穿过指定区域的波形

Selected Record No. 0　　　　　　Selected Record No. −25

图 5.40　历史存储

a.搜索经过(或不经过)指定搜索区域的波形条件:波形区域/矩形区域/多边形区域。

b.搜索在(或不在)指定测量值范围内的波形条件:波形参数的自动测量/FFT 运算值/XY 波形区域通过矩形区域搜索历史波形。

⑥放大波形(图 5.41)。可以沿时间轴或电压轴放大显示波形,并且可以同步放大两个区域的波形。通过此功能,可以详细观测长时间内采集到的波形的某一个部分。另外,可以指定放大区域或放大位置(放大框的位置)。

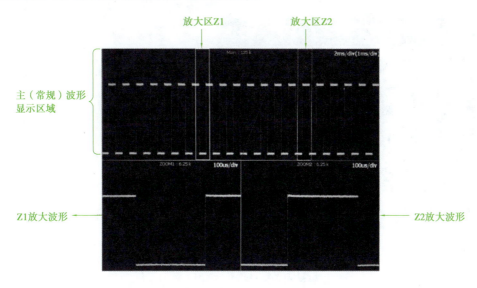

放大区Z1　　　　放大区Z2

主(常规)波形
显示区域

Z1放大波形　　　　　　　　　　　　　　　　　　　　Z2放大波形

图 5.41　放大波形

⑦波形参数的自动测量(图 5.42)。可以对保存在采集内存中波形的各种测量参数执行自动测量。一个文件中最多可以保存 1 000 000 个自动测量数据,共有 27 个不同的测量参数。所有通道的被选参数中最多可以显示 16 个参数。可以用自动测量值设置运算公式并显示其结果。

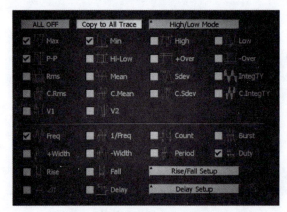

垂直轴测量参数：12

时间轴测量参数：8

面积轴测量参数：7

波形间延迟（延迟设置）

图 5.42　波形参数的自动测量

⑧测量波形（图 5.43）。光标所在位置的电压（y 轴）和时间（x 轴）显示在波形显示区域的下方。

光标 T1　　　光标 T2

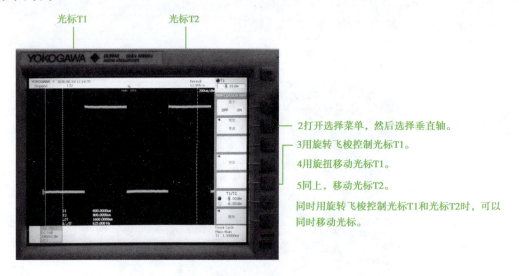

2 打开选择菜单，然后选择垂直轴。

3 用旋转飞梭控制光标 T1。

4 用旋扭移动光标 T1。

5 同上，移动光标 T2。

同时用旋转飞梭控制光标 T1 和光标 T2 时，可以同时移动光标。

图 5.43　测量波形

注：T1 为光标 T1 所在位置的 x 轴值；

T2 为光标 T2 所在位置的 x 轴值；

ΔT：光标 T1 与 T2 所在位置 x 轴值间的差值；

1/ΔT：光标 T1 与 T2 所在位置 x 轴值间差值的倒数

⑨设置水平轴缩放率（图 5.44）。可以显示原始（常规）波形的两个缩放区域。被缩放后的原始波形显示在"缩放框"内。

⑩用内置打印机打印屏幕图像（图 5.45）。可以打印当前屏幕上显示的波形。

⑪将屏幕图像数据保存到指定存储介质（图 5.46）。

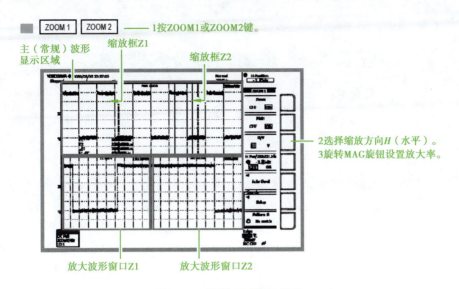

ZOOM 1 ZOOM 2 ——— 1按ZOOM1或ZOOM2键。

主（常规）波形显示区域

缩放框Z1

缩放框Z2

2选择缩放方向H（水平）。
3旋转MAG旋钮设置放大率。

放大波形窗口Z1

放大波形窗口Z2

图 5.44 设置水平轴缩放率

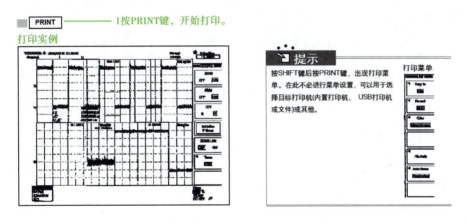

PRINT ——— 1按PRINT键，开始打印。

打印实例

提示

按SHIFT键后按PRINT键，出现打印菜单。在此不必进行菜单设置，可以用于选择目标打印机(内置打印机、USB打印机或文件)或其他。

打印菜单

图 5.45 用内置打印机打印屏幕图像

可以将屏幕上的波形数据以图像形式保存到存储介质。

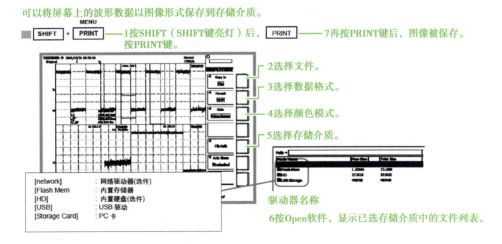

SHIFT + PRINT ——— 1按SHIFT（SHIFT键亮灯）后，按PRINT键。

PRINT ——— 7再按PRINT键后，图像被保存。

2选择文件。

3选择数据格式。

4选择颜色模式。

5选择存储介质。

[network] ：网络驱动器(选件)
[Flash Mem] ：内置存储器
[HD] ：内置硬盘(选件)
[USB] ：USB 驱动
[Storage Card] ：PC 卡

驱动器名称

6按Open软件，显示已选存储介质中的文件列表。

图 5.46 将屏幕图像数据保存到指定存储介质

任务 5.2　车辆知识及实操技能

5.2.1　专业知识技能要求

在列车检修工技师序列中,应掌握电客车主要系统部件的详细维护要求、主要部件使用寿命及专业维修界面划分;掌握电工、钳工相应技能,能够能完成复杂的、非常规性的突发问题和疑难故障;对管理范围内设备能够完成隐患识别和生产风险控制;能对作业技术标准、生产管理提出合理意见,并具有文本编制优化能力和一定的技术管理能力;在技术技能方面有创新,并能指导和培训初、中、高级人员。专业技能要求见表5.2。

表 5.2　专业技能要求

工作内容	技能要求	相关知识
车体与车门的检修及故障处理	能使用工具进行重要尺寸测量及判断故障; 能处理车门故障	了解并掌握车体关键尺寸及相应电气控制原理
车钩缓冲、转向架装置检修及故障处理	能使用工具进行重要尺寸测量及判断故障; 能拆装处理车钩缓冲装置故障; 能根据要求选配主要零部件	基本原理、关键尺寸
制动系统检修及故障处理	能检测各阀体的功能; 能处理空气制动故障	空气制动结构主要原理、关键参数
空调系统检修及故障处理	能处理主要动作部件故障; 能处理制冷剂泄漏、高低压故障	空调系统电气原理、主要组成原理
牵引系统及控制回路	能进行受流装置的故障处理; 能处理主要部件故障; 能对测试数据分析,并完成分析报告	牵引系统原理,常见故障处理及分析
辅助供电设备检修及故障处理	能处理供电设备异常情况; 能处理辅助控制回路故障; 能处理空调、电暖故障	系统电路原理、布线及各服务设备故障现象
培训指导	能开展检修工安全、技术培训; 能进行质量、应急培训; 能开展检修工专业技术指导并开展培训	相关安全、应急、作业指导文件

5.2.2 车辆走行部机械分析

(一)车辆震动及其产生原因

车辆轮对沿钢轨运行时呈复杂的运动,这种偏离了直线的轮对运动就是引起车辆振动的主要激振源。车辆运行时产生的振动对其走行部位和其他重要零部件的强度、运行平稳性和稳定性有着重要和决定性的影响。要研究车辆运行中的振动特效,就需要对引起车辆振动的原因即激振源进行分析。由于轮轨间相互作用力的大小,轮对运动和车辆振动特性都与轨道特性直接有关,因此应首先了解轨道的构造特性。

(1)轨道构造的特性

1)轨道组成

轨道由钢轨、轨枕、联结零件、道床及道岔等组成。

2)轨道的作用

引导列车运行,同时直接承受由车轮传来的车辆质量并把它传布传递给路基。轨道的一般横截面如图 5.47 所示。

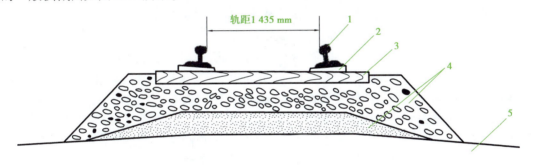

1—钢轨;2—中间联结件;3—轨枕;4—道床;5—路基

图 5.47 轨道的一般横截面

3)道床永久变形

由轨枕传给道床的动、静载荷相当大,因此道床将产生永久变形。同时在不同的轨枕下面,其永久变形的程度也不同,从而在钢轨、轨枕和道床之间形成间隙,由于在各个轨枕处的间隙不等,因而在轨道的不同点,作用同一轮重时其下沉量是不同的,这就形成了轨道的弹性不均匀。

(2)轨道不平顺

1)定义

轨道不平顺是指轨道几何形状、尺寸和空间位置的偏差。广义而言,是直线轨道不平、不直,对中心线位置和轨道高度、宽度正确尺寸的偏离,曲线轨道不圆顺,偏离曲线中心线位置和正确的曲率、超高、轨距值、偏离顺坡变化尺寸等轨道几何偏差,统称为轨道不平顺。

2)种类

轨道不平顺的种类很多,可按其对车辆激扰作用的方向、不平顺的波长、显现记录时有无轮载作用等分类。

①垂向不平顺可分为下述 4 种。

a.高低不平顺。高低不平顺是指轨道沿钢轨长度方向在垂向的凸凹不平。它是由线路施工和大修作业的高程偏差、桥梁挠曲变形、道床和路基残余变形沉降不均匀、轨道各部件间的间隙不相等,吊板以及轨道垂向弹性不一致等造成的。

一般情况下,左、右轨高低的变化趋势基本一致,但在短距离内各自的变化往往不同,所以还必须区分左轨高低和右轨高低。

b.水平不平顺。水平不平顺即轨道同一横截面上左右两轨顶面的高差。在曲线上,水平不平顺是指扣除正常超高值的偏差部分;在直线上,它是指扣除将一侧钢轨故意抬高形成的水平平均值后的差值。

c.扭曲不平顺。轨道平面扭曲(有些国家称为平面性,我国常称"三角坑")即左右两轨顶面相对于轨道平面的扭曲,用相隔一定距离的两个横截面水平幅值的代数差度量。国际铁路联盟 UICB55 专门委员会将所谓"一定距离"定义为"作用距离",即指轴距、心盘距。

d.轨面短波不平顺。轨面短波不平顺,即钢轨顶面小范围内的不平顺,它是由轨面不均匀磨耗、擦伤、剥离掉块、焊缝不平、接头错牙等形成的。其中轨面擦伤、焊缝不平等多是孤立的,不具周期性,而波纹磨耗、波浪形磨耗则具有周期性特征。

②横向不平顺可分为下述两种。

a.轨道方向不平顺。轨道方向不平顺(常简称"轨向不平顺"或"方向不平顺"),是指轨头内侧面沿长度方向的横向凹凸不平,由铺轨施工、整道作业的轨道中心线定位偏差,轨排横向残余变形积累和轨头侧面磨耗不均匀、扣件失效、轨道横向弹性不一致等原因造成。左、右轨方向变化往往不同,尤其在扣件薄弱的区段差异更大,因此需要区分左轨方向和右轨方向。并将左、右轨方向的平均值作为轨道的中心线方向偏差。

b.轨道偏差。轨距偏差即在轨顶面以下 16 mm 处量得的左、右两轨内侧距离相对于标准轨距的偏差,通常由扣件不良、轨枕挡肩失效、轨头侧面磨耗等造成。

③复合不平顺可分为下述两种。

在轨道同一位置上,垂向和横向不平顺共存形成的双向不平顺称为轨道复合不平顺。

a.方向水平逆向复合不平顺。方向水平逆向复合不平顺是指在同一位置既有方向不平顺又有水平不平顺,并且轨道朦曲方向与高轨位置形成反超高状态。

国内外试验均证实,方向水平逆向复合不平顺对行车安全有着严重影响,其往往是引起脱轨的重要原因。

b.曲线头尾的几何偏差。曲线头尾的几何偏差是指在曲线圆缓点区、缓直点区,超高、正矢、轨距顺坡起点、终点不一致或不匹配形成的几何偏差,它对行车平稳舒适和安全有不可忽视的影响。

(3)特点

轨道不平顺是引起列车振动、轮轨动作用力增大的主要根源。对行车平稳舒适和行车安全具有重要影响,是轨道方面直接限制行车速度的主要因素。

轮轨相互作用的理论研究和国外高速铁路的实践证明,在高平顺的轨道上,高速列车的振动和轮轨间的动作用力都不大,行车安全和平稳舒适性能够得到保证,轨道和车辆部件的寿命和维修周期也较长。反之,即使轨道、路基和桥梁结构在强度方面完全满足要求,而轨道平顺性不良时,在高速条件下各种轨道不平顺引起的车辆振动、轮轨噪声和轮轨动作用力将大幅度者加,使平稳、舒适、安全性严重恶化,甚至导致列车脱轨。

1)主要影响

各种轨道不平顺对车辆振动、轮轨噪声、轮轮相互作用力、舒适性、安全性等都有直接影响,但不同种类的不平顺,其激扰方向、影响性质、影响程度又各不相同,详见表5.3 各种轨道不平顺的主要影响。

表5.3 各种轨道不平顺的主要影响

影响种类	车辆振动	轮轨力	性 质	
			安全性	平稳舒适性
高低	浮沉、点头	垂直力增减载	促进脱轨	垂直加速度大
水平	侧滚	垂直力增减载	促进脱轨	侧滚加速度大
扭曲	侧滚	垂直力增减载	引发悬浮脱轨	侧滚加速度大
轨向	侧摆、摇头	横向力增大	引发爬轨脱轨	横向加速度大
轨距			引发爬轨、悬浮脱轨	
轨向水平复合	侧摆、侧滚	横向力增大 垂直力增减载	促进断轨断轴	垂直加速度大 横向加速度大
轨面短波	轮轨高频冲击振动	垂直冲击力大	走行部金属疲劳	噪声

2)波长区分影响

随机性轨道不平顺的波长范围很宽,0.01～200 m 波长的不平顺均常见。

1 m 以下的轨面短波不平顺幅值很小,多在 0.02～2 mm,主要由钢轨接头焊缝、不均匀磨耗、轨头擦伤、剥离掉块、波浪和波纹磨耗以及轨枕间距等因素形成。

1～3.5 m 范围的波长成分主要是钢轨在轧制过程中形成的周期性成分和波浪形磨耗。

3.5～30 m 波段主要由道床路基的不均匀残余变形、各部件间的间隙不等、道床弹性不均、焊头形成的以轨长为基波的复杂周期波成分,以及桥、隧头尾、涵洞等轨道刚度突变和桥梁动挠度等形成。

30～200 m 波段多由道床及路基沉降不均、路基施工过程中形成的先天性不平、桥梁动挠度等构成。更长的长波多为地形起伏、线路坡度变化等形成。

轨道不平顺不仅幅值和波长的变化范围大,而且其影响也各不相同。短波不平顺可能引起簧下质量与钢轨间的冲击振动,产生很大的轮轨作用力。周期性成分可能引起机车车辆的谐振。而中、长波尤其是敏感波长成分常常是引起车体产生较大振动的重要原因。

在速度为 120 km/h 以下时,轨道不平顺有影响的波长范围在 30 m 以下。随着行车速度的提高,轨道不平顺有影响的波长相应增长。速度为 350 km/h 时,有影响的波长可达百余米。

按轨道不平顺的波长特征可分为短波、中波、长波不平顺 3 类。各国划分的波长范围不尽相同。各种轨道不平顺的主要影响见表5.4。

表 5.4　各种轨道不平顺的主要影响

类型	波长范围	幅值范围/mm	不平顺种类	主要影响
短波	数毫米至数十毫米	0.02~1.0	轨面擦伤、剥离掉块、波纹磨耗、焊缝	轮轨动作用力,噪声,运营成本费(高速时影响大增)
	数百毫米	0.1~2.0	波浪形磨耗,轨枕间距	
中波	2~3.5 m 周期性	0.1~2.0	新轨轨身不平顺	快速、高速车振动舒适度
	3~30 m 非周期性	1~40	高低、轨向、扭曲、水平、轨距	轮轨动作用力,噪声、安全、平稳、舒适性,运营成本费(高速时影响大增)
长波	30~100 mm	1~60	路基、道床不均匀沉降,中跨桥梁挠曲变形,桥梁、隧道头尾刚度差异	快速、高速列车振动舒适性

3)影响规律

当不平顺波长和行车速度一定时,幅值越大,所引起的车辆振动和轮轨作用力等响应也越大。

当轨道不平顺幅值和行车速度一定时,波长越长影响越小,非线性递减,但敏感波长、周期性的谐振波长影响大。

当轨道不平顺幅值和波长一定时,速度越高影响越大,非线性递增。

(4)引起车辆垂直振动的激振源

引起车辆在垂直方向振动的原因是多方面的,按激振源的性质可将其分为个别突然性的、周期性的和随机性的 3 类。

1)个别突然性的激振源

①线路建筑沿长度方向的物理性质不固定会产生局部病害,如线路在冬季时的冻涨、道床质量不均匀和路基松紧程度不一产生的凹陷等。轮对通过道岔时及通过线路的个别偶然性的病害时产生突然的起伏。

②车轮经过上述线路局部短促不平时将激起车辆的自由振动。虽然这种线路不平是个别出现的,但遇到大的不平度时会激起车辆大振幅的垂直和横向自由振动,影响列车的平稳运行。此外,由于列车的突然启动和制动也会引起车辆的纵向和垂向自由振动。

2)周期性的激振源

在有缝线路上,接头是钢轨的薄弱环节。由于鱼尾板的抗弯刚度不足,致使轮对经过接头区域时,弹性下沉量大,钢轨接头处的下沉,车轮的踏面擦伤,轮重不均衡和轮轴偏心都属于周期性激振源,如图5.48 所示,当车轮从一根钢轨端部 a 点滚动至另一钢轨端部 b 点时,车轮前进的速度从 v_a 变至 v_b,产生了垂直速度方向的分量 Δv,Δv 的大小与 θ 密切相关,而 θ 取决于轴端的变形量,因此提高鱼尾板的抗弯刚度是避免此类情况的有效做法。

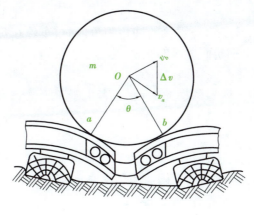

图 5.48　钢轨接头

3）随机性的激振源

①钢轨顶面的不均匀磨耗以及道床和路基的永久变形造成了轨道几何不平顺,当列车通过轨道不平顺时,产生了振动。

②钢轨基础沿长度方向上的弹性不均匀造成了轨道动力不平顺,轨道的动力不平顺是激振源的来源之一。

（5）引起车辆横向振动的激振源

引起车辆横向振动的激振源也可分为个别突然性的、周期性的和随机性的 3 类,其中起主要作用的是周期性激振源,下面着重分析周期性激振源。

1）横向振动

车辆沿直线轨道运行时,车体和转向架在横向水平平面内一面作横摆运动,一面作摇头运动。这种轨迹不是直线而是某一波状曲线。车辆的这种横摆运动和摇头运动的组合运动即为横向振动,也称蛇形运动,这是由于车轮踏面具有斜度和轮轨间存在着复杂的动力作用。轮对的蛇形运动是引起车辆横向周期性振动的原因之一。

2）轨道的水平不平顺

由于轨道左右轮轨接触点的高度差而形成的轨面不平称为水平不平顺,轨道的水平不平顺会引起车辆左右晃动即摇摆振动。

3）轨道的方向不平顺

轨道在轨顶横向平面内的左右波状不平称为方向不平顺,轨道的方向不平顺会引起车辆的摇摆振动。

（二）车辆抗脱轨分析

车辆在线路上运行时,车轮受到各种静载荷和动载荷的作用。这些载荷可以归结为作用于车轮上的垂直力 P 即轮重产生的力和倾向力 Q。当 Q 和 P 的比值超过某一限度时,有可能使车轮爬上钢轨而破坏了车辆的正常运行条件,这就称为脱轨。

（1）脱轨的分类

按照脱轨过程,脱轨可以分为爬上脱轨、滑上脱轨、跳上脱轨和掉轨 4 种类型。

1）爬上脱轨

车辆低速通过曲线,且车轮与钢轨的冲角为正值时,由于一侧车轮的轮重较小侧向力增大,车轮的轮缘在滚动中逐渐爬上钢轨而引起的脱轨,称为爬上脱轨。

2）滑上脱轨

车辆低速通过曲线，且车轮与钢轨的冲角为负值时，车轮在足够大的侧向力作用下，车轮的轮缘边旋转边滑上钢轨而造成的脱轨，称为滑上脱轨。

3）跳上脱轨

车辆高速运行时，由于激烈的横向振动，或者由于车轮受到大的侧向冲击力，使车轮跳上钢轨后脱轨，称为跳上脱轨。

4）掉轨

当车辆在不良线路上高速运行以及长大货车通过曲线时，由于轮轨之间的过大倾向力使得钢轨横向移动，引起轨距扩大，因而使车轮掉入轨道内侧，称为掉轨。

（2）抗脱轨安全性的评定指标和允许限度

评定脱轨安全性的指标很多，从转向架设计的角度来考虑，主要有脱轨系数和轮重减载率两项指标。

1）脱轨系数及其允许限度

作用于车轮上的侧向力 Q 与垂直力 P 的比值 Q/P，可以表示车轮脱轨的危险程度，称为脱轨系数。

单个车轮脱轨系数的允许限度可根据车轮脱轨临界状态时的力平衡条件，并由下述公式求出：

$$\frac{Q}{P} = \frac{\tan \alpha \mp \mu}{1 \pm \mu \tan \alpha}$$

式中　Q——作用于轮缘上的侧向力，kN；

　　　P——作用于车轮上的垂直力，kN；

　　　μ——轮缘与钢轨侧面的摩擦系数；

　　　α——通过轮缘圆弧面上的拐点作切线与水平线的倾角，简称轮缘角。

上式是一种最基本的脱轨条件，实际情况往往复杂得多，脱轨系数不仅与 μ、α 有关，而且与轮轨冲角、曲线半径、车轮直径、运行速度以及轮轨之间的蠕滑力等因素有关。

我国车辆标准车轮轮缘角 $\alpha = 69°12'$，但 TB 449—76 锥形踏面的实际轮缘角 $\alpha = 68° \sim 70°$，摩擦系数 μ 一般为 0.20～0.30，为了确定脱轨系数的允许限度，取摩擦系数的上限为 0.30～0.35，取 α 的下限为 68°，当 $\alpha = 68°$，$\mu = 0.32$，$Q/P = 1.2$；根据 GB 5599—85 规定，当横向力作用时间大于 0.05 s 时，脱轨系数允许值为 1.2，安全值为 1.0，见表 5.5。

表 5.5　脱轨系数

标　准	脱轨系数
国际铁路联盟 UIC	1.2
德国 ICE 高速列车试验标准	0.8
日本既有线路提速试验标准	0.8
北美铁路联盟	1.0

2)轮重减载率及其允许限度

实践表明,当左右两侧车轮的轮重偏载过大时,即使轮轴的侧向力很小也可能造成脱轨。如果 $P_2 \geq P_1$,则当 $H=0$ 时,右侧车轮踏面上的摩擦力仍可以使左侧轮缘爬上钢轨。其中,H 为作用于一根轮轴上的侧向力,P_1 为作用于爬轨车轮的垂直力,P_2 为作用于非爬轨车轮的垂直力,如图 5.49 所示。

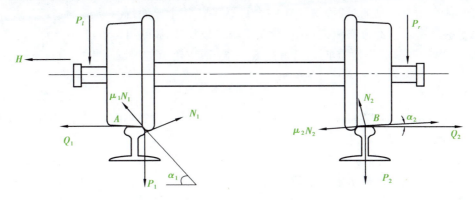

图 5.49　轮轨受力

设平均轮重 $\overline{P}=1/2(P_1+P_2)$,轮重的减载率为 $\Delta P=1/2(P_2-P_1)$,则比值 $\Delta P/\overline{P}$ 称为爬轨侧车轮的轮重减载率。当 $H=0$ 时,其允许限度可根据上图受力条件,由下式计算出:

$$\frac{\Delta P}{\overline{P}} = \frac{\dfrac{\tan \alpha_1 - \mu_1}{1 + \mu_1 \tan \alpha_1} - \dfrac{\tan \alpha_2 + \mu_2}{1 - \mu_2 \tan \alpha_2}}{\dfrac{\tan \alpha_1 - \mu_1}{1 + \mu_1 \tan \alpha_1} + \dfrac{\tan \alpha_2 + \mu_2}{1 - \mu_2 \tan \alpha_2}}$$

我国 TB 449—76 锥形踏面的实际轮缘角 $\alpha_1 = 68° \sim 70°$,$\alpha_2 = \arctan\dfrac{1}{20}$,$\mu_1 = 0.2 \sim 0.25$,则 $\Delta P/\overline{P} \geq 0.65$ 时,车轮有爬轨的危险。

我国规定轮重减载率为:

容许标准 $\Delta P/\overline{P} \leq 0.65$;安全标准 $\Delta P/\overline{P} \leq 0.60$。

(3)脱轨原因分析

1)线路状态

①线路外轨超度。由于存在超高度,将导致车辆外侧轮增载或减载,内侧轮减载或增载使轮重减载率加大。同时,当低于平均速度运行时,外轮导向力降低等都加大了脱轨的可能性。

②缓和曲线地段。由于超轨高的缘故,使两侧钢轨不在同一平面而处于扭曲的状态,车辆由直线进入缓和曲线时,导向轮对的外侧轮轮重增载;而由曲线驶入缓和曲线时,则导致内轮对外侧轮轮重减载。同时,如外轨超高一个车轮浮起,加上轨道不平造成的车辆剧烈摇摆,使脱轨的可能性增加。

③三角坑。车辆在三角坑处,4 个轮中,只有 3 个正常压紧钢轨而另一个悬空,出现较大的横向力时即可引起脱轨。

2）地铁车辆的车辆结构、载荷对脱轨影响

①当转向架和车体的扭转刚度与轴箱弹簧垂直刚度较大、车辆通过曲线时，适应性较差，易造成较大的轮重减载而脱轨。

②旁承摩擦力力矩阻碍转向架转动，车辆通过曲线时，摩擦力矩增大，轮缘横向力也增加，容易造成脱轨。

③车体短而重心高的车辆，抗脱轨安全性较差。其主要原因是轨道的连续不平顺波与车辆自振频率耦合造成侧滚，引起车辆轮重骤增或骤减，脱轨可能性急剧增大。

④装载影响：偏载将使重心偏向一侧或一端，造成轮重的增载。性能明显下降，造成脱轨。

（4）防止脱轨

如上所述，脱轨与线路状态、列车编组、装载及车辆本身结构密切相关。因此，防止车辆脱轨就需要采取综合治理措施。

运营实践表面，脱轨多半是由于偏载或长、短、轻、重车混编，且运行在曲线地段时发生的。因此，为防脱轨，严格控制偏载与线路的扭曲量，并尽量限制长、短、轻、重车的连挂非常必要的。同时消除线路的不平顺，严格把曲线外轨超高顺坡率控制在2‰。以下，有非常重要的意义。

车辆转向架的结构与参数，转向架弹簧刚度特别是轴箱的弹簧刚度直接影响车辆减载量的大小，增大轴箱弹簧静挠度，可使转向架对扭曲线路有更大的适应性，不至于产生过大的轮重减载，而减小车体的扭曲刚度，对减小减载量也极为有利。

为把车辆脱轨造成的后果控制在最小限度内，在半径小于200 m的曲线上、大坡道及坡点附近的曲线上、高路堤及曲线桥梁上都敷设防脱线护轨，这对减少人员伤亡和设备的严重破坏有重要的意义。

（三）车辆抗倾覆分析

车辆在线路上运行时，受到各种侧向力和垂直力的作用，在最不利的组合情况下可能使整个车辆向一侧倾倒，这就称为车辆倾覆。

（1）车辆倾覆的类型

1）曲线外倾覆

车辆高速通过曲线时，由于受离心惯性力、倾向风力和横向振动惯性力的作用，使车辆向曲线外侧倾覆，称为曲线外倾覆。

2）曲线内倾覆

当车辆低速通过曲线时，车体内倾，并同时在倾向风力和横向振动惯性力的作用下，使车辆向曲线内倾覆，称为曲线内倾覆。

3）直线倾覆

车辆运行于直线区段，由于受到极大的倾向风力和激烈的横向振动，使车辆发现倾覆，称为直线倾覆。

（2）车辆倾覆的评定方法

影响车辆倾覆的主要作用力是侧风力、离心力、横向振动惯性力等。在这些力的同时作用下，将使车体向一侧倾斜，造成一侧车轮减载。当减载的一侧车轮轮重达到零时，就有发生车辆倾覆的可能。图5.50所示为车辆运行中基本受力状态。

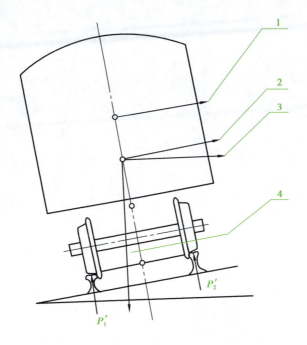

1—侧向风力；2—横向振动惯性力；3—离心力；4—重力

图 5.50　车辆运行中基本受力状态

设外轨道的轮轨间压力为 P_2'，内轨侧的轮轨间压力为 P_1'，且令 $D = P_2' - P_1' / P_2' + P_1'$，$D$ 即称为倾覆系数。目前我国就是采用倾覆系数 D 来评定防止车辆倾覆安全性的。

当一侧车轮轮重减载至零即 $P_1' = 0$ 时，车辆将达到倾覆的临界状态。此时 $D = 1$，即为其倾覆临界值。

GB 5599—85 规定"试验鉴定车辆的倾覆系数应满足下列要求：$D < 0.8$"。

倾覆系数应在试验车辆以线路容许的最高速度通过时的运行状态下测试。试验鉴定车辆同一侧各车轮或一台转向架同一侧各车轮其倾覆系数同时达到或超过 0.8 时，方被认为有倾覆危险。

（3）倾覆系数的计算

在推导车辆倾覆系数 D 的计算公式时，只考虑其主要作用力：车体横向振动惯性力、侧向风力及离心力。对于一些影响较小的次要因素略去不计。因此作下述假设。

①由于车体倾斜所造成的各侧向力作用点距离轨面的垂直高度的变化略去不计。

②车辆簧下部分所受的风力影响略去不计。

③不计车辆簧上质量垂直振动惯性力的影响。

④车辆簧下质量垂直振动与横向振动惯性力的影响不计，并假定簧下质量的重心位于轮对中心。

⑤不计车钩作用力的影响。

车辆运行于具有外轨超高的曲线时，车体作用着侧向风力 H_{2w}、横向振动惯性力 F_{2y} 以及重力、离心力，受力情况如图 5.51 所示。

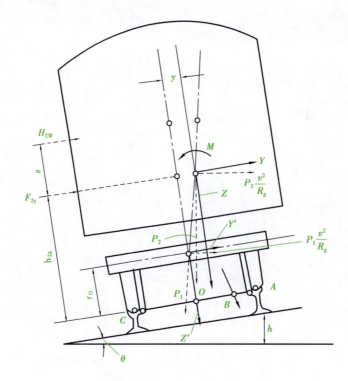

图 5.51　车辆受力情况

$$Y = H_{2\text{w}} + F_{2\text{v}} + P_2\left(\frac{V^2}{R_\text{g}}\cos\theta - \sin\theta\right)$$

$$Z = P_2\left(\frac{V^2}{R_\text{g}}\sin\theta + \cos\theta\right)$$

$$Y' = P_1\left(\frac{V^2}{R_\text{g}}\cos\theta - \sin\theta\right)$$

$$Z' = P_1\left(\frac{V^2}{R_\text{g}}\sin\theta + \cos\theta\right)$$

$$M = -H_{2\text{w}}\varepsilon$$

式中　P_2——车体(包括摇枕)自重和载重;

　　　P_1——两台转向架(不包括摇枕)质量;

　　　M ——作用于车体上的倾覆力矩;

　　　R ——曲线半径;

　　　V ——运行速度;

　　　θ——曲线外轨超高角(弧度);

　　　ε——侧向风压中心与车体重心间距离。

$$D = \frac{h'_\text{g}}{b}\left(\frac{V^2}{R_\text{g}} - \frac{h}{2b}\right) + \frac{h'_\text{g}}{b}\left(1 - \frac{\mu}{1+\mu}\frac{r_0}{h'_\text{g}}\right)\frac{j_{2\text{y}}}{g} + \frac{h'_{2\text{w}}P_{2\text{w}}LH}{Pb}$$

式中　$j_{2\text{y}}$——车体横向振动加速度;

　　　$P_{2\text{w}}$——车体侧向风力的单位压力;

h_{2w}——车体侧向风压中心至轨面高;

h_g——车辆总重重心至轨面高;

P ——车辆总重。

$$\mu = \frac{P_1}{P_2}$$

①上式中第一项是由车辆通过曲线时未被平衡的离心力引起的,所谓未被平衡的离心力是指向曲线外侧方向的离心力和由于外轨超高引起的车辆质量向曲线内侧的水平分力之差。第二项是由车辆横向振动惯性力引起的。第三项是由侧向风力引起的。

②上式为车辆向曲线外侧倾覆的情况,而风压相反时,则为向曲线内侧倾覆的情况,上式等号右边第2、3项符号"+"变成"-"。这时,倾覆临界值 $D = -1$。

(4)总结

对车辆结构来说,车辆倾覆主要取决于车辆弹簧悬挂装置的横向刚度和角刚度以及重心高度。在一定的外力作用下,横向刚度越小,车体横向偏移越大;角刚度越小,车体倾角越大;重心越高,车体横向偏移也越大。因此,增大其横向刚度、角刚度及降低车体重心高度,对于防止车辆倾覆的效果较为显著。

为了既能改善车辆振动性能,又能防止车辆倾覆,通常采用增大弹簧角刚度的办法。也就是在不断增大弹簧垂直刚度的前提下,尽量增大左右侧弹簧的横向间距来增大抵抗车体侧向转动的反力矩,从而减小车体的倾角。此外,还可以采用抗侧滚减振器。

(四)车辆限界及在曲线上的偏移

车辆限界是指车辆横断面不容许超越的最大轮廓尺寸。用以限制车辆横断面,已制订了国家标准。为了确保车辆在铁路上运行的安全,防止车辆撞上邻近的建筑物或其他设备,在《铁路技术管理规程》中,以命令的形式规定了车辆限界。车辆无论在空、重车状态,均不得超过车辆限界。

同时,当车辆通过线路的曲线区段时,车辆上任何部分也不允许超出建筑接近限界以外。所以,在设计车辆时,要进行曲线通过计算,以判明车辆在最小曲线半径上通过时,车体是否与建筑物或与其相交会的车辆相接触。

(1)限界的定义

限界是限定车辆运行及轨道区周围构筑物超越的轮廓线。

限界是保障地铁安全运行、限制车辆断面尺寸、限制沿线设备安装尺寸及确定的建筑结构有效净空尺寸的图形轮廓。

限界的设计是根据车辆的轮廓尺寸、性能技术参数、线路特性、轨道特性、设备安装以及各种误差及变形等因素,并考虑列车在运动中的状态等因素,通过科学的分析计算和技术经济比较综合分析确定。在线路上运行的车辆必须与隧道边缘、各种建筑物及设备之间保持一定的距离,以确保列车的安全运行。因此,限界是地铁设计所需的重要技术指标。

(2)限界的分类

城市轨道交通的限界主要包括车辆限界、设备限界和建筑限界。

1）车辆轮廓线

车辆轮廓线依据车辆横剖面包络而成，是设计地铁限界的基础资料，图 5.52 所示为车辆轮廓线。

2）车辆限界

车辆在平直线上正常运行状态下所形成的最大动态包络线，用以控制车辆制造以及制订站台和站台门的定位尺寸，如图 5.53 所示。

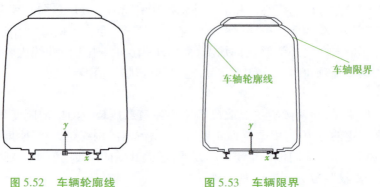

图 5.52　车辆轮廓线　　　　　图 5.53　车辆限界

车辆限界与车辆轮廓线之间，必须留出一定的、为确保行车安全所需的空间，这个空间考虑了以下因素：

①车辆制造公差引起的上下、左右方向的偏移或倾斜。

②车辆在名义载荷作用下弹簧受压引起的下沉，以及弹簧由于性能上的误差可能引起的超量偏移或倾斜。

③由于各部分磨耗或永久变形而造成的车辆下沉，特别是左右侧不均匀磨耗或变形而引起的车辆倾斜与偏转。

④由于轮轨之间以及车辆自身各部分存在的横向间隙而造成车辆与线路间可能形成的偏移。

车辆限界分类：

①按照隧道内外区域划分：隧道内车辆限界和隧道外车辆限界。

②按列车运行区域划分：区间车辆限界、站台计算长度内车辆限界和车辆基地内车辆限界。

③所处地段类型划分：直线车辆限界和曲线车辆限界。

3）设备限界

设备限界是用以限制设备安装的控制线，车辆在故障运行状态下所形成的最大动态包络线。

列车在运行中以机械故障产生车体额外倾斜或高度变化，此类故障主要指一系悬挂或二系悬挂意外损坏，以此计算最大值为设备限界的包络线。

按照所处地段类型划分为直线设备限界和曲线设备限界。

设备限界是位于车辆限界外的一个轮廓线，用以限制设备安装的控制线。除另有规定外，建筑物及地面固定设备的任一部分，即使涉及它们的刚性和柔性运动在内，均不得向内侵入此限界，设备限界如图 5.54 所示。

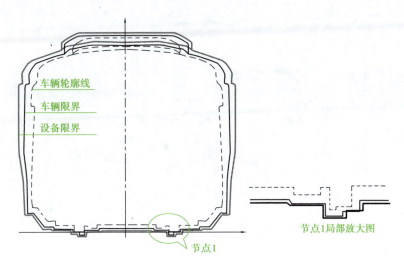

节点1局部放大图

图 5.54　设备限界

4) 建筑限界

①概念。建筑限界是位于设备限界以外的一个轮廓线,是在设备限界基础上满足设备和管线安装尺寸后的最小有效断面。它规定了地下隧道的形状、尺寸、位置,地下车站及站台位置以及地面建筑物(包括接触网支柱、声屏障和站台屏蔽门等)的位置。

建筑限界和设备限界之间的空间,应能安排各种电缆线、消防水管及消火栓、动力照明箱、信号箱及信号灯、照明灯、扩音器、通风管、架空接触网及其固定设备或接触轨及其固定设备等。

建筑限界不含测量、施工等各种误差及结构位移、沉降和变形等因素,所以,在结构设计中应按施工条件和地质条件外放一定余量。

任何沿线永久性固定建筑物,包括施工误差值、测量误差值及结构永久变形量在内,均不得向内侵入的界线。

②建筑限界分类。建筑限界分为隧道内建筑限界、高架建筑限界和地面建筑限界。

隧道内建筑限界按工程结构形式分为矩形隧道建筑限界、马蹄形隧道建筑限界和圆形隧道建筑限界。地面双线和高架双线建筑限界,分别如图 5.55 和图 5.56 所示。

矩形隧道建筑限界如图 5.57 所示。

圆形和马蹄形隧道建筑限界,分别如图 5.58 和图 5.59 所示。

(3)限界的基准坐标系

垂直于直线轨道线路中心线的二维平面直角坐标。横坐标轴(x 轴)与设计轨顶平面相切,纵坐标(y 轴)垂直于轨顶平面,该基准坐标系的坐标原点为轨距中线点。

(4)曲线地段车辆限界

曲线地段车辆限界或设备限界应在直线地段车辆限界或设备限界的基础上加宽和加高。

计算曲线地段车辆限界或设备限界加宽和加高包括 3 个方面:曲线几何偏移引起车体几何偏移、超高和欠超高引起的限界加宽和加高、曲线轨道参数及车辆参数变化引起的限界加宽。

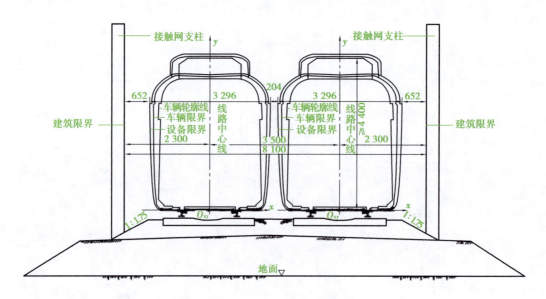

图 5.55　地面双线建筑限界

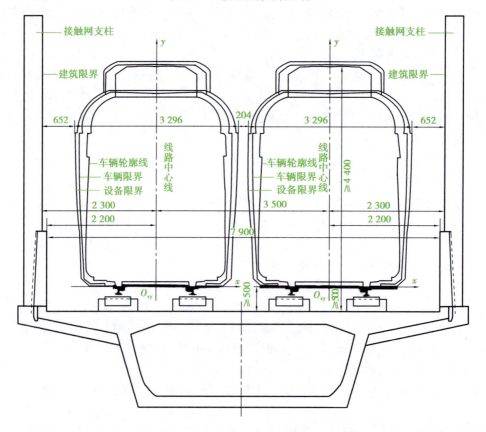

图 5.56　高架双线建筑限界

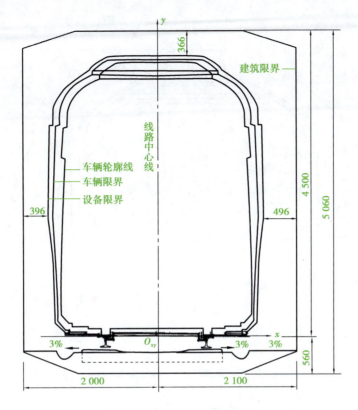

图 5.57　矩形隧道建筑限界

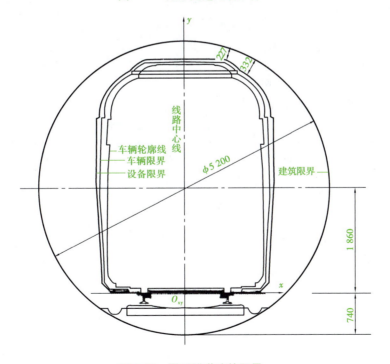

图 5.58　圆形隧道建筑限界

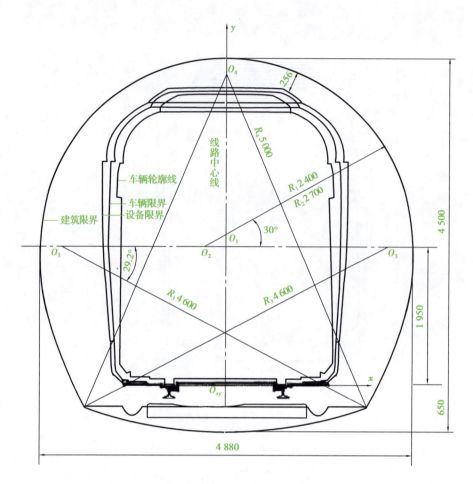

图 5.59　马蹄形隧道建筑限界

1）曲线几何偏移引起车体几何偏移

B 型车车体几何偏移量见表 5.6。

表 5.6　B 型车车体几何偏移量

符号	定义	$R100$	$R150$	$R200$	$R250$	$R300$	$R350$	$R400$	$R500$
Ta	曲线外侧/mm	247	165	123	99	82	71	62	49
Ti	曲线内侧/mm	205	136	102	82	68	58	51	41
符号	定义	$R600$	$R700$	$R800$	$R1\,000$	$R1\,200$	$R1\,500$	$R2\,000$	$R3\,000$
Ta	曲线外侧/mm	41	35	31	25	21	17	12	8
Ti	曲线内侧/mm	34	29	26	20	17	14	10	7

2)过超高和欠超高引起的限界加宽和加高

过超高或欠超高引起的设备限界加宽或加高量见表5.7。

表5.7　过超高或欠超高引起的设备限界加宽或加高量

过超高或欠超高值/mm	横向偏移量/mm						竖向偏移量/mm					
	A型车		B型车				A型车		B型车			
			无扭杆		有扭杆				无扭杆		有扭杆	
	AW0	AW3	AW0	AW3	AW0	AW3	AW0	AW3	AW0	AW3	AW0	AW3
13	0.8	1.1	2.6	3.9	1.0	1.2	±0.4	±0.5	±1.2	±1.8	±0.5	±0.5
21	1.3	1.8	4.2	6.3	1.7	2	±0.65	±0.9	±1.9	±2.8	±0.7	±0.9
28	1.7	2.4	5.6	8.4	2.2	2.6	±0.9	±1.2	±2.5	±3.8	±1.0	±1.2
38	2.3	3.2	7.6	11.4	3	3.6	±1.2	±1.6	±3.4	±5.1	±1.4	±1.6
45	2.8	3.8	9	13.5	3.6	4.2	±1.4	±1.9	±4.0	±6.0	±1.6	±1.9
52	3.2	4.4	10.4	15.7	4.1	4.9	±1.6	±2.2	±4.7	±7.0	±1.9	±2.2
61	3.8	5.1	12.2	18.4	4.9	5.7	±1.9	±2.6	±5.5	±8.2	±2.2	±2.6

当采用过超高时,曲线内侧求得的竖向偏移量为负值,曲线外侧求得的竖向偏移量为正值;当采用欠超高时,曲线外侧求得的竖向偏移量为负值,曲线内侧求得的竖向偏移量为正值。

（5）限界设计中轨道区设备和管线布置

限界专业制订建筑限界,明确安装后的管线设备距离设备限界最小的要求,并在断面上粗略安排各管线设备距离轨面的高度及横向最大宽度要求。

区间管线综合专业在限界粗略布置的管线设备基础上,依据各设备专业的具体布置要求,统筹优化各种管线及支架、水管、电气箱（柜）、消防栓箱、信号机、照明灯等固定设备在平面和断面上的详细布置。

5.2.3　车辆主要系统控制电路及接口

（一）客室车门与控制环路

（1）开关门设计

以某城市内藏门的控制为例,列车实现集控开关门涉及3个必要条件:零速、使能和指令。具体过程如图5.60所示。

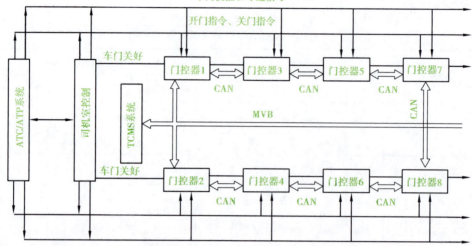

图 5.60　指令传递图

零速信号和使能信号一般采用高电平有效,失去其一都会导致不能开门或者使打开的门关闭。开关门指令一般有两种设计:一种为电平信号,在车辆模式下按下开门按钮,设计开门继电器的自保持回路,使开门继电器能够自保持,每个门控器收到持续的高电平信号,从而执行开门指令,关门时按下关门按钮,破坏开门继电器的自保持,开门指令变为低电平,从而使门控器执行关门指令;另一种为脉冲信号,取消开门继电器,车辆模式下按下开门按钮,门控器接收到高电位脉冲,执行开门指令,按下关门按钮,门控器接收到关门的高电位脉冲指令执行关门指令。第一种设计安全系数比较高,排除线路干扰能力比较强,第二种设计节省继电器,电路设计较简单,但是对门控器的要求比较高。

(2)车门通信

在每节车厢内的每个车门驱动装置均配备一个独立门控器,实现对车门的单独控制;在整个车厢内,有 2 个带 MVB 通信接口的门控器,其中一个为 MVB 主门控器,另一个作为冗余的 MVB 从门控器。MVB 门控器通过 CAN 总线和本车厢的其他门控器通信,并通过MVB 总线与该车厢的中央控制系统和监控系统相连接,实现整列车门的集中控制和车门状态及故障的监控和显示。

(3)安全环路

城轨车辆开关门频繁,车门故障频发,保证车辆运行及乘客安全十分重要,所以要设计安全环路,保证每个车门都处于锁闭状态。采用串联的设计,将门板到位和锁钩及紧急解锁的关键部位通过行程开关串连到一起,将门与门串联,车与车连接起来形成一个环路,同时将这个环路信息设计到牵引激活线路中去,保证车辆牵引安全。下面具体介绍单门安全环路,如图 5.61 所示。

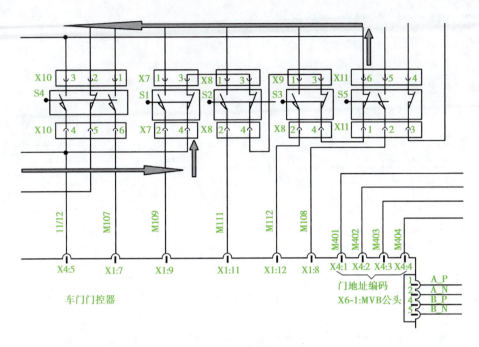

图 5.61　门安全环路

①安全互锁回路是由锁到位开关常开触点、门到位开关常开触点及紧急解锁开关常闭触点串连而成的。

②只有当安全互锁回路闭合时列车才能牵引。

③如果使门机械隔离,则安全互锁回路将被忽略。

④安全互锁回路入端、出端分别接入门控器的输入口,通过软件程序对这两个输入口进行采集并判断,对安全互锁回路进行实时监控。

⑤门控器软件除了采集安全互锁回路状态,同时还采集各个开关的另一组触点的状态。

⑥通过对比各个开关的状态可以监控开关的两组触点是否同步。

(4)零速保护功能

①只有在零速列车线和门允许列车线均有效时,才有可能打开车门。

②当零速列车线无效时处于打开的车门将关闭,已关闭的车门即使操作紧急装置将锁钩打开也不能将门扇打开。

(5)防夹功能

在动作过程中,门控器负责监视门扇的关闭与开启动作方向以及电机电流的变化,判断是否有障碍物存在,同时控制电机做出开关门动作,从而提高安全性能避免夹伤乘客。

(6)单门故障隔离功能

当一个客室车门发生故障时,为了保证车辆整体运行,设置单门隔离功能,可设计用专用钥匙保证车门机械锁闭的同时应当使门控器接收到该隔离信号,使控制功能失效,但保留通信和故障诊断功能。

（7）几种典型车门控制原理简介

城轨车辆车门种类大致分为以下几种，下面分别就其设计原理进行介绍：

①双扇电动内藏门（齿带传动）

电机传动示意图如图5.62所示。

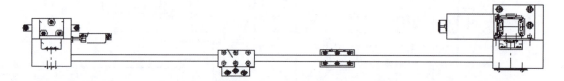

图5.62　电机传动示意图

门控器得到开、关门指令，驱动电机得电旋转，通过锥齿轮减速箱变向及减速，输出到电机齿带轮，电机齿带轮旋转带动齿带动作，从而使齿带在齿带轮之间进行直线运动。齿带在做直线运动的过程中，通过齿带夹带动左右两个门吊板组成在安装底板的导轨中做方向相反且同步的运动，门吊板组成将运动传递给左右门板，使其在门框范围内做所需要的动作，如图5.63所示。

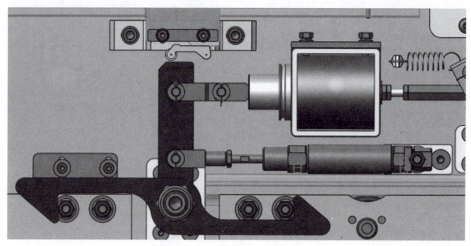

图5.63　驱动机构锁组成

锁闭解锁装置（驱动机构锁组成）安装在安装底板上，是由一套电磁铁、一套锁钩、一套复位汽缸等部件组成。在门关闭的过程中，4个分别位于左、右侧门吊板组成之上的锁闭撞轴组成（每个门吊板组成上有两组锁闭撞轴组成，起到二级保护作用）进入锁钩中，锁钩通过复位汽缸内部的弹簧可以使之自动复位（保证在供电故障情况下，门系统仍能保持锁闭状态），从而使门系统以这种方式被锁闭，同时门关到位行程开关以及锁到位行程开关触发，提供客室门系统锁闭到位的信号，列车可以动车。电动开门时，通过对电磁铁组成的控制，电磁铁得电吸合，使锁钩转动从而释放出锁闭撞轴，客室门系统以这种方式实现解锁，解锁后门才可以打开。紧急解锁完毕后，通过复位汽缸内部的弹簧可以使锁钩自动复位，保证锁钩处于锁闭状态，如图5.64所示。

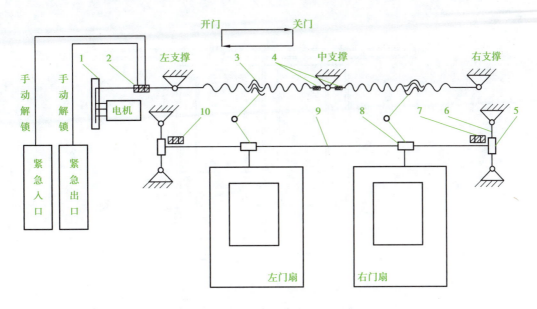

1—连接轴;2—主锁闭装置;3—丝杆螺母装置;4—门关闭到位开关;5—挂架;
6—短导柱;7—门开到位开关;8—携门架;9—长导柱;10—门开到位开关

图 5.64　车门的工作原理示意图

②双扇电动塞拉门(丝杆传动)。

车门的控制原理如图 5.90 所示,当车门需要打开时,门控器接到信号,使门扇从完全关闭状态开始运动,电机带动丝杆螺母结构运动,引起携门架、长导柱、挂架、下摆臂组件动作,最终使门扇在导向系统的引导下向外做摆出运动。当门扇完全摆出后,门扇仍然要受导向系统控制以实现门扇的直线平移,保证门扇始终平行于车辆侧面运动,而不致使其超过限界或与车体发生接触或碰撞。门扇的运动过程一直延续到其满足要求的完全打开状态,此时相关部件会触碰到车门到位开关,并切断电源,使电机停止工作,车门实现打开。同理,当车门需要关闭时,门控器接到信号,使电机反向运动,门扇从完全打开状态开始关闭。同样,电机带动丝杆螺母,使携门架、长导柱、挂架、下滚轮导向部件中的转臂动作,实现车门的关闭动作。直到门扇达到完全关闭状态触碰到车门到位开关后,引起相应的部件切断电源,电机停止工作,车门实现静止关闭。

为防止紧急情况的发生,每个车门系统都安装有紧急解锁装置,操作该装置可以手动打开车门。当出现紧急情况且列车速度为零的情况下便可操作解锁装置,使与其相连的电机制动闸的啮合齿轮分开,进而可以手动打开车门。同时,考虑到如果可以自动打开门,乘客有可能会被挤落到隧道内造成事故,给运营安全带来隐患,所以要求门控系统的软件需严格控制该装置,使操作解锁装置后车门不能自动打开,必须手动才能打开。

③双扇气动塞拉门如图 5.65 所示。

车门及其控制系统由门页、车门导轨、传动机构、门机械锁闭机构、紧急解锁机构、气动控制系统、电气控制系统、门状态信号指示等组成。门页由连续成环形的特种钢丝绳连

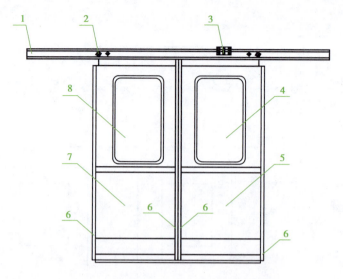

1—导轨；2—偏心支撑导轮；3—中央控制阀集成；
4—右侧车门玻璃；5—右侧门页；6—橡胶密封条；
7—左侧门页；8—左侧车门玻璃

图 5.65 客室车门结构图

接，钢丝绳安装在支承导轨上的滑轮内，左侧门页与驱动风缸直接连接，并通过安装在左门页上方钢丝绳夹紧机构与钢丝绳相连，右侧门页与钢丝绳调整装置连接，通过调整装置使钢丝绳保持一定的张紧力，门页上方设有 1 个锁钩，车门关闭后，锁闭系统动作，锁钩勾住门页上的锁销，使车门安全可靠地锁闭；为了获得车门的状态信息，给维修、行车人员显示车门故障，还装有车门锁闭、车门关闭行程开关 S_1、S_2，车门切除、车门紧急解锁行程开关 S_3、S_4 等附加装置，各行程开关均与相应的指示灯相连。如门关时 S_1、S_2 到位橙色指示灯灭；车门切除时，S_3 动作，红色指示灯亮；紧急手柄拉下，S_4 动作，门外上方橙色灯亮。同时，各行程开关还将车门的状态信息反馈到车辆的牵引控制单元；另外，车门上还设有手动切除功能的机械装置(不同供货厂家指示灯颜色会稍有区别)。

在车门的基本结构中，中央控制阀集成(图 5.66)是车门控制的关键部件，它由"车门开门""车门关门""车门解锁" 3 个二位三通电磁阀，以及"关门速度节流阀""开门速度节流阀""关门缓冲节流阀""开门缓冲节流阀" 4 个气阀所集成。

车门的气动控制原理：开门指令发出后，电磁阀 Y_1、Y_3 得电，压缩空气进入 Y_1 后分成 2 路，一路进入 Y_3 并快速通过单向节流阀 E 进入解锁气缸，顶开锁钩；另一路经开门速度节流阀 C 和 D_1、A_1 接口进入车门驱动气缸无杆腔，推动活塞向左移动，打开车门，气缸有杆腔空气从 A_2 经过 A 快速排出，调节开门速度节流阀 C 可改变开门速度；当活塞运动至接近终点时(约 150 mm)，活塞自动切断 A_2 风路，气缸有杆腔空气只能从 D_2 排出，由于开门缓冲节流阀 B 的作用，形成开门缓冲，调节节流阀 B 可改变开门缓冲速度，直到活塞切断 D_2 孔，活塞停止，开门行程到达终点。关门与开门原理相同，但活塞移动方向相反，如图 5.67 所示。

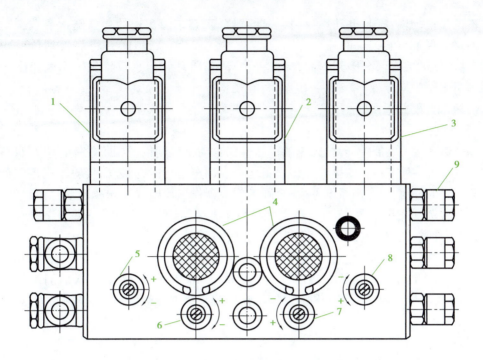

1—关门电磁阀 Y_2；2—解锁电磁阀 Y_3；3—开门电磁阀 Y_1；4—排气孔/消音片；

5—关门速度节流阀；6—开门缓冲节流阀；7—关门缓冲节流阀；8—开门速度节流阀；9—气路连接头

图 5.66　中央控制阀集成

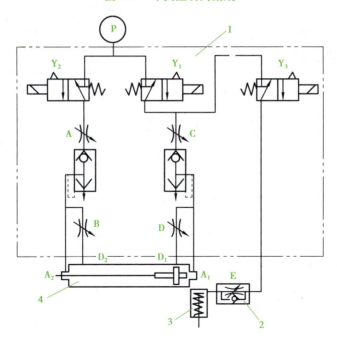

1—中央控制阀集成；2—单向节流阀；3—解锁气缸；4—驱动气缸；

A—关门速度节流阀；B—开门缓冲节流阀；C—开门速度节流阀；

D—关门缓冲节流阀；Y_1—开门电磁阀；Y_2—关门电磁阀；Y_3—解锁电磁阀

图 5.67　车门气动控制原理图

不论是电动内藏门、电动塞拉门、气动塞拉门，其车门实现的功能基本一致，其安全控制回路在保证乘客安全的原则下，通常都会将车门串联设计，并将门板到位、锁钩锁闭、紧急解锁的关键部分串到一起，形成一个环路，将环路信息设计到牵引线路中，实现车辆牵引安全。

(二)门控器环路及检测

(1)概述

在轨道交通大发展的同时，列车的可靠性和自动化程度也得到了发展，其中轨道列车门控器就是关乎列车运行安全的关键设备之一。列车运行时，门控器接收车门控制信号，并驱动车门的开闭，当车门系统发生故障时，门控器作出诊断并发送故障信息。以城市地铁和轻轨为例，车辆上的车门每天要完成数百次开闭，且车门的工作条件复杂，使用中容易受到外力冲击，这对门控器的可靠性提出了较高要求。

通过对目前正在使用中的轨道列车门控器的调查和分析，综合考虑目前门控器所具备的性能，将门控系统网络从结构上分为 3 个部分，分别是门控系统网关、门控系统节点和通信模块，其中门控系统网关和通信模块在门控系统中各配置一个，并需要为每一个车门配置一个门控系统节点。

(2)系统配置

国内厂家普遍采用列车通信网络 TCN（Train Communication Network）标准。TCN 包括一条多功能车辆总线（MVB）和一条有线列车总线（WTB），MVB 用于车辆内部设备或固定编组的列车组中各车辆之间的数据交换。MVB 是一种主从方式的串行通信总线，适合用作车辆总线。它的访问方式是通过总线进行轮询实现的。门控器装置是 MVB 网络上的一个重要组成部分，它与轨道车辆控制系统配合使用，完成列车门的开门、关门、运行状态实时显示、故障信息的提示等功能。门控器与车辆控制系统之间的通信通过 MVB 总线来实现。每个门控器在网络上都有一个唯一地址，车辆控制系统能辨别每个门控器地址，并从门控器处获取信息。门控器根据列车控制信号（开门列车线、关门列车线、零速列车线）及门驱动机构上各种元件传递的信号来控制车门的动作，其控制结构如图 5.68 所示。图中使能信号的作用是：只有在该信号有效时才有可能打开门。在这种情况下内部安全继电器可直接由此信号（硬连线）激活，该信号被锁存直到门关闭，激活的安全继电器将接通电动机电源的线路，从而使软件可以在开门方向上驱动门机构运动。零速信号的作用是：只有在零速信号有效时，才有可能打开门。如果撤销零速信号，开着的门将立即开始关闭，这时障碍检测功能仍有效。

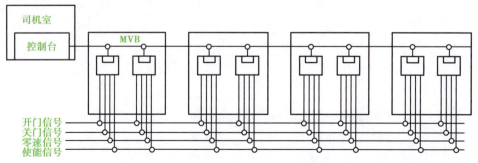

图 5.68　具有 MVB 接口的门控系统

（3）门控器的组成

轨道车辆门控器的工作状态由车辆的运行状态决定,每节车的门控器都与 MVB 车辆总线的物理层相连,进行信息交换,将门控器的状态报告给轨道车辆控制系统。MVB 传送门的不同状态信息(如"紧急装置被操作")和诊断信息(如"门位置传感器故障")。

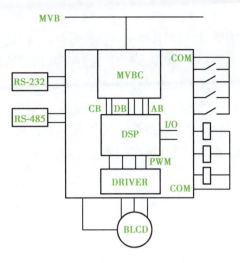

图 5.69 门控器及组成与 MVB 的连接关系

以某城市轨道电动内藏门为例,其门控器上有开关输入信号(门到位信号、隔离开关),开关输出信号(门工作状态显示、门故障显示等),1 个 RS-485 接口和 1 个 RS-232 接口,RS-232 接口用来更新门控器的程序。门控器与 MVB 的连接关系如图 5.69 所示。

门控器位于每个车门的顶端,每个门单元有一个门控器,门的动作是通过门控器对直流无刷电动机的控制来实现的。门控器由微处理器(DSP)、电流检测电路、位置检测电路、驱动电路和主电路等组成。检测电路将包括电动机在内的运行信息(例如电动机的电流和位置检测信号)返回给微处理器 DSP,经微处理器的分析处理后再对电动机的运行状态进行调节,以确保电机持续、可靠运行。以某型号门控器为例,门控器原理框图如图5.70 所示。

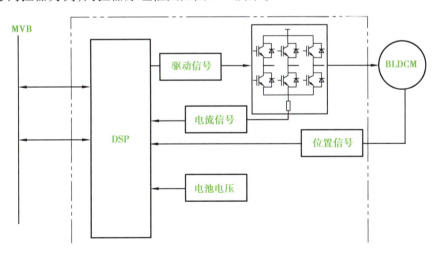

图 5.70 门控器的原理结构框图

（4）门控器控制软件基本逻辑

门控器要正常工作,必须具有软件的支持。下面以开门和关门为例说明程序设计原理。列车正常运行到站停车,运行速度为零,"使能"和"零速"信号为高电平,开门信号有效,门控器接收到命令,打开电子开关,门控电动机启动,门被打开;同时判断门是否开到位,即开门限位开关信号是否为高,若门没有完全打开,电动机继续开门动作,直至门完全打开,开门过程结束。其程序流程图如图 5.71 所示。

　　列车需要离开站台时,轨道车辆控制系统将"使能"和"零速"设为高电平,同时关门信号有效,门控器接受到关门信号后,让门控电动机反方向运行,门开始关闭。门关到位后,且被锁定,门控器将信号通过 MVB 传送给轨道车辆控制系统,列车可以正常离开。

　　门在关闭的过程中探测到障碍物,活动门停止关闭并且重新打开,然后重新关闭。活动门连续进行若干次的再开闭循环,如障碍物仍旧没有消除,活动门将完全打开并保持静止,发出报警,等待列车工作人员消除障碍物。障碍物消除后,手动关闭且锁定活动门。关门控制的程序流程图如图 5.72 所示。

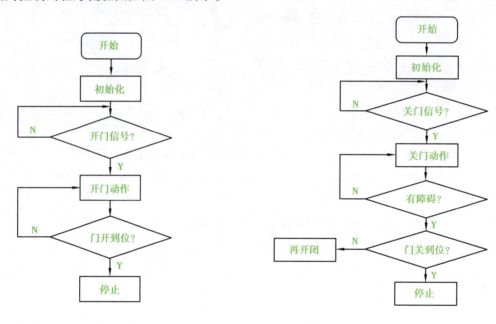

图 5.71　开门控制程序流程图　　　　　　图 5.72　关门控制程序流程图

　　(5)门控器的监测保护

1)电机电流监控

　　从电机电流储存中可以调出门扇的负荷特性。此外在过负荷时,电机电流传感装置还可保护电机;电机接收的电源由门控器输出。电机电流监控装置有自学能力,即电机电流不断被存储,电机电流能感知到车门装置对机械变化的反应。门控装置保证一定工作条件下的关闭力、防挤压力、电机电流值,且大部分支持其大小可用软件变更设置。

2)电机保护

　　电流传感器进行电流负荷的检测,并判断是防挤压还是过流,并能切断主回路,具备电机正反转控制及相应的最大载荷保护。

3)自身输入、出口保护

　　设计上输入、输出口与控制单元都有隔离保护和防干扰保护;避免浪涌电压、过流保护,具有自恢复功能。

(三)制动控制系统故障分析

风源制动系统作为电客车的关键系统,其系统工作正常与否直接关系到列车的行车安全,因此对于制动系统故障的分析可以说是非常关键的,其故障点的查找及故障的处理直接关系到列车服务质量。

制动系统部件分类。在整个制动系统中,部件种类繁多,如果没有固定的编号,很难对系统内部部件进行准确描述,从而给故障信息的理解造成不小的麻烦,因此在制动系统中对于部件种类存在固定的分类,而熟练掌握这种分类对故障的分析可以起到很好的作用。现在以全国地铁所使用的几家主流系统为例,对系统部件分类进行简单的讲解。

(1)HRA 制动系统

1)司机台组成

司机台组成主要为列车司机操作台上有关于制动系统的部件,主要为双针压力表和紧急制动开关。

2)制动控制单元组成

制动控制单元组成为制动系统核心部分,通过制动控制单元去控制整个制动系统工作状态,其主要包括制动控制单元(T、TC、MP 车用)。

3)供给用储风缸组成

供给用储风缸组成为车下制动风缸组成,主要包括供给用储风缸、止回阀及过滤器等。

4)主风缸管路组成

主风缸管路组成主要为列车主风回路组成,其贯穿整个列车。

5)制动缸系统组成

制动缸系统组成为制动系统的执行部分,其主要包括踏面制动单元(带停放和不带停放)及附属设备,它为制动系统的最末端,同时也是最能体现实际制动力的部分。

6)气源设备组成

气源设备组成为制动系统的供风单元组成,由于地铁列车多为利用气体压力来施加制动力的方式,因此都会设置不同的供风系统。其主要包括空压机、空压机启动装置、干燥器、供给用储气器、安全阀等。

7)空气控制系统组成

空气控制系统组成主要是将主风压力进行调节,从而供给至空气弹簧,其主要包括调压阀等。

8)空气弹簧供风组成

空气弹簧供风组成主要为列车二系悬挂进行供风的部分,其主要包括高度调整阀及压差阀等。

9)防滑控制装置组成

当列车在恶劣天气(雨雪天气)下运行,轮轨之间的黏着力变小时,就会出现滑行现象,为防止车轮出现严重擦伤,保证列车的制动距离,因此设置防滑控制装置组成。当列车出现滑行,使系统迅速释放部分制动力,恢复轮轨间的黏着,防止车轮擦伤,其主要包括速度传感器、防滑阀等。

10)停放制动系统组成

停放制动系统组成主要为列车施加停放制动而设置的,其主要包括停放电磁阀及压力开关等。

11)回送装置

回送装置主要用于列车回送。

(2)EP2002制动系统

1)风源装置

风源装置主要为制动系统提供风源,主要包括空压机、干燥装置、安全阀、压力开关等。

2)制动控制装置

制动控制装置为制动系统的控制部分,其包含常用制动控制与停放制动控制。

3)基础制动装置

基础制动装置为制动系统的执行部分,其主要包括踏面制动单元(带停放和不带停放)及附属设备,它为制动系统的最末端,同时也是最能体现实际制动力的部分。

4)防滑保护装置

防滑保护装置为防止列车滑行而设置,主要包括速度传感器等。

5)空气悬挂装置

空气悬挂装置为列车二系悬挂及其附属装置,主要包括高度调整阀、压差阀、空气弹簧等。

6)升弓控制装置

为列车受电弓系统提供压缩气体。

7)总风管路

总风管是供风系统贯穿全车的主管,把总风源送到各车各用风系统使用。

(3)制动系统故障等级分类

在大部分厂商所生产的制动系统中,故障等级一般分为3种,而列车司机及维护人员必须根据故障等级情况来判断列车具体状况,从而决定列车的运营状态。下述为具体分类。

1)大故障

大故障为等级最高的一级,当出现大故障时,列车制动系统已无法满足正常的制动需求,严重者将会危及行车安全,因此一般要求司机正常运行到下一站,清客,返回车辆段进行维护。

2)中等故障

中等故障为中间一级的故障等级,当出现中等故障时,列车制动系统能基本满足制动需求,对行车安全危及较小,一般要求司机正常运行一个往返,然后返回车辆段进行维护。

3)小故障

小故障为最低一级的故障等级,当出现小故障时,列车制动系统状态基本良好,对正常运营不会造成太多的影响,一般要求司机可以正常运营到当天结束,不再继续投入运营。

但无论是哪个等级的故障,都必须全部完成故障处理后才能上线运营。

(4)制动控制系统故障分析

对于制动控制系统故障的分析,一般可以通过以下几个步骤进行:故障现象描述、故障等级分类、具体故障信息、故障点调查。下面将对这几个步骤进行详细讲解。

1)故障现象描述

故障现象描述是整个故障调查中最基础的环节,描述得准确与否直接关系到故障处理的进度,而这是个相互交流的过程。

故障现象描述一方面要求列车司机对故障现象进行最为直观的描述,要求准确、正确,不能进行臆测故障现象,唯有如此才能将最准确的信息传递给维护人员;一般故障信息都会以具体的名称在 TCMS 屏上进行显示,或者以最简单现象反馈给列车司机,例如在 TCMS 屏上显示:CAN 单元内发生小事件,如图 5.73 所示,或者"制动不缓解"灯不亮,当司机发现故障现象,只需将这些简单的现象反馈给维护人员。

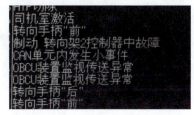

图 5.73　司机台故障

故障现象描述另一方面要求维护人员根据现有的描述对故障现象进行联想,因为维护人员不会在故障列车上,仅能根据列车司机的描述对故障现象进行猜测,这就要求维护人员对整个系统都要有所了解,能够准确地描述出故障现象,从而为下一步的工作铺好路。

2)故障等级分类

故障等级可以参考系统故障等级分类。

等级分类主要是为了方便维护人员对列车制动系统能够进行初步评估,从而对列车的运营进行评估。确认故障现象后,根据具体故障表现加以判断,确认其故障等级,再根据等级的要求,确认列车运营状态。

这就要求维护人员需熟知故障等级,准确确认故障状态,对故障现象能够熟练把握,才能做到这一步。

确认完故障等级后,同时也就确认了应急处理办法,对于该故障,是立刻清客下线,还是等到运营结束,都可以根据故障等级要求确认其应急方案。但是,不能完全依靠故障等级,具体故障现象具体分析。

3)具体故障信息

具体故障信息与故障等级分类两者相辅相成。

在核实故障现象后,就可以根据现象进行具体故障信息的确认。一般来说,可根据在 TCMS 上显示的信息进行确认具体故障信息,例如在屏上显示:"CAN 单元内发生小事件",通过查找小事件定义来确认故障信息。

但是,并不是所有信息都会以文字的形式出现,还有很多隐性故障就很难体现。举个例子:制动系统的执行是依靠压缩空气完成的,因此,漏风是一个很严重的现象,如果漏风严重,就会导致风压下降过快,但是是什么原因造成的漏风,这就需要具体判断了。就需要依靠运营经验,从而确认应急方案。

4)故障点调查

对于故障点的调查,一般会对 3 个方面进行调查,具体如下所述。

故障现象:故障具体以什么样的形式出现,除去具体信息显示外是否还有其他现象,列车回库后能否将故障重现,这些都是确认实际故障现象的关键,同时也是准确确认故障点的关键。如果单凭故障现象无法确认故障点的话,就应该进行下一步了。

车辆数据:车辆数据为整个列车所记录的数据,包含具体故障发生时间、故障显示名称、故障时间段相关数据,通过与正常数据进行对比就可以基本判断出整个系统中是哪一部分出现问题,从而准确找出故障点。但这一般只能找到子系统,如果需要深入挖掘还需进行下一步。

制动系统数据:制动系统数据为制动系统内部数据,一般都以具体名称显示,例如"制动力不足",需根据其具体信息内容,查找相关维护手册,从而确认故障处理方案,确认故障点。

(5)具体事例

上文对各个故障信息内容进行具体的描述,下面将以具体事例来说明制动控制器监控数据分析。

1)事件背景

列车在正线正常运营时,TCMS报CAN单元中等事件,显示制动力不足,司机确认信息后,正常运行一个往返,清客,然后返回车辆段进行维护。

2)事件调查

列车维护人员分别下载了TCMS数据和制动系统内部数据。

数据显示在某一CAN单元内报出:"CAN单元内发生中等事件""制动力不足"。

制动系统内部数据显示:BCP too low。

3)原因分析

现在对逐条信息进行分析,如下所述。

数据显示的"CAN单元内发生中等事件",可以根据CAN单元级别事件的中等事件进行分析,中等事件等同于中等故障,因此可以判断出故障等级,同时可以立刻给予司机准确的判断。

数据显示的"制动力不足",EP2002阀内部数据显示:BCP too low,可以根据制动力不足检测进行分析,说明在该故障阀内部,实际所达到的制动缸压力比制动缸压力要求值低于设定值,因此产生该故障。

因此,对于具体故障信息,只需根据实际显示的信息,对照查找具体故障描述,就可以轻松找出具体故障内容,方便维护及使用。

(四)广播设备接口电路

(1)广播系统概述

车辆乘客信息系统(PIS)是一个集列车广播、乘客信息显示、广告媒体播放和列车视频监控等功能于一身的综合性平台系统,该系统包含了列车广播系统(PA)、乘客信息显示系统(PIDS)、视频监控系统(CCTV)3个子系统。系统结构为分散式、模块化,便于安装维护,提高可扩展性,节约安装空间;系统功能由分离的单个或几个设备完成,彼此无交叉,单点故障不扩散,当某局部出现故障时,不会影响整个系统的运行;并在司机室及各客室电气柜内分别设置一套控制机柜。

（2）车辆列车广播系统主要组成部分

列车广播系统（PA）主要由下述几个部件组成。

①司机室内广播控制盒。主要是司机及检修人员进行操作,其最主要的功能是可以通过该部件实现对广播系统的全方位控制。人工操作广播控制盒可以实现广播系统的所有功能。

②司机室主机控制单元。司机室主机控制单元是广播系统的核心部件,负责整个广播系统的运算指令收发和记录,承担整个广播系统架构的主要运算功能。

③客室主机控制单元。客室主机控制单元是与司机室主机控制单元配合的重要部件,两者结合构成广播系统的主要构成,运算指令主要在客室主机控制单元与司机室主机控制单元之间进行交流。

④司机室监听喇叭、话筒。司机室监听喇叭与话筒功能配合使用,可以让司机室内的操作人员对客室、对另一端司机室进行通话。

⑤客室扬声器、乘客紧急报警器。客室扬声器是广播系统进行广播的主要音源设备;乘客紧急报警器是客室内部的对讲装置,主要用于乘客在紧急状况下向司机室进行报警通话。

（3）车辆列车广播系统主要功能介绍

①人工广播:通过司机室广播控制盒采集口播音频,转换成数字信号后传输给中央控制器,由中央控制器处理后传递给数字功率放大器放大,直至扬声器进行广播播放。

②控制中心对列车广播:通过车载无线电系统与列车广播系统的有线接口,PIS 系统自动接收无线设备提供的控制信号,并触发控制中心对乘客的广播。

③对讲功能:包括司机室之间的对讲和司机室与客室的紧急对讲。

④数字化语音广播。包括信号系统正常情况下接收信号系统发来的报站信息进行自动报站;在信号系统故障情况下,通过设置起始终点站,根据列车网络系统发送的速度信号进行半自动报站,以及通过操作广播控制盒进行手动报站。

（4）车辆列车广播系统通信

车辆列车广播系统（PA）通信一般采用 CAN 总线通信。CAN 总线在整个系统中起着非常重要的作用,所有设备之间的控制信息传输都须经过 CAN 总线传输。系统更多采用多级 CAN 总线网络。其中,贯穿全列车的 CAN 总线为主 CAN 网络,而在司机室和客室各个设备内部的模块之间分别组成独立的子 CAN 网络,司机室的控制信息包括广播信息和报站信息等通过主 CAN 发送到每个客室和另一司机室,当每个客室和另一司机室从主 CAN 收到这些信息后,通过内部的子 CAN 对其内部的分设备进行控制。

（5）广播文件存储及报送原理

广播信息以数字音频方式存储在通用的 CF 存储卡内,存储格式为 MP3 格式音频文件。广播信息用 2 种语言（普通话和英语）录制。用户可以方便地更改广播内容。广播内容修改通过 CF 卡读写器将预先编辑好的 MP3 格式音频文件直接复制到 CF 卡上,其存储容量 CF 卡目前最大容量可达 4 GB,播放时间可达几十小时甚至几百小时,完全可以满足列车全线往返广播 2 次的要求。MP3 播放模块在收到播放启动信号后,从闪存卡读取相应语音数据,经音频处理模块功率放大,通过广播音频传输线传输到客室主控设备,由客室主控设备的音频处理单元进行处理,再经过功率放大器传送到本客室的各个扬声器,实现对乘客的广播。

（6）系统拓扑图

列车广播和客室广播系统拓扑图如图5.74、图5.75所示。

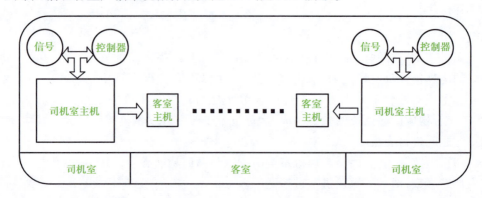

图5.74　列车广播系统拓扑图

（7）列车乘客信息显示系统

列车乘客信息显示系统（PIDS）主要由以下几个
部件组成。

1）LED屏

LED屏一般位于客室内两端墙上，主要以LED
文字为主，中英文滚动显示到站、预到站站名及其他
宣传文字。

2）动态地图

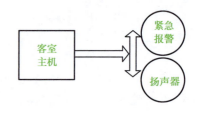

图5.75　客室广播系统拓扑图

动态地图一般位于客室车门上方，根据不同设计分为LED显示和LCD显示。LED相
对简单，由LED灯显示的亮灭、颜色表示当前站、下一站信息，行驶方向，换乘信息，终点站
信息，开门侧信息。LCD显示较为复杂，还可在上面显示更加具体的信息，包括本站上楼
电梯位置、出站信息等消息。

3）LCD图文屏

LCD图文屏一般位于客室侧墙。视频服务器配置有一张SD卡，用于存储下载的实时
媒体数据以及在无网络状态下的预先存储的媒体文件。媒体播放系统在没有实时媒体信
号传输的情况下，可以从司机室视频服务器的SD卡中的指定文件读取视频播放。实时音
视频播放的实现是通过视频服务器从无线通信系统获取地面的实时媒体数据，媒体数据
由视频服务器向客室机柜转发，转发至客室的数据流经客室机柜的视频播放器本地合成
编码（视频+运营信息+滚动文字）。

（8）列车乘客信息显示系统主要功能介绍

LED屏显示包含终点站信息、到站信息、下一站信息、中英文提示、换乘站信息等动态
文字提示。

动态地图（LED）包含上下行、到站信息、下一站信息、开门侧方向等信息。

动态地图（LCD）包含上下行、到站信息、下一站信息、开门侧方向、下一站到站时间、
站台电梯位置、出站口提示等信息。

LCD显示包含视频信息，分为存储在服务器的视频源与实时播放的视频两种。已存

储的视频源主要包含广告、娱乐节目、新闻、公益广告、地铁安全提示信息等。

（9）系统拓扑图

客室广播系统拓扑图如图 5.76 所示。

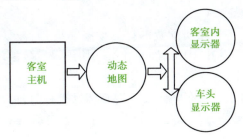

图 5.76　客室广播组成系统拓扑图

（10）视频监控系统功能

1）视频监控系统的组成

视频监控系统（CCTV）主要由下述几个部件组成。

视频监控系统（1.41CCTV）通过司机室摄像机、客室摄像机，对司机室及客室内的人员活动情况进行监控并记录。司机通过驾驶室内的 LCD 触摸屏对车厢内乘客情况进行实时监控，整列车的视频信息分别存储在两端司机室的车载硬盘录像机中。

2）司机室监视功能

列车配置独立的车载视频监控系统，列车司机可实时监视本列车上的治安状况。列车司机可通过司机室 LCD 触摸屏监视本列车所有摄像机的监控画面，包括所有客室和两端司机室。

3）监控视频上传功能

列车将监控视频输出给车载编码器，通过地面 PIS 无线传输网络把车上的监视图像传到控制中心，供控制中心值班人员实时监视全线运营列车上治安状况。

4）调用站台监控视频

通过无线传输网络把站台监控图像传到本系统，当车辆进站时本系统自动切换至站台监控图像，供控制司机实时监视站台情况及地面运营治安状况。

5）图像标签与数字水印功能

系统支持图像标签技术，在正常情况下和紧急报警情况下，图像会合成当前车厢号、摄像机编号、当前时间等信息。在实时观看或者回放的过程中可以很方便地知道当前图像的记录位置和时间。CCTV 图像存储具备水印技术，以辨别图像真伪，方便取证。

6）联动功能

客室监视系统与列车乘客紧急对讲、列车紧急开门扳手通过列车网络控制系统形成列车内部联动；一旦发生客室扳动紧急开门手柄或客室按压客室紧急报警器通话按钮，立即将该车厢的客室监视的画面切换到司机室 LCD 显示屏，并伴随有醒目的文字提示（如列车号码、车厢号码、时间标记等）和声音告警。

7）视频监控系统

地铁视频监控作为地铁安全防范的手段之一，系统本身需要具备很高的可靠性。对于地铁视频监控平台来说，不仅需要平台软硬件具备相应的安全认证，还需要减少平台的单点故障,即系统的冗余性。目前监控平台的冗余性主要从下述 3 个方面考虑。

①视频监控软件的冗余。如果视频监控软件发生故障,地铁视频监控平台所有正常业务将受到影响。因此无论视频监控软件的载体是服务器还是控制板,都需要实现冗余"1+1 热备"或者"N+1 热备"。

②存储设备的冗余。各车站所配置的存储设备需要具备双控制器,同时需要能够支持 RAID 存储方式(地铁常用 RAID5),确保在某一块硬盘发生故障时,不丢失相关的存储信息。

③监控平台路由的冗余。由车站向控制中心转发视频时,可采用双路由机制,确保平台间通信可靠。另外,也有部分城市地铁视频监控系统对编码器接口或编码芯片提出了冗余需求。

目前地铁视频监控数字化解决方案已逐步替代了原有的模拟方案和数模混合方案。数字化解决方案能够实现高效的管理和异构系统的融合,也促进了城市轨道交通综合监控系统(ISCS)在地铁运营中的作用。因此增强地铁视频监控平台的管理功能,可以有效地提高地铁运营的效率。随着地铁建设的网络化,多条地铁线可能会实现统一管理,全网设备需要具备较高的可维护性,这需要视频监控平台网络管理具备良好的兼容性和扩展性。

地铁行业的安全防护多系统融合做得比较深入,特别是 ISCS 能力不断提高后,将原来独立的多个机电系统(如 FAS、BAS、SCADA、CCTV、AFC 等)实现了资源共享和系统联动,大大提高了地铁运营管理效率。因此,地铁视频监控平台需要能够支持异构系统互联,主要接口包括综合监控系统、门禁系统、集中告警系统、乘客信息系统(PIS)、时钟系统、公安视频、交通指挥中心(TCC)和车载监控系统等。例如,在与综合监控系统融合时,视频监控平台需要开放关于控制和管理的中间件或 SDK 包(提供组织管理、设备配置、实况业务、轮切、存储管理、回放、语音、告警、云台控制、透明通道及系统管理等功能),供综合监控系统集成,接收来自综合监控系统的基于络或串口控制信号。实现多系统融合,可以对潜在的或可能发生的安全事故类别和影响程度事先制订应急处置方案,真正实现"建为用,用为战"。

(五)牵引逆变器故障分析

(1)牵引逆变器的常发故障

当牵引逆变器发生故障时,如何做到快速判定故障点和故障原因,并采取有效的应对措施迅速完成对故障的处理,首先就需要熟悉牵引逆变器的常发故障有哪些了,以某品牌牵引系统为例,其常发的牵引逆变器故障如下所述。

①高速断路器跳闸(HBD)。

②逆变器换流失败(CFD)。

③主电机过电流(MMOCD)。

④相电流不平衡(PUD)。

⑤门极电压欠压(GPLVD)。

⑥DC110V 欠压(P110LVD)。

⑦控制单元电源欠压(PLVD)。

⑧微处理器异常(WDTD)。

⑨功率单元温度过高(THD)。

⑩滤波电容过电压(OVD)。

⑪滤波电容欠压(FCLVD)。

⑫架线欠压(ESLVD)。

⑬架线接地(LGD)。

⑭速度推测异常(SEFD)。

⑮空转、滑行(WSD)。

⑯后退检测(BSD)。

⑰制动扭矩异常(OBTD)。

⑱充电不良(FCD)。

⑲LB 阻滞检测(LOFD)。

⑳LB 不投入检测(LOND)。

㉑斩波器换流失败(BCFD)。

㉒斩波器过电流(BCOCD)。

㉓斩波器功率单元温度过高(BCTHD)。

㉔制动电阻温度过高(BRTHD)。

（2）要熟悉牵引逆变器每一件常发故障成立的逻辑条件

列车检修工要了解牵引逆变器的常发故障后,就要进一步探索每一件常发故障成立的前提条件,即故障成立的逻辑。在电子电路中逻辑通常可以由与、或、非门及相应的输入条件进行组合后而产生输出结果。在此可以举一个简单的例子对故障成立的逻辑进行说明,如图 5.77 中假设 A、B、C、D 为某一逻辑输出的 4 个输入条件,E 为正常逻辑输出、F 为故障逻辑输出：

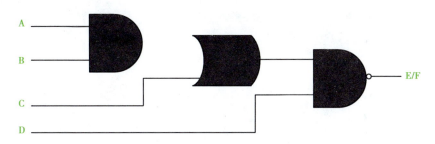

图 5.77　故障逻辑示例

如果牵引逆变器在工作过程中 4 个输入逻辑条件 A、B、C、D 均正常,则该逻辑输出为 E,即牵引逆变器正常工作不会报故障;如果牵引逆变器在工作过程中发生了故障 F,则一定是 A、B、C、D4 个条件中的一个或几个出现了问题,只要将有问题的输入条件解决了,则故障 F 将得以解决。其中输入条件 A、B、C、D 可以是电压值、电流值、状态信号等;逻辑输出 E、F 可以是指令信号、状态信号等。

（3）牵引逆变器故障的调查分析流程

1）TCMS 显示器故障一览确认

列车在运行过程中若发生了牵引逆变器故障,则会在司机台 TCMS 显示器故障一栏中显示所发生的故障名称,如图 5.78 所示为列车在运行中发生的牵引逆变器 VVVF 架线接地(LGD)故障。

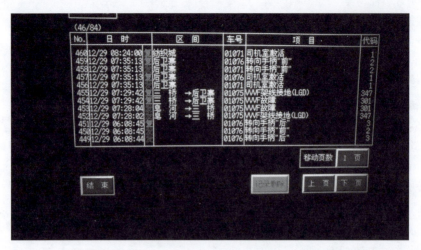

图 5.78　TCMS 显示器报 VVVF 架线接地(LGD)故障

2)牵引控制单元记录故障数据调查分析

　　根据 TCMS 显示器所报故障现象,对照牵引逆变器常见故障及故障等级分类,若属于重故障则需要下载牵引控制单元记录的标准故障数据和高速脉冲故障数据,若属于轻故障则只需下载标准故障数据。

　　如图 5.78 中所示的 LGD 故障经确认为轻故障,则只需下载标准故障数据进行分析(分为数字数据分析、模拟数据分析),如图 5.79、图 5.80、图 5.81 所示。

图 5.79　标准故障数据读出

图 5.80 标准故障数据模拟量输出

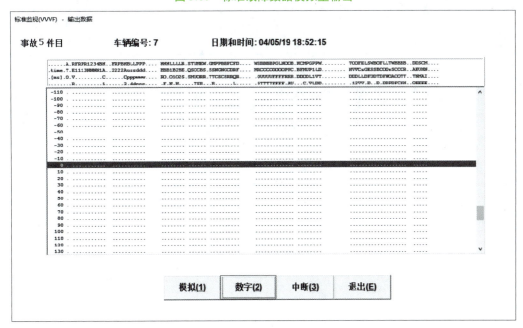

图 5.81 标准故障数据数字量输出

通过对牵引控制单元记录故障数据的分析,可以确认各电压、电流、参量的数值和状态等信息以及变化情况,从而锁定可能的故障点。

3)牵引逆变器故障的处理方法

通过对控制单元故障记录数据的分析,锁定了可能的故障点后,下一步就是对故障点的处理。以下为某品牌牵引逆变器常见故障的调查及处理方法。

①高速断路器跳闸(HBD),见表5.8。

表 5.8　高速断路器跳闸(HBD)

No.	调查部位	调查项目	处置
1	逆变器装置 滤流电抗器	绝缘电阻测定值在设置值以下	修复接地部位
2	滤波电容器	滤波电容器的短路故障	更换滤波电容器

②逆变器换流失败(CFD)、斩波器换流失败(BCFD),见表5.9。

表 5.9　逆变器换流失败(CFD)、斩波器换流失败(BCFD)

No.	调查部位	调查项目	处置
1	动力单元	IGBT 元件的故障	更换动力单元
2		门极驱动的故障	更换动力单元
3	光纤	断线	更换光纤
4		光纤的误接续	正确连接光纤
5	控制逻辑装置	PWM 基板的故障	更换 PWM 基板
6		光纤的误接续	正确连接光纤
7	门极电源	门极电源输出的异常	更换门极电源

③主电机过电流(MMOCD),见表5.10。

表 5.10　主电机过电流(MMOCD)

No.	调查部位	调查项目	处置
1	动力单元	IGBT 元件的故障	更换动力单元
2		电流检出器(CTU、CTV、CTW)的故障	更换电流检出器
3		光纤的误接续	正确连接光纤
4	控制逻辑装置	BUF 基板的故障	更换 BUF 基板
5		PWM 基板的故障	更换 PWM 基板
6		光纤的误接续	正确连接光纤
7		控制电源电压(±15 V)的异常	更换控制逻辑装置

④相电流不平衡(PUD),见表5.11。

表 5.11　相电流不平衡(PUD)

No.	调查部位	调查项目	处置
1	动力单元	IGBT 元件的故障	更换动力单元
2		电流检出器(CTU、CTV、CTW)的故障	更换电流检出器
3		光纤的误接续	正确连接光纤

No.	调查部位	调查项目	处置
4	控制逻辑装置	BUF 基板的故障	更换 BUF 基板
5		PWM 基板的故障	更换 PWM 基板
6		光纤的误接续	正确连接光纤
7		控制电源电压(±15 V)的异常	更换控制逻辑装置

⑤门极电压欠压(GPLVD),见表 5.12。

表 5.12　门极电压欠压(GPLVD)

No.	调查部位	调查项目	处置
1	门极电源	门极电源输出的异常	更换门极电源

⑥DC110V 欠压(P110LVD)见表 5.13。

表 5.13　DC110V 欠压(P110LVD)

No.	调查部位	调查项目	处置
1	控制电压	控制电压的异常	控制电压的调查
2	逆变器装置控制电路用 NFB(CSN)	NFB 的跳闸	恢复 NFB

⑦控制单元电源欠压(PLVD),见表 5.14。

表 5.14　控制单元电源欠压(PLVD)

No.	调查部位	调查项目	处置
1	控制逻辑装置	控制电源电压(5 V)的异常	更换控制逻辑装置
2		控制电源电压(+15 V)异常	
3		控制电源电压(−15 V)的异常	
4		控制电源电压(24 V)的异常	

⑧微处理器异常(WDTD),见表 5.15。

表 5.15　微处理器异常(WDTD)

No.	调查部位	调查项目	处置
1	控制逻辑装置	PWM 基板的 LED(WD1,WD2,WD3,WD4)闪烁或者灭灯	更换 PWM 基板
2		控制电源电压(5 V)的异常	更换控制逻辑装置

⑨功率单元温度过高(THD)、斩波器功率单元温度过高(BCTHD),见表 5.16。

表 5.16　功率单元温度过高(THD)、斩波器功率单元温度过高(BCTHD)

No.	调查部位	调查项目	处置
1	动力单元	热管散热器的故障	更换动力单元
2		热敏电阻的故障	

⑩滤波电容过电压(OVD),见表 5.17。

表 5.17　滤波电容过电压(OVD)

No.	调查部位	调查项目	处置
1	动力单元	IGBT 元件的故障	更换动力单元
2		光纤的误接续	正确连接光纤
5	滤波电容器	容量的异常	更换滤波电容器
6	DCPT 盘	电压检出器(DCPT2)的故障	更换 DCPT 盘
7	控制逻辑装置	BUF 基板的故障	更换 BUF 基板
8		光纤的误接续	正确连接光纤

但是,有时是因为受电弓离线导致接触网电压的突变,而有 OVD 检测,该种情况不是故障。

⑪滤波电容欠压(FCLVD),见表 5.18。

表 5.18　滤波电容欠压(FCLVD)

No.	调查部位	调查项目	处置
1	滤波电容器	容量的异常	更换滤波电容器
2	DCPT 盘	电压检出器(DCPT2)的故障	更换 DCPT 盘
3	放电电阻器	电阻器两端短路	更换放电电阻器
4	控制逻辑装置	BUF 基板的故障	更换 BUF 基板
5	动力单元	IGBT 元件的故障	更换动力单元
6		P-N 端子间短路	
7		光纤的误接续	正确连接光纤

⑫架线欠压(ESLVD),见表 5.19。

表 5.19　架线欠压(ESLVD)

No.	调查部位	调查项目	处置
1	DCPT 盘	电压检出器(DCPT1)的故障	更换 DCPT 盘
2	控制逻辑装置	BUF 基板的故障	更换 BUF 基板

但是,有时是因为接触网电压降低或者受电弓离线而导致 ESLVD 检测,此两种情况不是故障。

⑬架线接地(LGD),见表 5.20。

表 5.20　架线接地(LGD)

No.	调查部位	调查项目	处置
1	逆变器装置	绝缘电阻测定值在设置值以下	修复接地部位
2	滤波电容器	滤波电容器的短路故障	更换滤波电容器

但是,有时是因为接触网电压突变或者受电弓离线导致接触网电压突变,而有 LGD 检测,该种情况不是故障。

⑭速度推测异常(SEFD)。因为是逆变器装置的无速度传感器矢量控制的保护检测,不需要进行硬件的调查。

⑮空转、滑行(WSD)。因为是逆变器装置的空转、滑行控制的防止不稳定的保护检测,不需要进行硬件的调查。

⑯后退检测(BSD)。后退启动导致的保护检测,因此不需要进行硬件的调查。

⑰制动扭矩异常(OBTD),见表 5.21。

表 5.21　制动扭矩异常(OBTD)

No.	调查部位	调查项目	处置
1	控制逻辑装置	BUF 基板的故障	更换 BUF 基板
2	VVVF-制动装置间的控制配线	控制配线的断线、安装连接器脱落	连接好控制配线

⑱充电不良(FCD),见表 5.22。

表 5.22　充电不良(FCD)

No.	调查部位	调查项目	处置
1	放电电阻器	电阻器两端短路	更换放电电阻器
2	滤波电容器	容量的异常	更换滤波电容器
3	DCPT 盘	电压检出器(DCPT2)的故障	更换 DCPT 盘
4	控制逻辑装置	BUF 基板的故障	更换 BUF 基板

⑲LB 阻滞检测(LOFD),见表 5.23。

表 5.23　LB 阻滞检测（LOFD）

No.	调查部位	调查项目	处置
1	电磁接触器（LB）	主触点的烧结	更换电磁接触器
2		辅助触点的烧结	
3	控制逻辑装置	BIO 基板的故障	更换 BIO 基板

⑳LB 不投入检测（LOND），见表 5.24。

表 5.24　LB 不投入检测（LOND）

No.	调查部位	调查项目	处置
1	电磁接触器（LB）	线圈电阻，动作电压，释放电压的异常	更换电磁接触器
2		辅助触点的动作	更换电磁接触器
3	控制逻辑装置	BIO 基板的故障	更换 BIO 基板
4		控制电源电压（5 V）的异常	更换控制逻辑装置
5		控制电源电压（24 V）的异常	更换控制逻辑装置

㉑斩波器过电流（BCOCD），见表 5.25。

表 5.25　斩波器过电流（BCOCD）

No.	调查部位	调查项目	处置
1	动力单元	电流检出器（BCT）的故障	更换电流检出器（BCT）
2		IGBT 元件的故障	更换动力单元
3		光纤的误接续	正确连接光纤
4	控制逻辑装置	BUF 基板的故障	更换 BUF 基板
5		PWM 基板的故障	更换 PWM 基板
6		光纤的误接续	正确连接光纤
7		控制电源电压（±15 V）的异常	更换控制逻辑装置
8	制动电阻器	制动电阻器的测定值在设置值以下	更换制动电阻器

㉒制动电阻温度过高（BRTHD），见表 5.26。

表 5.26　制动电阻温度过高（BRTHD）

No.	调查部位	调查项目	处置
1	制动电阻器	制动电阻器的故障	更换制动电阻器
2	控制逻辑装置	BIO 基板的故障	更换 BIO 基板

但是，有时是因为制动电阻器的风机排风口被垃圾堵住导致冷却性能降低，而出现 BRTHD 检测。

（4）牵引逆变器故障处理后的确认

牵引逆变器故障经过上述的调查处理后，可能会存在部件的更换，或软件的优化。为了确保处理效果有效可靠，部分故障处理后需要进行不施加高压电情况下的低压空级实验，目的是验证部件的可靠性和软件逻辑的正确性，之后才可施加高压电进行观察确认；对于某些关键部件或软件的优化还需要先进行列车的试车线测试，确认故障彻底得到解决后方可将列车投入载客运营。

（六）主断路器分断分析

（1）主断路器详解

城市轨道交通车辆主断路器是指用以接通和切断电网与牵引逆变器电源的总开关。在主电路发生短路、接地等故障时，主断路器能迅速断开，起到保护作用。主断路器目前普遍采用空气断路器，由灭弧室、隔离开关、控制操纵机构以及压缩空气供给系统等部分组成。断开时压缩空气进入灭弧室先断主动触头，同时熄灭电弧，然后压缩空气使隔离开关打开，打开是在无电状态下进行的，接着主动触头复位，为下次主断路器闭合作准备。

当短路时，大电流产生的磁场克服反力弹簧，脱扣器拉动操作机构动作，开关瞬时跳闸。当过载时，电流变大，发热量加剧，双金属片变形到一定程度推动机构动作（电流越大，动作时间越短）。现在有电子型的主断路器，使用互感器采集各相电流大小，与设定值比较，当电流异常时微处理器发出信号，使电子脱扣器带动操作机构动作。

断路器的作用是切断和接通负荷电路，以及切断故障电路，防止事故扩大，保证安全运行。而高压断路器要开断 1 500 V，电流为 1 500~2 000 A 的电弧，这些电弧可拉长至 2 m 仍然不熄灭。故灭弧是高压断路器必须解决的问题。吹弧熄弧的原理主要是冷却电弧减弱热游离，另一方面通过吹弧拉长电弧加强带电粒子的复合和扩散，同时把弧隙中的带电粒子吹散，迅速恢复介质的绝缘强度。

低压断路器也称为自动空气开关，可用来接通和分断负载电路，也可用来控制不频繁启动的电机。其功能相当于闸刀开关、过电流继电器、失压继电器、热继电器及漏电保护器等电器部分或全部的功能总和，是低压配电网中一种重要的保护电器。

低压断路器具有多种保护功能（过载、短路、欠电压保护等）、动作值可调、分断能力高、操作方便、安全等优点，所以目前被广泛应用。结构和工作原理低压断路器由操作机构、触点、保护装置（各种脱扣器）、灭弧系统等组成。

低压断路器的主触点是靠手动操作或电动合闸的。主触点闭合后，自由脱扣机构将主触点锁在合闸位置上。过电流脱扣器的线圈和热脱扣器的热元件与主电路串联，欠电压脱扣器的线圈和电源并联。当电路发生短路或严重过载时，过电流脱扣器的衔铁吸合，使自由脱扣机构动作，主触点断开主电路。当电路过载时，热脱扣器的热元件发热使双金属片上弯曲，推动自由脱扣机构动作。当电路欠电压时，欠电压脱扣器的衔铁释放。也使自由脱扣机构动作。分励脱扣器则作为远距离控制用，在正常工作时，其线圈是断电的，在需要距离控制时，按下启动按钮，使线圈通电，衔铁带动自由脱扣机构动作，使主触点断开。

下面以直流750 V主断路器和直流1 500 V主断路器为例介绍。直流750 V主断路器和直流1 500 V主断路器均为直流单极装置,带有双向过流和自动跳闸功能。在此断路器系列中,所有组件都有共同的总体构架,唯一的区别在于其配备的金属板灭弧室断路器的设计易于维护且能满足大量操作的需求。断路器由两部分组成主体和灭弧室,如图5.82所示。

图5.82　断路器
1—主体;2—灭弧室

主要易损部件可以在不完全拆开断路器的条件下更换。电磁铁通电引起主触点移动,可动极触点开始向固定的极触点移动。在弹簧的作用下,吸持电流的断开可将动极触点臂返回至"开启"位置。

当流经断流器的电流超过释放设置阈值时,平衡被打破且可动极触点臂将在弹簧的驱使下返回"开启"位置。操作时,各触点之间会产生电弧,电弧在磁场的影响下演变成电极臂。电弧在热力和磁效应的驱使下进入灭弧室。组成灭弧室的金属板将电弧切成碎片,并产生反电动势阻力以消灭电弧。对于直流断开设备而言,空气中的弧主要用于消散与外媒体存在有限关联的电路控制的电能。

仅当弧电压增长至一定水平且超过电路电压时,弧才有可能熄灭。要获得该结果的最基本的方法是先将弧延长并用金属板将其切断。因此,如果要获得断开的过压,则需先产生一系列位于$n+1$电极之间的n电弧。750 V和1 500 V大小的灭弧室均连接至灭弧室中相应编号的金属板,如图5.83所示。

(a)750 V

(b)1 500 V

图5.83　主断路器灭弧室

直流 1 500 V 主断路器不仅尺寸小，而且可以垂直水平并向操作，这使其特别适合安装在机车车辆的金属盒（在主体下方或顶部上方）中，或安装至工业标准的铠装机柜中（固定安装）。使用盖子和横向密封件以缩短灭弧室和金属部件（金属壁或组件）之间的距离，如图 5.84 所示。

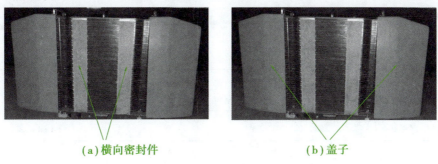

(a) 横向密封件　　　　　　　**(b) 盖子**

图 5.84　盖子和横向密封件

主断路器系列的控制板特别适用于电流额定值为 1 200 A 和 2 000 A 的电弧系列直流断路器。这些控制板的作用在于为独特的断路器电磁体提供广泛的输入电压。其主要功能为提供脉冲电流，以关闭断路器并减少电流以控制住断路器，如图 5.85 所示。

图 5.85　主断路器控制板

（2）主断路器分断

授权闭合主断路器，由牵引系统判断后决定。

下面以欧系某品牌介绍主断路器的分断、闭合原理，如下所述。

高速断路器的闭合与断开由 2 个继电器控制，分别是保持继电器和闭合继电器。在正常情况下，牵引系统在收到闭合主断路器的指令后，牵引系统控制保持继电器得电，同时延迟 2 s，闭合继电器得电，且牵引系统控制闭合继电器在得电 2 s 以后失电。主断路器在闭合继电器得电 50 ms 后闭合。

主断路器断开条件可分为 3 类：牵引系统收到主断路器断开指令、列车紧急制动、牵引系统故障并要求主断路器断开。在保持继电器失电 15 ms 后，主断路器断开，主断路器闭合、断开时序图，如图 5.86 所示。

由上述分析可以确定列车在正常运行情况下，主断路器一天只要分断一次就可以，正常情况下主断路器是保持闭合状态，直至列车回库后降弓断电为止。故障情况下主断路器断开后，是为了保护整个牵引系统设备的设备安全，不会再自动闭合。

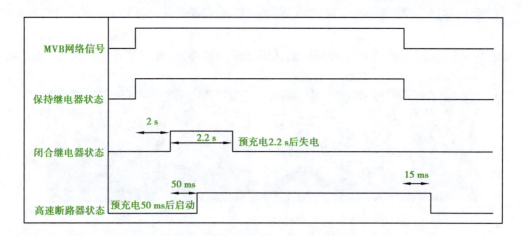

图 5.86　主断路器闭合、断开时序图

(七)典型控制电路分析

(1)PWM 波形调制法

把希望输出的波形作为调制信号,把接受调制的信号作为载波,通过信号波的调制得到所期望的 PWM 波形,图 5.87 是采用 IGBT 作为开关器件的单相桥式 PWM 逆变电路。

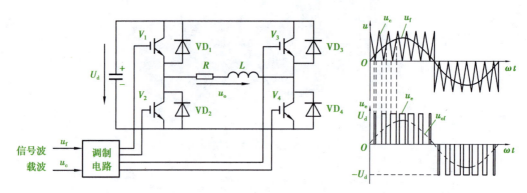

图 5.87　PWM 逆变电路

设负载为阻感负载,工作时 V_1 和 V_2 的导通状态互补,V_3 和 V_4 的导通状态也互补,具体的控制规律如下:在输出电压 u_0 的正半周,让 V_1 保持通态,V_2 保持断态,V_3 和 V_4 交替通断。由于负载电流比电压滞后,因此在电压正半周期,电流有一段区间为正,一段区间为负。

(2)三相桥式 PWM 逆变电路

三相桥式 PWM 逆变电路采用双极型控制方式,如图 5.88 所示。U、V、W 三相的 PWM 控制通常使用一个三角波载波 u_c,三相的调制信号 u_rU、u_rV、u_rW 依次相差 120°。

在电压型逆变电路 PWM 控制中,同一相上下两个桥臂的驱动信号都是互补的。但是在实际应用中,为了防止上下两个桥臂直通导致短路,在上下两个桥臂之间通断切换时要留一段上下两个桥臂都施加关断信号的死区时间。死区时间的长短主要由功率开关元器件的关断时间来决定。这个死区时间将会给输出的 PWM 波带来一定的影响,使其稍稍偏

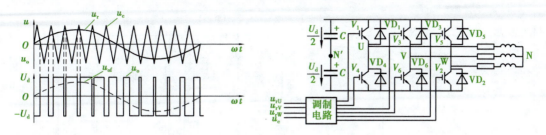

图 5.88　三相桥式 PWM 逆变电路

离正弦波。

(3)PWM 逆变电路在轨道车辆的应用

逆变电路因为其性能可靠,动、静态性能卓越和节能的优点,在各个领域获得了越来越广泛的应用。在包括轨道交通在内的电力牵引领域,以逆变电路 UI 为核心的交流传动,正在以很大的优势逐步取代直流传动及其配套的斩波器,恒频恒压的逆变电流则为车辆空调、空气压缩机提供三相 50 Hz 电源。现以欧系牵引系统为例,讲解逆变电路在轨道交通行业的应用。

任何牵引系统的工作工况答题都可分为 5 种形式:预充电回路、牵引回路、再生回路、电阻制动回路、放电回路。针对以上 5 个回路进行一一讲解。

1)预充电回路

预充电回路是为了保护牵引逆变模块免受高电压的直接冲击而设计的,其原理就是利用电容充电的特性完成,具体过程如图 5.89 所示,主断路器闭合后 1 500 V 高压经 N10后经过预充电接触器(K-CCC)后给电容(C-FL)充电,当电容电压达到线路电压的 95%之后,断开预充电接触器,同时闭合线路接触器(K-IC),这样一个充电过程就完成了。

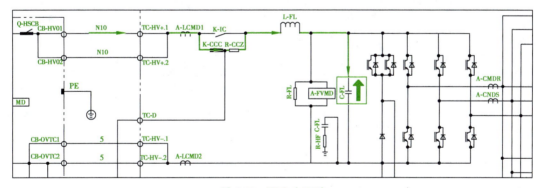

图 5.89　预充电回路

2)牵引回路

预充电回路的结束意味着牵引回路的建立。牵引回路的建立是电客车已经具备动车的必要条件,此时只要牵引系统接收到牵引指令,逆变电路随机开始工作,通过上下 6 个桥臂的 IGBT 得通断配合,如图 5.90 所示。保证满足列车控制系统的牵引力要求,牵引系统通过逆变模块输出频率、电压均可变的交流电。关于逆变电路的深层次工作原理,可见机械工业出版社出版的《电力电子技术》(作者:王兆安,刘进军)一书。

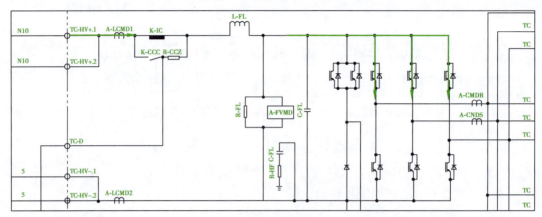

图 5.90　牵引回路

3）再生回路

能耗问题不仅是轨道交通行业重中之重的问题,而且在整个国家的大战略中也占有一席之地。故而交通部都很重视各个城轨节能,这时再生制动的重要性就体现出来。以城轨交通为例,在一个供电区段内,可能会运行多列电客车,不同电客车可能处于不同工况,有处于牵引工况的、有处于制动工况的,再生制动产生的电能由处于牵引工况下的电客车消耗。由于各个变电所的容量不定,故再生制动液是有限制的,现以欧系牵引系统为例讲解。

再生制动是电客车的动能通过电机转化为电能的过程,转化电路如图 5.91 所示。在转化过程中,由于变电所的容量有限,故而再生制动也有限制,当再生制动使网压抬高到阈值 1 时,电客车不再是 100% 再生制动,会掺杂电阻制动,形成混合制动模式。

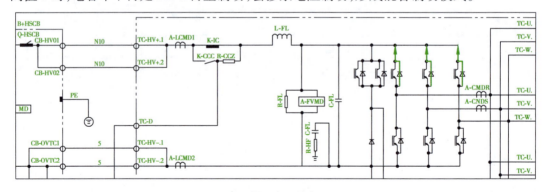

图 5.91　再生回路

4）电阻制动

电阻制动是电能转化为热能散发到空气中过程,这一部分电能属于完全浪费的部分。关于电阻制动这一部分能量的利用或是减少电阻制动的能耗浪费是目前轨道行业的一个课题。

电阻制动是在再生制动满负荷的情况下使用的,电阻制动开始投入使用的节点是接触网电压超过阈值 1,是电阻制动与再生制动混合使用,由两个 IGBT 的通断来控制占空比,如图 5.92 所示。放接触网电压超过阈值 2 时,再生制动完全切除,此时完全由制动电阻消耗电制动过程中产生的电能。当放接触网电压超过阈值 3 时,电制动完全切除,使用纯空气制动。

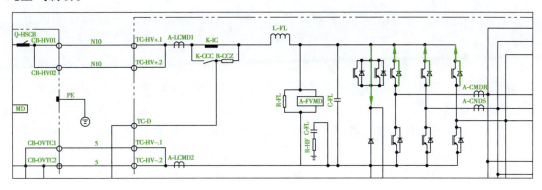

图 5.92　电阻制动回路

5)放电回路

放电回路与预充电回路相对应,在电客车回库检修过程中,需要保证作业人员的安全,必须保证储能元件中的电能被消耗掉,这时就需要对充电电容的电能进行消耗,如图5.93 所示,与充电电容并联的电阻起到了消耗点亮的作用。

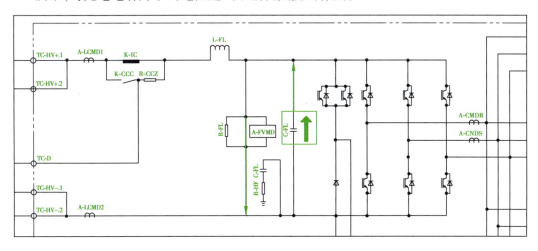

图 5.93　放电回路

5.2.4　优化创新

(一)技术工艺优化

列车检修工技师等级,要熟练掌握车体走行部内部和外部设备关键技术参数、尺寸,掌握牵引、空气制动重要性能参数、控制机理、故障代码和典型故障现象及处理方式,掌握控制及辅助系统重要部件线路图、布线图和数据代码;并在此基础上结合现场实际生产困难,发挥主观能动性,在开展质量、应急培训故障中,能自主进行专业技术攻关,开展技术工艺优化,带头实现小改小,促进提高生产效率、提升人员业务素质。

（1）一般性工艺优化流程

1）流程改造

在工作过程中一般遇到难以采用设备更新和材料替代优化流程时，往往采取下述措施。

①取消所有不必要的工作环节和内容。有必要取消的工作，自然不必再花时间研究如何改进。某个处理、某道手续，首先要研究是否可以取消，这是改善工作程序、提高工作效率的最高原则。

②合并必要的工作。如工作环节不能取消，可进而研究能否合并。为了做好一项工作，自然要有分工和合作。分工的目的，或是由于专业需要，为了提高工作效率；或是因工作量超过某些人员所能承受的负担。如果不是这样，就需要合并。有时为了提高效率、简化工作甚至不必过多地考虑专业分工，而是特别需要考虑保持满负荷工作。

③程序的合理重排。取消和合并以后，还要将所有程序按照合理的逻辑重排顺序，或者在改变其他要素顺序后，重新安排工作顺序和步骤。在这一过程中还可以进一步发现可以取消和合并的内容，使作业更有条理，工作效率更高。

④简化所必需的工作环节。对程序的改进，除去可取消和合并之外，余下的还可进行必要的简化，这种简化是对工作内容和处理环节本身的简化。

2）重新设计新流程

如果决定采用重新设计的方法优化流程，可按下述步骤进行。

首先要充分理解现有流程，以避免新设计中出现类似的问题，集思广益，奇思妙想，提出新思路。思路转变成流程设计，对新提出来的流程思路的细节进行探讨。不以现有流程设计为基础，坚持"全新设计"的立场，反复迭代，多次检讨，深入考虑细节问题，瞄准目标设计出新的流程。新流程设计出来后，应通过模拟它在现实中的运行对设计进行检验。流程图是一个描述新流程的理想手段，检验前应画出流程图。

（2）案例：工艺转向架适应性改造项目

GYJ系列工艺转向架是为电客车检修而设计制造的。电客车因空气弹簧中心距、中心销外形尺寸不同，可对工艺转向架进行局部适应性改造，使其能够满足多条线电客车架车要求。

1）制作技术标准

针对电客车重新设计生产工艺转向架定位支承上端的尼龙垫片、中枕梁上安装的中心牵引销下座。改造完成后支承点距1 860 mm，支高1 600 mm，承重25 t。通过更换以上部件，可满足不同电客车架车的使用要求。

2）改造方案

①空簧座上端垫片改造。重新设计制作空簧座定位支承部分，安装方式不变，更换车型时拆换空簧座定位支承，并喷涂明显的车型标识，如图5.94所示。

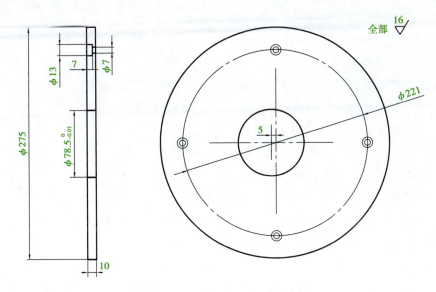

图 5.94　空簧座上端垫片改造

②心牵引销下座改造。重新设计制作中心牵引销座和尼龙锥套,安装方式不变,更换车型时拆换中心牵引销座和尼龙锥套即可。中心牵引销座应设置吊耳,方便吊装作业,并喷涂明显的车型标识,如图 5.95 所示。

通过工艺转向架适应性改造的方式可节约成本,提高产品利用效率。

（3）基于工艺方案优选的优化方案

在现场实际生产中,从多个工艺方案中选取有效的方案,不仅能够使制造资源得到优化和节约,同时也能缩短检修周期,并降低成本。为了达到这一目的,可以在分析影响工艺方案优选因素的基础上,建立综合评价。在建立该体系时,需要综合考虑时间、质量、成本和环境,并建立与之相对应的优化指标;在无法确定或量化较大影响的优化时可外请专家进行指导。

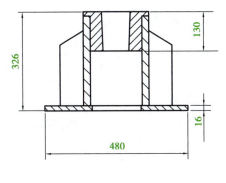

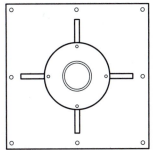

图 5.95　中心牵引销下座改造

（二）工具改造

在地铁车辆现场维修生产中,为提高作业效率,需要对生产辅助器具进行不断改进,或加工制造出有利于生产的工装设备,称为工具改造。下面以工艺工装制作为例,介绍该类项目的优化流程。

工艺工装设计项目的内容包括根据现场实际情况进行工艺工装设计出图以满足现场作业需求,对制作工艺工装所需要的材料进行采购,设计机械加工工艺,自行加工活委托专业制作,样品现场试用,改进后投入使用。

(1)齿轮工位器具的优化设计

1)项目设计思路

①保证零件在运输过程中不产生磕碰伤。

②在减小工装外形尺寸的前提下,能放置较多的零部件。

③一种货架尽量放多种零件,提高其通用性。

④保证可用叉车进行运输,可用天车进行吊运,可堆砌。

⑤保证操作者取用零件方便、安全,且工装外形美观、大方、实用。

⑥在保证强度的前提下,尽量使用较小规格的材料,降低制造成本。

在制作时需根据现场实际确定工装的原材料,如果工装数量较多,可以考虑容易采购且成本相对较低的材料,在这里,采用有限元分析法确定工装的一些设计参数。

图5.96 所示的工装使用的材料是 60 mm×60 mm 的方钢材料,但未加筋板,整个框架为长方形结构。利用有限元软件可以分析出在 A、B 中点处为受力变形量最大的位置。

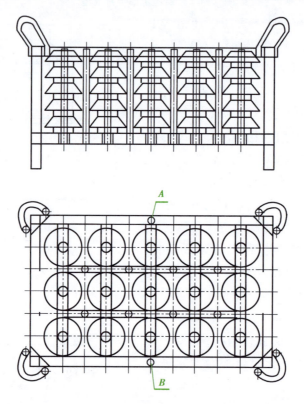

图5.96 60 mm×60 mm 的方钢框架式工装

若使用 40 mm×40 mm 的方钢材料,如果不加任何筋板,利用有限元软件分析受力变形情况,可以得出受力变形的最大处依旧是 A、B 中点,相较 40 mm×40 mm 的工装来说,其因受力产生的变形量会增大。如若在该工装的四角位置加上筋板,经有限元软件分析,仍不能达到理想的变形减小量。如果将筋板加至图 5.96 的位置,经受力分析,其变形量会明显减小,效果相当于 60 mm×60 mm 的方钢工装。

经过总体分析,若采用 40 mm×40 mm 的方钢,并在关键位置加装三角筋板,就可以满足工装的整体刚性要求,此种方式所使用的原料最经济,所以采用这种主体结构即可。

2）锥齿盆角齿轮大轮货架

锥齿盆角齿轮大轮货架主要运用于各工位之间的部件转运及仓库内的部件存放,如图 5.97 所示,此种货架采用 40 mm×40 mm 的方钢加筋板的主体结构,可以兼顾全部锥齿盆角齿轮大轮,通用性较好。该货架最多可放置 44 个零件,由 4 个互成 90°的垂直钢板焊接在框架上,同时在每一个支撑位置与水平方向成 15°斜角处焊接一个 V 形圆钢,起到支撑和分隔的作用,保证零件在运输过程中不受到磕碰。配置堆垛用支撑钢板保证可垛,配置起吊吊钩保证可以起吊运输,叉车可以叉住下部横向方钢进行转运。

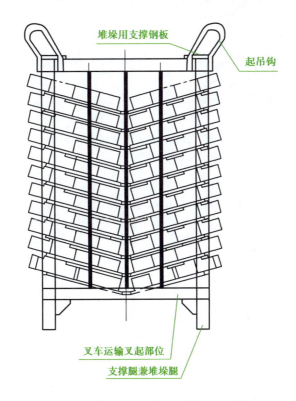

图 5.97　锥齿盆角齿轮大轮货架示意图

3）锥齿盆角齿轮上线配对架

锥齿盆角齿轮分为大轮和小轮,大轮和小轮需要进行一一对应的装配,为方便识别,需要进行明确表示。图 5.98 表示的是锥齿盆角齿轮上线配对架示意图,是针对装配要求以及转运要求而设计制作的工装。该货架的主体结构和锥齿盆角齿轮大轮货架基本相同,不仅具备了大轮货架的优点,还在货架顶部横撑上焊接了一块整体钢板,钢板上安装了一些定位衬套,用来安装锥齿盆角齿轮小轮,为方便在使用时安装大小轮,故设计时分别在立撑和顶部钢板对应位置安装标牌,以此标识大小轮一一对应的关系。

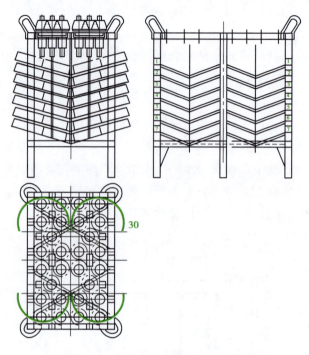

图 5.98　锥齿盆角齿轮上线配对架

4）锥齿盆角齿轮小轮货架

图 5.99 展示的是锥齿盆角齿轮小轮货架示意图,该工装主要用于各工位之间的部件转运及仓库内的部件存放。货架采用 40 mm×40 mm 的方钢主体结构,框架为梯形,可以兼顾全部锥齿盆角齿轮小轮,通用性较好。一个货架最多可以放置 96 个零件,由两个与水平方向成 75°的钢板焊接在框架上,钢板上的每一个支撑位置与水平方向成 15°斜角,同时配置一个尼龙衬套来支撑分隔部件,保证部件在运输过程中不受到磕碰伤,货架配置了起吊钩,方便起吊运输,叉车也可以叉住下部横向方钢进行转运。

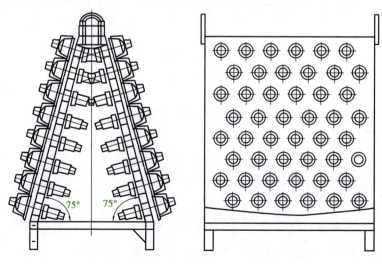

图 5.99　锥齿盆角齿轮小轮货架示意图

5）带内孔齿轮通用货架

带内孔齿轮通用货架主要用作各工位之间的部件转运及仓库内的部件存放，如图5.100所示。该货架采用40 mm×40 mm的方钢加筋板主体结构，可以兼顾所有带内孔的齿轮，通用性较好。货架下部配置交叉的横撑，横撑上焊接垂直钢管，用来定位和支撑部件，保证部件在运输过程中不受到磕碰。这种货架一次最多可以放置15个零件，配置了支撑钢板以便于堆垛，配置了起吊钩以便于起吊运输，叉车可以叉住下部横向方钢进行运输。

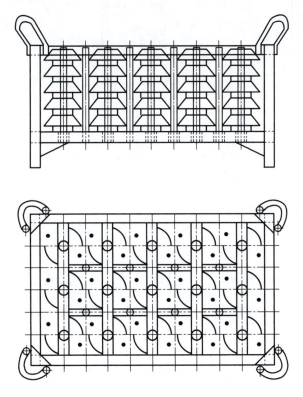

图 5.100　带内孔齿轮通用货架示意图

（2）地铁列车贯通道防护栏的优化设计

1）项目设计思路

①在保证防护栏安全性的同时，可使用性价比较高的材料以降低成本。

②尽量使用较轻的材料，便于作业时的搬运。

③保证工装和车体的可靠连接，防止人员掉落。

2）制作流程

①对贯通道基本尺寸进行测量，包括宽度、高度等。

②选取轻质原材料。

③设计图纸，如图5.101所示。

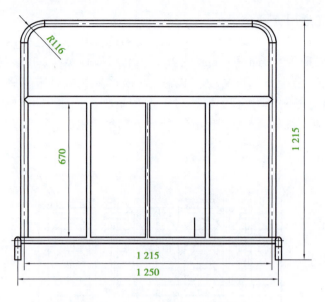

图 5.101　贯通道防护栏示意图

3）材料加工

材料加工主要包括下述内容。

①对标准钢型材进行切割打磨、表面处理、机械连接（包括螺栓、榫接、铆接等）、焊接、粘接、喷漆等。

②对板材进行弯折、开孔、表面处理，机械连接（包括螺栓、榫接、铆接等）、焊接、粘接、喷漆等。

③对标准铝合金型材，进行切割、打磨、机械连接（包括螺栓、榫接、铆接等）、焊接、粘接。

④对辅助材料包括尼龙垫、橡胶等进行切割、打磨，与金属件进行机械连接（包括螺栓、榫接、铆接等）、粘接。

4）合格性检验

合格性检验主要包括下述内容。

①对制作出的工艺工装成品的受力、表面抗腐蚀性、焊缝、表面处理情况、喷漆情况进行检验。

②制作样品进行现场试用，通过现场试用检验工艺工装是否符合现场需求。

③工艺工装本身质量存在缺陷的须返厂重做，直至质量检验合格。

④样品在现场试用时不能满足生产需要的，根据需要更改图纸，再次加工，直至满足使用需求。

（三）创新思路格式

随着全国城市轨道交通的发展，各个城市投入运营的电客车数量也随之增大，在车辆检修过程中势必会出现很多需要解决的问题，故应加强岗位创新，将应用型人才逐步转变为创新型人才已成为大势所趋。在列车检修中，要求技师应具备一定的创新能力，能针对电客车各个系统存在的设计缺陷,提出有效的改造方案,明确改造后的风险并能针对各风险找出合理的解决措施,以达到提高生产效率,降低运营成本的目的。现以某地铁车辆PIS 系统为例。

　　某地铁电客车客室 LCD 屏采用 DC110 V 供电,在列车激活后无法在司机台控制其开闭,只要有 DC110 V 电源输入,LCD 屏立刻启动,进入工作状态。因此,电客车在压道作业、热备待命、日常各级修程受电弓升弓供电状态时 LCD 屏均处于无效工作状态,消耗大量电能。本项目通过分析电客车在激活状态下的节能情况,提出了相应的 LCD 屏控制电路改进建议,使客室 LCD 屏工作与客室照明开启同步,让 LCD 屏在非运营状态下处于关闭状态,达到节能降耗的目的。

　　(1)照明及 LCD 屏现有控制方案

　　该地铁客室车厢照明控制电路如图 5.102 所示,开启照明,照明接触器 5KM01 励磁,常开触点闭合,照明开启,5KM01 一组常开触点形成自保持电路。LCD 屏控制如图 5.103 所示,DC110 V 直接通过断路器 4QF11 到 LCD 屏终端。

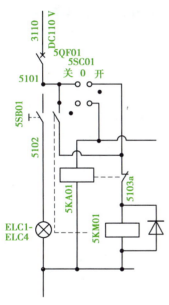

图 5.102　客室车厢照明控制电路示意图

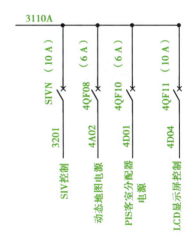

图 5.103　客室 LCD 屏控制电路示意图

　　(2)改进方案

　　根据电路分析,照明接触器主触点均为 4 组,分别用于应急照明、U、V、W 三相交流照明,无多余触点可用,要实现联动方式,须增加 LCD 屏控制接触器,通过 LCD 屏控制接触器线圈与照明接触器线圈并联设计,采取同一控制逻辑及控制电源,在工作电源上独立运行,电路控制进行隔离,可实现相互联动,具体如图 5.104 和图 5.105 所示。

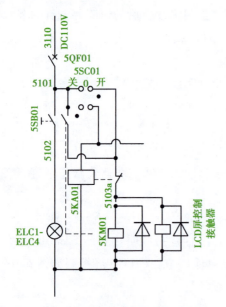

图 5.104　改进的联动控制方案

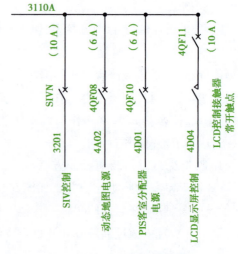

图 5.105　LCD 屏控制接触器常开触点示意

（3）产品选型

本次改造所需产品的选型见表 5.27。

表 5.27　产品选型明细表

序号	产品名称	型号	单位	数量/列
1	DRH 直流继电器	DRH 276 110 LT	只	6
2	继电器底座	SPW ESO 3CO	只	6
3	金属固定夹	Metal clip DRH/DRW	个	6
4	U 型端子	SV1.25（1.5）－3	个	24
5		SV1.25（1.5）－4	个	6
6	管状端头	管状端头 1.0	个	6
7		管状端头 1.5	个	6
8	插片	插片 1.5	个	6
9	电缆	EN50264-3-1 线缆 1.0 mm²（黑色）	m	10
10		EN50264-3-1 线缆 1.5 mm²（黑色）	m	10
11	线号管	白色热缩线号管 φ3	m	2

（4）改造步骤

①登记电器柜上 5KM01 照明接触器线圈、LCD 显示屏断路器 4QF11 的接线线号；无线号的接线应注明位置并标记或拍照留底。

②继电器安装。对于有安装空间的 1#、3#、4#、6# 柜内：先将继电器（DRH 276 110 LT）安装在底座（SPW ESO 3CO）上，然后固定在电器柜内上部断路器排右侧的空余导轨上，如图 5.106 所示位置。

图 5.106　有安装空间 1#、3#、4# 和 6# 电器柜加装电器位置

对于无安装空间的 2#、5# 柜作如下操作。

方案 1:如图 5.107 所示位置,将柜内端子排加工掉约 50 mm(1 个继电器的安装空间),然后将安装有底座的继电器固定在导轨上。

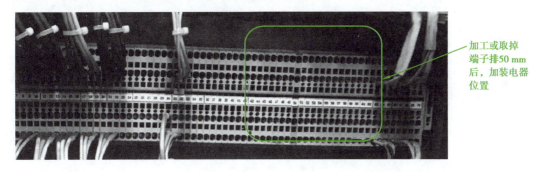

图 5.107　无安装空间的 2#、5# 电器柜改造及电器加装位置

方案 2:如图 5.108 所示位置,将备用 QF01、QF02 断路器拆除后,将继电器安装在该位置。

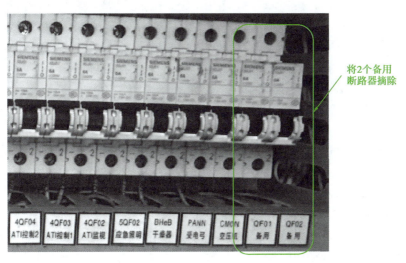

图 5.108　无安装空间的 2#、5# 电器柜改造及电器加装位置

方案 3:对导轨两端存在较大空间的,将该导轨上的继电器向左或向右移动后,将继电器底座固定在导轨上。

用螺丝刀拆下 LCD 显示屏控制断路器(4QF11)下方的端子出线,记录线号。拆下 5KM01 照明接触器线圈的接线,记录线号,注意正负极性及线号(正端线号 5103A、负端线号 5000L)。根据电路图及电气柜内走线槽进行电气配线、接线。改造完毕,对照改造电气图确认接线正确无误,要求布线规范,线号明确。通过司机室内客室灯转换开关控制,检查继电器工作状态,是否满足 LCD 屏电源控制与客室照明控制实现联动。各压接端子、线号布置示意图如图 5.109 所示。

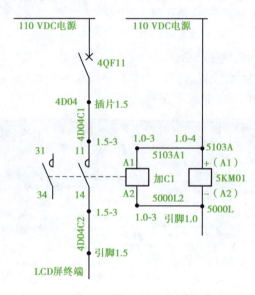

图 5.109　各压接端子、线号布置示意图

线缆参考长度(1#柜),其余柜体改造用线长度,按现场实际需求。

5103A1 线长(1.0 mm^2):45 cm,A1 端用 1.0-3 端子、5103A 端用 1.0-4 端子。

5000L2 线长(1.0 mm^2):70 cm,A2 端用 1.0-3 端子、5000L 端用引脚 1.0。

4D04C1 线长(1.5 mm^2):70 cm,11 端用 1.5-3 端子、4QF11 端用引脚 1.5。

4D04C2 线长(1.5 mm^2):90 cm,14 端用 1.5-3 端子、LCD 屏端用引脚 1.5。

(5)改进后的风险及解决措施

①联动采用同一控制逻辑,控制电源来源于照明控制电路,对 Tc 车照明控制接触器辅助触点(自保持回路中)状态要求高,当该触点发生故障时,会导致整列车照明及 LCD 屏故障,但根据该线路运营以来的实际情况,该触点状态稳定,进行改造后,经查阅相关资料,照明控制接触器辅助触点可承受的最大电流约为 1 A,加装的 LCD 控制接触器的吸合电流为 50~100 mA,远小于前端空开容量,同时在 LCD 屏控制接触器选型上充分考虑容量问题,可有效解决触点容量问题。

②改造前后,照明系统控制逻辑和应急处理方式没有变化。改造后,日常检修中应重点关注照明接触器状态,将照明接触器状态纳入日常检修中,通过检修加强质量状态。

③改造后,对电路上和照明系统进行了隔离,不会造成照明系统故障;但 LCD 屏控制方式引入接触器,故障点增加,须关注接触器状态。

④LCD 屏故障应急处理方面,和改造前一致,但须增加接触器动作状态检查,接触器本身故障不会对照明系统造成影响。

（6）节能说明

每列车均有 LCD 显示屏，在节能效果计算过程中，可结合单列车屏显功率，分别计算列车在热备期间、检修修程作业、压道及空车出入库等工况下的能耗分析；结合能耗就可计算每天可节约电费及全年可节约费用。

在该项目中，要求技师具备以下能力：一是清楚车辆各系统的电气原理；二是能发现 PIS 系统中的节能设计缺陷；三是能提出有效的节能改进方案；四是能根据改进方案进行正确的产品选型，并熟练掌握改造步骤；五是能提前预想改进后的风险，并提出解决措施；六是会进行改造后的效益计算。

技师既是生产者，又是现场技术人员，既要独立工作，也要组织带领他人完成生产任务。在日常列车检修中，技师应及时主动发现和解决生产现场中的"疑难杂症"；树立研究方向，发挥技术优势，积极参与企业技术攻关、员工技能开发等工作；同时也要擅于搭建学习平台，传授技艺，将技师课堂延伸到现场，加强与员工的互动互学，激发员工善于思考、勇于创新的能力，促进员工队伍整体"硬实力"的提升。

任务 5.3　技师复习思考题

（一）带传动方式普遍应用在地铁车辆中，请列举 4 条带传动特点以及缺点。

答：带传动特点：

①皮带具有弹性和挠性，能缓和载荷冲击。

②运行平稳，没有噪声。

③过载时会引起带在带轮上打滑，可防止其他零件的损坏。

④制造和安装精度不像啮合传动那样严格。

⑤可增加带长以适应中心距较大的工作条件。

⑥张紧力对轴和轴承压力大。

带传动的缺点：

①带的寿命较短。

②传递同样大的圆周力时，轮廓尺寸和轴上的压力都比啮合传动大。

③有弹性滑动和打滑，传动比不准确，并且效率较低。

（二）逻辑分析仪是地铁车辆应用电子产品深入分析和故障诊断关键设备或必备设备部件，请简述逻辑分析仪的工作原理。

答：工作原理是将被测系统接入逻辑分析仪，使用逻辑分析仪的探头监测被测系统的数据流，形成并行数据送至比较器，输入信号在比较器中与外部设定的门限电平进行比较，大于门限电平值的信号在相应的线上输出高电平，反之输出低电平时对输入波形进行整形。经比较整形后的信号送至采样器，在时钟脉冲控制下进行采样。被采样的信号按顺序存储在存储器中。

（三）影响地铁车辆振动的因素比较多，请简述 3 条引车辆横向振动的周期性激振源？

答：引起车辆横向振动的周期性激振源包括以下 3 个方面。

（1）横向振动

车辆沿直线轨道运行时，车体和转向架在横向水平平面内一面做横摆运动，一面做摇头运动。这种轨迹不是直线而是某一波状曲线。车辆的这种横摆运动和摇头运动的组合运动即为横向振动，也称蛇形运动，这是由于车轮踏面具有斜度和轮轨间存在着复杂的动力作用而引起的。轮对的蛇形运动是引起车辆横向周期性振动的原因之一。

（2）轨道的水平不平顺

由于轨道左右轮轨接触点的高度差而形成的轨面不平称为水平不平顺，轨道的水平不平顺会引起车辆左右晃动即摇摆振动。

（3）轨道的方向不平顺

轨道在轨顶横向平面内的左右波状不平称为方向不平顺，轨道的方向不平顺会引起车辆的摇摆振动。

（四）车辆抗脱轨是地铁车辆的关键特性之一，其对运营的影响较大，请对脱轨种类进行列举和分析。

答：按照脱轨过程，脱轨可以分为爬上脱轨、滑上脱轨、跳上脱轨和掉轨 4 种类型。

（1）爬上脱轨

车辆低速通过曲线，且车轮与钢轨的冲角为正值时，由于一侧车轮的轮重较小侧向力增大，车轮的轮缘在滚动中逐渐爬上钢轨而引起的脱轨，称为爬上脱轨。

（2）滑上脱轨

车辆低速通过曲线，且车轮与钢轨的冲角为负值时，车轮在足够大的侧向力作用下，车轮的轮缘边旋转边滑上钢轨而造成的脱轨，称为滑上脱轨。

（3）跳上脱轨

车辆高速运行时，由于激烈的横向振动，或者由于车轮受到大的侧向冲击力，使车轮跳上钢轨后脱轨，称为跳上脱轨。

（4）掉轨

当车辆在不良线路上高速运行以及长大货车通过曲线时，由于轮轨之间的过大倾向力使得钢轨横向移动，引起轨距扩大，因而使车轮掉入轨道内侧，称为掉轨。

（五）地铁车辆的列车广播系统是面向乘客服务的直接接口，简述其主要功能和优先级顺序。

答：主要功能为：

①人工广播。

②控制中心对列车广播。

③司机室间的对讲功能。

④数字化语音广播。

优先级顺序为控制中心对列车广播，人工广播、司机室对讲和数字化语言广播。

（六）地铁车辆牵引逆变器是车辆动力的心脏，其工作状态是运营服务优良情况的关键因素之一，当报架线欠压时，通常是接触网与受电弓的贴合度有关，属于非车辆故障或牵引逆变器故障，请列出 2 条可能是牵引逆变器故障的原因部件。

答：DCPT 盘或称 DCPT 电压传感器，控制逻辑装置或称牵引控制单元的 BUF 基板（检查模拟信号电路板）故障。

（七）地铁车辆检修工作者随着业务技能提升，对不同岗位的从业人员岗位要求也不同，以技师为例进行电客车节能改造，需要具备哪些能力？

答：①清楚车辆各系统的电气原理。

②能发现 PIS 系统中的节能设计缺陷。

③能提出有效的节能改进方案。

④能根据改进方案，进行正确的产品选型，并熟练掌握改造步骤。

⑤能提前预想改进后的风险，并提出解决措施。

⑥会进行改造后的效益计算。

项目6 高级技师理论知识及实操技能

任务 6.1 通用知识

6.1.1 材料失效与螺纹连接

（一）强度理论

（1）分类

强度理论分为解释断裂失效的理论和解释屈服失效的理论,见表6.1。

表 6.1 强度理论分类

断裂失效理论	最大拉应力理论
	最大伸长线应变理论
屈服失效理论	最大切应力理论
	畸变能密度理论

（2）材料失效的形式

材料失效有下述两种形式:

1）脆性断裂

材料无明显的塑性变形即发生断裂,断面较粗糙,且多发生在垂直于最大正应力的截面上,如铸铁受拉、扭,低温脆断等。

2）塑性屈服

材料破坏前发生显著的塑性变形,破坏断面较光滑,多发生在最大剪应力面上,如低碳钢受拉、扭,铸铁受压。

（二）常见的强度理论

常见的强度理论如下所述。

（1）最大拉应力理论

假设最大拉应力是引起材料脆性断裂的因素。不论在什么样的应力状态下,只要主应力中的最大拉应力达到极限应力,材料就会发生脆性断裂。

（2）最大伸长线应变理论

构件的断裂破坏是由最大伸长线应变引起的。当最大伸长线应变达到单向拉伸试验下的极限应变时,构件就会断裂。

适用范围:适用于失效形式为脆性断裂的构件。

(3)最大切应力理论

无论材料处于什么应力状态,只要发生屈服,都是由于构件的最大切应力达到了某一极限值。

适用范围:不适用于拉压性能不相同的脆性材料。

(4)形状改变比能理论

构件的屈服失效是由形状改变比能引起的。当形状改变比能达到单向拉伸试验屈服时的形状改变比能时,构件就会失效。

(三)螺纹连接强度计算

在地铁车辆部件联结、紧固多以螺栓紧固方式;列车检修过程中,能发现较多的螺纹烂牙、拆装滑牙、螺纹孔攻歪等现象;这些现象部分是由车辆载荷震动、变化、材料蠕变等造成,也有因人员作业操作方式不当而形成的人为因素。作为列车检修人员,不仅应掌握常见的螺栓检查关键点,还应了解对连接强度影响因素,以指导实际作业。

螺纹指的是在圆柱或圆锥母体表面上制出的螺旋线形的、具有特定截面的连续凸起部分。螺纹按其母体形状分为圆柱螺纹和圆锥螺纹;按其在母体所处位置分为外螺纹、内螺纹,按其截面形状(牙型)分为三角形螺纹、矩形螺纹、梯形螺纹、锯齿形螺纹及其他特殊形状螺纹。

标准螺纹连接件精度分为A、B、C三级,通用机械中多用C级。螺纹有粗牙和细牙之分,细牙螺纹常用于细小零件、薄壁零件或者受冲击有变载荷的连接。螺栓的头部形状有圆头、扁圆头、六角头、圆柱头和沉头等,头部起子槽分为一字槽、十字槽和内六角孔等形式。

(1)螺纹连接

螺纹连接一般具有自锁性,此外螺母及螺栓头部的支撑面上的摩擦力也有防松作用,故拧紧后一般不会松脱。但在冲击、振动或变载荷作用下,以及在高温或温度变化较大时,螺纹钢之间的摩擦力会顺时减小或消失,联接就可能松动。防松的关键就是防松螺旋钢的相对转动。

主要分为下述类型。

1)摩擦防松

①弹簧垫片:利用收口的弹力使旋合螺纹间压紧。

②对顶螺母:增加摩擦放松。

③自锁螺母:增加摩擦放松。

2)机械防松

开槽螺母与开口销,圆螺母与止动垫圈,带翅垫片。

3)破坏防松(变为不可拆联接)

端铆、冲点(破坏螺纹),点焊。

螺栓联接强度计算的目的,主要是根据联接的结构形式、材料性质和载荷状态等条件,分析螺栓的受力和失效形式,然后按相应的计算准则计算螺纹小径 d_1,再按照标准选定螺纹公称直径 d 和螺距 P 等。螺栓其余部分尺寸及螺母、垫圈等,一般都可根据公称直径 d 直接从标准中选定,因为制订标准时,已经考虑了螺栓、螺母的各部分及垫圈的等强度和制造、装配等要求。

（2）松螺栓连接

表现为工作前不拧紧，无预紧力，仅工作载荷 F 起到拉伸作用，如吊钩螺栓。

（3）紧螺栓连接

1）仅承受预紧力紧螺栓连接

大多数螺纹连接在装配时都需要拧紧，使之在承受工作载荷之前，预先受到力的作用，这个预加作用力称为预紧力。其作用是增加连接的可靠性和紧密性，拧紧后，螺纹连接件的预紧力不得超过其材料屈服强度的80%。

2）承受预紧力和轴向工作拉力的紧螺栓连接

表现为工作前拧紧，有预紧力 F'，工作后加上工作载荷 F（轴向拉伸力），且在工作前和工作中的载荷会发生变化，此类螺栓靠螺杆强度传递外载 F。

在螺母未拧紧时，螺栓和被连接部件都不受力，没有产生变形，在拧紧螺母处于预紧状态，但未承受轴向拉力时，螺栓仅受到预紧力 F' 的拉伸作用，伸长量为 λ_b，被连接件受到压缩，压缩量为 λ_m，在受到工作载荷 F 作用后，螺栓处于工作状态，总拉力由预紧力 F' 增加到 F_0，相应的增长量由 λ_b 增加到 $\lambda_b+\Delta\lambda$，被连接件间的压力因螺栓进一步伸长，由 F' 减小到 F''（称为残余预紧力），相应的压缩量由 λ_m 减小到 $\lambda_m-\Delta\lambda$，螺栓变化如图 6.1 所示。

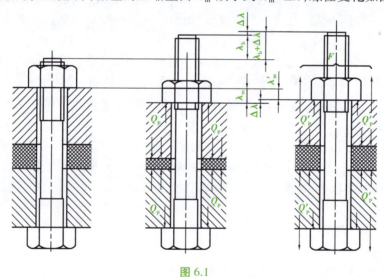

图 6.1

在受到工作载荷作用后，螺栓处于工作状态，总拉力增加，相应的增长量增加。

（4）铰制孔螺栓连接

铰制孔螺栓连接的特点是螺杆与孔间紧密配合且无间隙，由光杆直接承受挤压和剪切来传递外载荷 R 进行工作，如图 6.2 所示。

对于地铁车辆维修中的螺栓来说，在进行螺栓拆装时应以对角线方向均匀地松动和紧固螺栓，在进行大部件拆卸时，应撑起部件来消除作用在螺栓上的力。

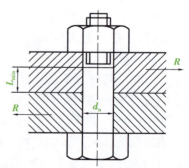

图 6.2　铰制孔螺栓连接示意图

6.1.2 轴承问题排查及处理

(一)轴承装配问题

在地铁车辆上,套在轴颈上联结轮对和转向架构架的部件,简称轴箱装置。其作用是把车体重量和载荷传递给轮对,润滑轴颈,减少摩擦,降低运行阻力。

轴箱装置按所采用的轴承类型分为滑动轴承轴箱装置和滚动轴承轴箱装置两类。目前滚动轴承轴箱装置,已逐步取代滑动轴承轴箱装置。因为与滑动轴承轴箱装置相比,滚动轴承轴箱装置可使车辆运行阻力降低 10% 左右,启动阻力降低 80% 以上,不仅可以节约动力消耗,提高运行速度,还可提高列车牵引质量,因而得到广泛使用。

滚动轴承轴箱装置通常由轴箱体、前后轴箱盖、滚动轴承、密封装置及其他零件组成,如图 6.3 所示。

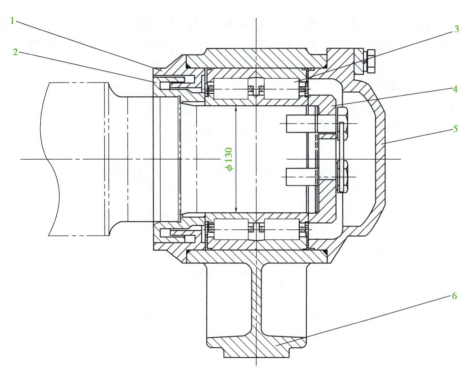

图 6.3 轴箱装配

1—后盖;2—防尘圈;3—轴承;4—压盖;5—端盖;6—轴箱体

滚动轴承作为轴箱装置的最重要部分,国内地铁车辆主要采用 3 种轴箱轴承型式,分别是圆锥滚子轴承、圆柱滚子轴承、鼓型滚子轴承。其中,圆锥滚子轴承主要用于支持同一方向的水平负载及径向负载;鼓形滚子轴承主要用于承载高径向冲击负荷;而圆柱形滚子轴承的转速大、承载力强,且结构简单,便于维修和组装,故目前轨道行业轴箱轴承多采用该种形式。

列车在正线运营时,一旦轴箱轴承发生故障,轻则造成区间堵塞,重则可能导致发生燃轴、切轴等重大事故,后果相当严重,因此轴箱轴承对地铁的安全运营起着举足轻重的作用。有效预防和减少轴承故障的发生,做好列车的合理检修和科学管理,保证地铁列车轴箱轴承质量的有序可控具有重要意义。

(二)轴箱轴承的失效形式

轴箱轴承由于长期处于高负荷状态,其故障来源主要是因疲劳而导致的轴承损伤,具体如下所述。

(1)点蚀

轴承工作时,滚动体和内、外套圈之间产生相对运动,在负荷作用下,滚动体和内、外套圈的接触处产生循环变化的接触疲劳应力。长期工作会产生点蚀破坏,使轴承运转时产生振动、噪声,乃至丧失运转精度。

(2)塑性变形

在过大的冲击负荷或静负荷下,滚道和滚动体会出现不均匀的永久塑性变形凹坑,增大摩擦,降低运转精度。

(3)磨损

在多粉尘或润滑不良的条件下,滚动体和套圈的工作面产生磨损。速度过高时还会出现胶合、表面发热甚至滚动体回火。其他还有因安装、拆卸、维护不当引起的元件断裂、锈蚀、化学腐蚀等。

(三)轴箱轴承故障表现

轴箱轴承在使用过程中,常见损伤有内外圈和滚动体裂纹、剥离、异常磨损,保持架裂损,润滑脂掺杂机械杂质等。

(1)保持架断裂

保持架裂损一般为小横梁与端环相交位置出现裂纹、裂折,严重时还会出现破碎现象。当保持架出现破损之后,会导致滚子失去定位,同时破坏轴承的正常承载状态。由于保持架所选用的材质比较软,破损之后还会发生不同程度的磨损,而且磨下来的粉末会被混入轴承脂中,导致轴承脂的润滑效果受到破坏。与此同时,当保持架出现破碎之后,在轴承高速运转过程中还会将碎块甩至后盖或轴承端,导致橡胶圈受到破坏,使油脂从轴承后盖或轴承端盖与轴箱体接合面的缝隙中甩出,诱发严重的甩油现象。

(2)滚子破损

当轴箱轴承中的滚子出现破损之后,会导致其碎屑碎块混入滚道中,从而出现较为严重的滚子卡滞现象,使轴承的滚动状态被破坏,诱发轴箱轴承故障,进而影响车辆的正常运行。

(四)轴箱轴承的故障调查

下面举例,轴箱轴承发生故障后应如何进行调查及分析,请为列车检修工在日常工作中处理复杂故障问题提供借鉴思路。

某地铁轴箱轴承采用某知名公司生产的双列圆柱滚子轴承,该轴承在使用到45万千米(约3年多)时,发生了轴承异常振动、异响严重等问题,随后展开全面排查又发现其他故障,下面将对该故障进行深入调查及剖析。

(1)发现故障

1)正线运行跟踪

车辆正线运行时,故障轴箱出现周期性振动和异响,随着车辆运行速度频率升高或降低。

2) 库内开盖检查油脂

在库内将疑似轴箱开盖检查,发现靠轴端部轴承侧面渗出大量黑色油脂,且油脂硬化呈块状,与其他位置对比差异明显。同时现场对渗出油脂进行称重,质量达到 25 g,接近厂家给出的保证轴承正常运行的最大渗出量,如图 6.4 所示。

3) 跑合试验

使用不落轮镟床对故障轮对进行跑合试验 45 min,发现故障轴箱振动很大,内部伴有明显滚珠撞击声音,同时使用红外测温仪进行轴箱点温,故障轴箱端相对另一侧升温 12 ℃。

4) 轴箱拆解

继而对故障轴箱轴承拆解,发现内部保持架完全断裂,如图 6.5 所示。

图 6.4　硬化黑色油脂

图 6.5　轴承保持架完全断裂

(2) 排查统计

鉴于上述发现首起轴箱轴承故障,后续现场加大了对轴箱状态盯控,又发现了几起同类故障,其内部轴承保持架均有不同程度的损坏,保持架重则断裂轻则磨损。统计运行里程均发生在 45 万千米左右。

(3) 故障轴承拆解检验

1) 外观检查

发现轴承其中一侧防尘盖内油脂稀少、缺失,大部润滑脂聚集于另一侧防尘盖处。保持架过梁完全碎裂,内锁口磨损严重;轴承内外圈滚道、滚动体工作表面变色,局部有擦痕,如图 6.6—图 6.9 所示。

再结合前面所称渗出油脂质量,可知故障轴承已完全处于润滑不良,工作温度异常的运行工况下,轴承内部部件处于干磨情况。

2) 尺寸检验

根据轴承厂家提供的轴承设计尺寸,对轴承零件工作表面进行尺寸、圆度、轮廓、粗糙度试验,判断轴承是否存在变形、异常磨损等状况。经检查,上述尺寸均无异常。

3) 润滑脂元素分析

对润滑脂进行 X 射线荧光元素分析,结果润滑脂含有较多的铁元素,含量异常。这与之前外观检查发现的轴承内部润滑脂分布不均及轴承表面有擦伤有一定关系,由于润滑不良或存在异常磨损,导致铁元素逸散至润滑脂中。

图 6.6　保持架过梁完全碎裂

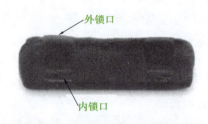

外锁口

内锁口

图 6.7　保持架内锁口磨损严重

图 6.8　滚道变色、擦伤

图 6.9　滚动体变色、擦伤

4）保持架材料检验

使用红外光谱图分析,保持架材料的主成分为脂肪族聚酰胺类,测其熔点为 262.6 ℃,材料的主成分为尼龙 66,这与轴承厂家提供的材料成分一致。如遇到轴承内部润滑不良,工作异常,极有可能导致保持架发生热变形,造成材料老化。

(五)轴箱轴承的故障原因分析

通过上述调查结果分析可知,在轴承故障发生时,故障现象主要体现在异常振动、温度抬升、异响加大、油脂泄漏等方面,而轴承本身状态变化为内部油脂变少、保持架断裂失效、滚柱滚道擦伤等,这三者关系也是相互影响的,任何一种状态变化均会导致其他两种状态伴随变化。

根据轴承拆解情况,分析造成轴承该类故障的主要原因如下所述。

(1)油脂泄漏或添加不足,导致润滑不良

通过观察滚子工作表面的运转磨损痕迹后可以看出,大部分滚子工作表面均存在两个明显的磨损痕迹,其间距与保持架内锁口间距基本吻合,故此推测保持架与滚子之间可能存在润滑不良,这种润滑不良将导致保持架内锁口的严重磨损。

(2)尺寸加工精度误差,导致异常冲击

如果保持架内锁口注塑尺寸存在误差,会导致滚子与过梁之间产生磨损与冲击,致使滚子与保持架之间的间距增大,在轴承加速或减速的过程中,滚子对保持架的冲击力也将增加,从而撞击保持架发生断裂。

(3)保持架材质强度不够,抗冲击能力差

正常运转时,滚子与过梁之间配合留有微小的间隙,会出现适量的冲击。而当运行里程增加,由于磨损导致微小间隙增大,加之正线加速或减速振动,该冲击力会逐渐增大,致使间距逐步增大,此时当冲击力达到保持架强度的上限,就会撞击保持架发生断裂。

（4）组装不良出现损伤,导致后续运用故障

轴承安装轴端时需要对轴承进行整体压装,要求压装面与轴向方向保持垂直,压装进程要符合设计要求。若压装工作调教不到位导致压装面与轴向方向垂直度偏差,或压装进程过大造成过压装,都将对轴承内部造成损伤,在后续使用中抗冲击能力变弱,故障率升高。

（5）投入运转中的异常振动

车辆轮对在正线运行时受外部环境影响,会出现多种工况的振动,如轨道平直度、道岔过渡质量以及轮对径向跳动偏差等。车辆在行驶过程中如受到异常振动,通过车轮将振动传递给对轴承,当轴承存在振动时,滚子与保持架过梁之间发生撞击,这种撞击同样也会导致保持架发生断裂。

（六）轴箱轴承的预防措施

（1）轴承故障变化规律

众所周知,所有设备机械部件发生故障都不是一朝一夕发生的,而是经过长时间累积,细微缺陷(裂纹、磨损)达到破坏限度就会造成严重的后果,它是一个由量变到质变的过程。轴承故障也是一样,如图 6.10 所示,当轴承发生故障时,首先表现在运转时振动加剧,此时轴承内部保持架与滚子配合出现异常间隙,活动空间逐渐增大,滚子对保持架冲击增大,轴承状态进入报警区域,将持续一段时间;随后,由于轴承内部结构出现一定程度的破坏,内部冲击变大,运转中逐渐出现异常噪声,机械配合此时发生异常磨损;机械部件异常磨损又会导致轴承温度上升,轴承体发热,内部润滑油由于温度上升出现变干现象,润滑性能下降,反过来影响润滑质量,最终恶性循环导致直接失效。

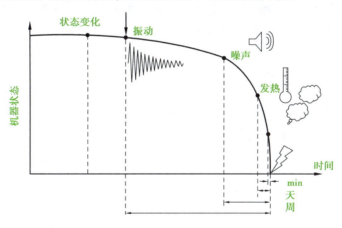

图 6.10　轴承状态监测变化图

（2）预防措施

由上述所述原理可知,预防轴承故障重点要从振动、噪声、发热方面着手进行监控,尤其从报警周期初期(即振动开始)至发热这个阶段是最好的防范阶段,该阶段如能有效地监控发现,则可有效避免较大问题的发生。

针对轴箱轴承故障,人们可以采取多项预防措施,确保地铁列车能够安全可靠地运营,具体措施如下所述。

1)轴箱轴承装车之前

需重点对轴箱轴承来料质量、组装工艺过程、工装设备状态、质量把控以及操作人员资质等环节进行核实,确保整个过程符合规定要求,从而保证产品质量。

2)轴箱轴承装车之后

①定期正线动态巡查。能够切身感受车辆是否存在振动和异响。

②轮对数据精准测量。重视轮对径向跳动数值,由于轮对径向跳动也会导致该现象,车轮在材质偏软以及异常磨耗等情况下,车轮踏面圆周方向将发生不均匀磨耗,影响车轮踏面径向跳动值,在径向跳动值达到一定值时,相当于车辆重心在垂直方向上下运行往复振动,振幅或振动频率达到一定值时,将发生振动异常,影响车辆运行品质。同时过大的径向跳动值是造成轮对动平衡超差的主要原因,而轮对动不平衡值是车辆运行平稳性的一个重要指标,《机-车辆用轮对供货技术条件——公差和安装》(UIC 813—2003)规定了车轮踏面的径向跳动和轮对动态不平衡数值,见表6.2。

表6.2　车轮踏面径向跳动和轮对动态不平衡值(UIC 813—2003)

内　容	车辆运行速度 $v/(\text{km} \cdot \text{h}^{-1})$		
	$v \leq 120$	$120 < v \leq 200$	$v > 200$
最大允许动态不平衡数值/$(\text{g} \cdot \text{m}^{-1})$	125	75	50
车轮踏面的径向跳动/mm	0.5	0.3	≤ 0.3

故发现走形部振动异常或异响时,首先通过不落轮镟床测量轮对尺寸,因轮对尺寸相关数据超差造成异响,则应对轮对进行镟修。

③实行库内接车听音。安排相关人员在库内进行接送车听音方式对疑似轴承故障跟踪确认,尤其是出现滚柱碰撞的金属声需要特殊盯控。

④回库停车点温。长期对所有车辆轴箱采取点温并记录,通过对轴箱温度差异进行分析,做好故障排查,对出现轴箱温差超过限值的车辆进行重点跟踪。

⑤库内开盖检查。通过上述①、②、③、④步骤后,确认为轴承疑似问题后,采取打开轴箱端盖,检查油脂泄漏量和硬化程度,并在库内进行 A-B 端动车和厂家反复进行确认。

⑥更换故障轴承。如最终确认为轴承处存在异响问题,应及时对故障轴承退卸、拆解并更换新件,全面保障正线运营质量。与此同时要求厂家调查原因。

此外,还可利用专业监测设备进行轴箱轴承的状态监测(如离线监测设备有动平衡仪、测振仪、测温仪和噪声测量仪等)。在车辆运行过程中,对其进行定期(或连续)的监测和故障诊断,判定其所处的状态,以及轴承状态未来的发展趋势。基于此制订维修计划,确定其应修理的时间、内容和方式。

(七)轴承问题排查及处理小结

通过对轴箱轴承结构型式、失效及表现、故障调查分析,梳理出导致轴箱轴承故障的可能原因。可能原因包含产品质量、安装工艺、使用环境等方面,将故障原因和故障变化规律结合起来;检查处理从盯控振动、噪声、发热等因素变化来提前预防的思路,从装车前产品检验和生产制造,到装车后正线使用以及日常维保跟踪提出轴承故障应对的系统性方案。

6.1.3 电子元器件选型

(一)电子元器件选型基本原则

在高级技师复杂故障处理、深度检修及优化创新过程中,必不可少涉及电子板件的处理,除需对电子元件功能功效深入了解的外,还要对不同品牌的特性做到心中有数,下面就电子器件选型介绍如下。

(1)普遍性原则

所选的元器件要是被广泛使用验证过的,尽量少使用冷门、偏门芯片,减少开发风险。

(2)高性价比原则

在功能、性能、使用率都相近的情况下,尽量选择价格比较好的元器件,降低成本。

(3)采购方便原则

尽量选择容易买到、供货周期短的元器件。

(4)持续发展原则

尽量选择在可预见的时间内不会停产的元器件,禁止选用停产的器件,优选生命周期处于成长期、成熟期的器件。

(5)可替代原则

尽量选择 pin to pin 兼容芯片品牌比较多的元器件。

(6)向上兼容原则

尽量选择以前老产品用过的元器件。

(7)资源节约原则

尽量用上元器件的全部功能和管脚。

(8)降额设计原则

对于需要降额设计的部件,尽量进行降额选型,参考标准参见《元器件降额准则》(GJB/Z 35)。

(9)便于生产原则

在满足产品功能和性能的条件下,元器件封装尽量选择表贴型,间距宽的型号,封装复杂度低的型号,以降低生产难度,提高生产效率。

(二)其他具体选型原则

①对于关键器件,至少有两个品牌的型号可以互相替代,有的还要考虑方案级替代。使用的材料要求满足抗静电、阻燃、防锈蚀、抗氧化以及安全规定等要求。

②优先选用卷带包装、托盘包装的型号。如果是潮湿敏感等级为二级或者以上的器件,则要求盘状塑料编带包装,盘状塑料编带必须能够承受 125 ℃ 的高温。

③禁止选用停产的器件。

④功率器件优先选用 R_{ja} 热阻小,结温更大的封装型号。

⑤所选元器件抗静电能力至少达到 250 V。对于特殊的器件如射频器件,抗 ESD 能力

至少需要 100 V,并要求设计做防静电措施。

⑥所选元器件 MSL(潮湿敏感度等级)不能大于 5 级(含)。

⑦优先选用,MSL(潮湿敏感度等级)大于 2 级(含)的,必须使用密封真空包装。

(三)各类物料选型规则

(1)芯片选型总的规则

①有引线的 SMD 和集成电路器件,引脚线金属材料要为铜、铜合金、可阀合金、42 合金材料,表面合金涂镀均匀、厚度符合相关标准(4~7.6 μm),涂层不得含金属铋。

②对于 IC 优先选用脚间距至少 0.5 mm 的贴片封装器件。

③优选贴片封装的器件,慎选 DIP 封装器件。

④选用 BGA,BGA 球间距必须大于等于 0.8 mm,最好大于等于 1.0 mm。而且尽量选用使用有铅 BGA 球器件的型号,并且使用有铅焊接工艺。

(2)电阻选型规则

①电阻阻值优先选用 10 系列、12 系列、15 系列、20 系列、30 系列、39 系列、51 系列、68 系列、82 系列。

②贴片电阻优选 0603 和 0805 的封装,0402 以下的封装禁选。

③插脚电阻优选 0.25 W、0.5 W、1 W、2 W、3 W、5 W、7 W、10 W、15 W。

④对于电阻的温漂,J 挡温漂不能超过 500 ppm/℃,F 挡温漂不能超过 100 ppm/℃,B 挡温漂不能超过 10 ppm/℃。

(3)电容选型规则

①对于铝电解电容的耐压,3.3 V 系统取 10V、5 V 系统取 10 V、12 V 系统取 25 V、24 V 系统取 50 V,48 V 以上系统选 100 V。

②铝电解电容必须选用工作温度为 105 ℃的。

③对于高压型铝电解电容保留 400 V。

对于钽电解电容的耐压,3.3 V 系统取 10 V、5 V 系统取 16 V、12 V 系统取 35 V,10V、16 V、35 V 为优选。

④片状多层陶瓷电容耐压,优选 25 V、50 V、100 V;106(含)以上容值的耐压不大于 25 V。

(4)二极管选型规则

①发光二极管优选直径为 5 mm 的插脚型号,贴片发光二极管优先选用有焊接框架的型号,ESD/MSL 等级遵循上述的标准。

②整流二极管:同电流等级优先选择反压最高的型号,如 1 A 以下选用 1N4007,3 A 的选用 1N5408。

③肖特基二极管:同电流挡次的保留反压最高的等级。

④发光二极管优选有边、短脚的。

(5)接插件选型规则

①使用 IC 插座,必须使用圆孔的 IC 插座。

②插针座选用三面接触的,禁止使用 2 面接触的。PC104 等特殊要求的除外。

（6）CPU 选型规则

①归一化原则，尽量采用市场正在使用或者使用过的型号或者系列。

②应用领域，尽量选用工业领域和商业领域经常使用的型号，注意该领域的芯片使用温度范围和温度等级。

③自带资源，确认芯片自带资源是否满足要求，包括主频、内存：RAM，ROM、外设资源、是否支持在线仿真、支持的 OS 类型。

④可扩展资源，是否支持扩展 RAM、ROM 等。

⑤功耗，确认芯片各种工作状态下消耗的电流，为芯片的电源设计提供依据。

⑥封装，PCB 面积许可的情况下，优先选择 QFP、SOP 封装。

⑦芯片的可延续性及技术的可继承性，目前，产品更新换代的速度很快，所以在选型时要考虑芯片的可升级性，优选大公司的同一系列产品。

⑧价格及供货保证，选型时尽量选择量产的芯片，慎选样片阶段的芯片。

⑨仿真器和开发平台，确认开发时所使用的仿真器以及软件开发平台，优选公司已有的开发工具和开发平台支持的处理器。

⑩勘误资料，查阅最新版本的芯片勘误资料，确认芯片的限制使用条件。

⑪技术支持，优选知名度高的半导体公司的产品，选择市面上使用较广、可利用的软硬件资源较多的芯片，尽量选择有厂家或者代理商技术支持的芯片。

（7）晶体和晶振选型规则

晶体物料通用技术要求：AT 切（基频），20 pF 负载电容，温度范围为 −20 ~ +70 ℃（工业温度等级），制造频偏 30 ppm，温漂 50 ppm/℃，无铅产品。

（8）电源选型规则

①对于可靠性要求高的产品。

②新产品尽量选用标准电源，不推荐定制电源。

（9）A/D 和 D/A 芯片选型

1）精度

与系统中所测量控制的信号范围有关，但估算时要考虑到其他因素，转换器位数应比总精度要求的最低分辨率高一位。常见的 A/D、D/A 器件有 8 位、10 位、12 位、14 位、16 位等。

2）速度

应根据输入信号的最高频率来确定，保证转换器的转换速率要高于系统要求的采样频率，满足 Nyquist 采样定理。

3）通道

确认 A/D 转换需要的通道数量，多路采样的模式，并行还是串行。

4）数字接口方式

接口有并行/串行之分，串行又有 SPI、I2C、SM 等多种不同标准。数值编码通常是二进制，也有 BCD（二到十进制）、双极性的补码、偏移码等，优选 SPI 和 I2C 接口。

5）模拟信号类型

通常 AD 器件的模拟输入信号都是电压信号，而 D/A 器件输出的模拟信号有电压和电流两种。

6）极性

根据信号是否过零，还分成单极性（Unipolar）和双极性（Bipolar），优先选择单极性芯片。

7）电源电压

有单电源，双电源和不同电压范围之分，早期的 A/D、D/A 器件要有+15 V/−15 V，如果选用单+5 V 电源的芯片则可以使用单片机系统电源，优选 5 V 供电电压。

8）量程

确认输入信号在 A/D 芯片的量程范围内，并能充分利用的量程。

9）基准电压

由内、外基准和单、双基准之分，优先有内部基准的芯片。

10）功耗

一般 CMOS 工艺的芯片功耗较低，对于电池供电的手持系统对功耗要求比较高的场合一定要注意功耗指标。

11）封装

禁止选用 DIP 封装，只使用贴片封装。

12）跟踪保持（Track/Hold，T/H）

原则上直流和变化非常缓慢的信号可不用采样保持，其他情况都应加采样保持。

13）满幅度输出（Rail-to Rail）

近来业界出现的新概念，最先应用于运算放大器领域，指输出电压的幅度可达输入电压范围。在 D/A 中一般是指输出信号范围可达到电源电压范围。

6.1.4　列车牵引制动级位原理

（一）牵引制动基本介绍

国内地铁车辆大部分采用三相异步牵引电机驱动。在牵引状态下，受流装置将高压直流电引入牵引逆变器，逆变器通过逆变过程将直流电逆变为三相交流电，供给牵引电机。在制动状态下，牵引电机由车轮惯性带动牵引电机转子，牵引电机变为发电机，输出三相交流电，产生一个与转向相反的电磁力矩，经过整流变为直流电，回馈给接触网或第三轨，也可通过制动电阻将电能转换为热能消耗掉，最后空气制动辅助。这里主要讨论电力牵引与电力制动级位的原理。

如图 6.11 所示，象限Ⅰ速度为正，电机顺时针旋转，电机扭矩与速度同方向，为加速状态；象限Ⅱ速度为正，电机顺时针旋转，电机扭矩与速度反方向，为电制动状态；象限Ⅲ速度为负，电机逆时针旋转，电机扭矩与速度同方向，为反向加速状态；象限Ⅳ速度为负，电机逆时针旋转，电机扭矩与速度反方向，为反向电制动状态。

列车牵引或电制动的级位变化其实就是在控制牵引电机扭矩，牵引电机通过齿轮箱对轮对作用力的变化实现列车牵引或电制动力的变化。要解释牵引制动级位的原理，就要涉及电机调速方面的知识。

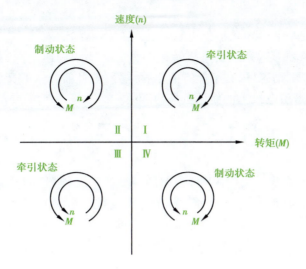

图 6.11　电机转速—扭矩图

（二）电机调速方法

异步电机的调速是当负载不变时,人为改变转子转速,一般异步电机调速方法有变极调速、变转差率调速和变频调速。

异步电动机转速公式:

$$n = n_1(1 - s) = \frac{60 f_1}{P}(1 - s)$$

式中　n_1——定子磁场转速;

s——转差率;

f_1——电源频率;

P——定子绕组极对数。

（1）变极调速

变极调速就是通过改变电动机定子绕组的极对数调速。如果电源的频率不变,只要改变定子绕组极对数,定子磁场转速和转子转速也会随着改变。电机定子磁场转速与极对数成反比变化。变极调速常用的方法是改变绕组的接线方法来获得多种极对数。

变极调速的异步电机转子一般为鼠笼式,因为鼠笼式转子的极对数能随定子极对数改变而改变,其转子与定子的磁场极对数总是相等的。

变极调速的优点是设备简单且运行可靠,但是不能实现无级调速。

（2）变转差率调速

变转差率调速就是通过改变电机的转差率 s 调速,在转矩及负载恒定时,改变转差率有下述几种方法。

①在转子回路中串入电阻、电感或电容。

②改变定子绕组端电压。

③在定子回路串入电阻或电抗。

这几种方法都是在回路中接入附加元件,会使电机效率降低,所以通常在小容量电机调速中使用。

（3）变频调速

变频调速技术的基本原理是根据电机转速与工作电源输入频率成正比的关系，通过改变电动机工作电源频率达到改变电机转速的目的。变频调速范围宽，可以实现平滑调速，调速的静态精度高、动态好，在节能方面也有优势，是目前公认的交流电机最理想的调速方式，在地铁列车牵引电机上的使用也最为广泛。

6.1.5　地铁列车级位原理

地铁车辆由变频调速系统（VVVF）控制的逆变器中变频器（VFD 系统）连接电机，变频器主要由整流、滤波、逆变、制动单元、驱动单元、检测单元微处理单元等组成。图 6.12 所示为变频控制系统示意图，变频器靠内部 IGBT 的开断来调整输出电源的电压和频率，根据电机的实际需要来提供其所需要的电源电压，达到节能与调速的目的。

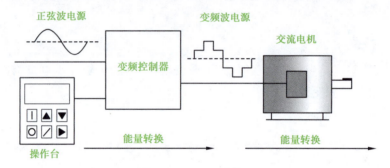

图 6.12　变频控制系统示意图

当列车司机操作司机控制器到牵引级位时，列车就是通过变频调速系统中的变频器来调节 IGBT 的开断来控制输出电源的电压和频率，从而调节作用在转子上的正向力矩，改变牵引力。同理在制动级位时，变频器调节 IGBT 的开断限制电流，调节作用在电机转子上的反向力矩，实现不同的制动力。

（一）变频调速控制原理

VFD 控制器是一个固态电力电子转换系统，由 3 个不同的子系统组成，分别是整流桥转换器、直流（DC）链路和逆变器。电压源逆变器（VSI）驱动器是目前为止最常见的驱动类型。大多数驱动器是 AC—AC 驱动器，将交流线路输入转换为交流逆变器输出。但是在地铁应用中驱动器被配置为 DC—AC 驱动器。图 6.13 所示为逆变电路示意图，直流电通过逆变器的主动开关元件转换为准正弦交流电压输出。

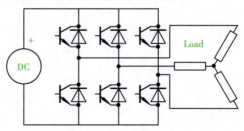

图 6.13　逆变电路示意图

标量控制、矢量控制和直接转矩控制是变频驱动(VFD)控制的主要方法,用于改变驱动器电机的电压和频率。图 6.14 所示为 VFD 的树状分支图。

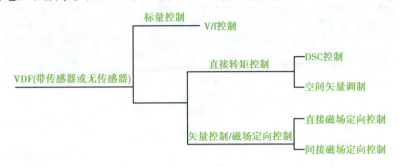

图 6.14　VFD 树状分支图

（1）标量控制的原理

目前较为简单的一类变频器是 V/f 控制（简称"标量控制"），它就是一种电压发生模式装置,对调频过程中的电压进行给定变化模式调节,常见的有线性 V/f 控制（用于恒转矩）和平方 V/f 控制。

标量控制的弱点在于低频转矩不够,速度稳定性不好,因此在车床主轴变频使用过程中被逐步淘汰,而矢量控制的变频器正逐步进行推广。

（2）矢量控制的原理

矢量控制,也称为磁场定向控制,其中三相交流电动机的定子电流被识别为两个正交分量。一个分量定义了电机的磁通量,另一个分量定义了扭矩。变频器的控制系统根据变频器速度控制给出的磁通和转矩参考计算相应的电流分量。磁场定向控制用于控制交流同步电机和感应电机。它最初是为高性能电机应用开发的,这些应用需要在全速范围内平稳运行,在零速时产生全扭矩,并且具有高动态性能,包括快速的加速和减速。由于磁场定向控制下电机尺寸、成本和功耗的优势,使得这种控制方式在普通电机上的应用也越来越多,随着微处理器计算能力的发展,会普遍取代标量控制。

有两种矢量控制方法,即直接矢量控制（DFOC）和间接矢量控制（IFOC）。间接矢量控制更常用,因为在闭环模式下,这些驱动器更容易在从零速到高速速度弱化。在直接矢量控制中,通量量值和角度的反馈信号被用于电压或电流模型中计算。在间接矢量控制中,通量空间角前馈和通量幅度信号首先测量定子电流和转子速度,然后通过对与转子速度相对应的转子角度和对应于滑差频率的滑角的计算,参考值求和来导出适当的通量空间角度。

（3）直接转矩控制的原理

直接转矩控制（DTC）是一种用于变频器的方法,通过控制三相交流电动机的转矩从而最终控制转速,这一方法需通过测得的电机电压和电流来估算电机磁通量和转矩值。

在直接转矩控制中,定子磁通用定子电压积分而得。而转矩是以估测的定子磁通向量和量测到的电流向量内积为估测值。磁通和转矩会和参考值比较,若磁通或转矩和参考值的误差超过允许值,变频器中的功率晶体会切换,使磁通或转矩的误差可以尽快缩小。因此直接转矩控制也可以视为一种磁滞或继电器式控制。

表 6.3 为直接转矩控制与磁场定向控制在许多属性上的对比。

表 6.3　直接转矩控制与磁场定向控制对比

序号	比较属性	直接转矩控制	磁场定向控制
1	动态响应扭矩	非常快	快速
2	坐标参考框架	alpha, beta（定子）	d, q（转子）
3	低速（标称值的 5%）行为	需要速度传感器进行连续制动	良好的位置或速度传感器
4	受控变量	转矩和定子磁通	转子磁通, 转矩电流和转子磁通电流矢量分量
5	稳态转矩/电流/磁通脉动和失真	低（需要高质量的电流传感器）	低
6	参数灵敏度, 无传感器	定子电阻	d, q 电感, 转子电阻
7	参数灵敏度, 闭环	d, q 电感, 通量（仅在零速附近）	d, q 电感, 转子电阻
8	转子位置测量	不需要	必须（传感器或估计）
9	电流控制	不需要	需要
10	PWM 调制器	不需要	需要
11	坐标转换	不需要	需要
12	开关频率	平均频率变化很大	不变
13	转换损失	较低（需要高质量的电流传感器）	低
14	可闻的噪声	高频噪声	恒定频率吹哨声
15	控制调谐循环	速度（PID 控制）	速度（PID 控制）、转子磁通控制（PI）、电流控制（PI）
16	复杂性/处理要求	降低	更高
17	典型的控制周期时间	$10 \sim 30~\mu s$	$100 \sim 500~\mu s$

6.1.6　软开关的基本概念及电路分类

（一）软开关的基本概念

软开关及其特点, 在了解前先介绍相关定义。

①硬开关定义:开关器件在其端电压不为零时开通(硬开通),在其电流不为零时关断(硬关断),硬开通、硬关断统称为硬开关。特点:开关的开通和关断过程伴随着电压和电流的剧烈变化,产生较大的开关损耗和开关噪声。

②软开关定义:开关器件在开通过程中端电压很小,在关断过程中其电流也很小,这种开关过程的功率损耗不大,称为软开关。特点:不存在电压和电流的交迭,降低开关损耗、开关噪声。提高开关频率。

零电压开通、零电流关断如图6.15所示。

(1)理想软开关

器件开通:器件两端电压 u_T 首先下降为零,然后施加驱动信号 u_g,器件的电流 i_T 才开始上升。

器件关断:通过某种控制方式使器件中电流 i_T 下降为零后,撤除驱动信号 u_g,电压 u_T 才开始上升。

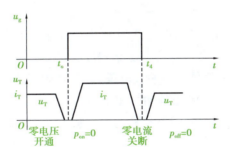

图6.15　零电压开通、零电流关断波形

(2)实际软开关

器件开通:对开关管施加驱动信号,在电流上升的开通过程中,电压不大且迅速下降为零。

器件关断:撤除驱动信号,电流下降的关断过程中,电压不大且上升很缓慢。

软开关、软关断波形图如图6.16所示。

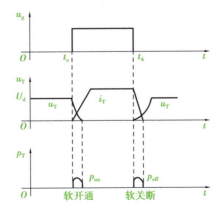

图6.16　软开关、软关断波形图

(二)软开关的分类

①根据开关元件开通和关断时电压电流状态,适应于 DC/DC 和 DC/AC 变换器的软开关技术大体上可分为两类。

a.零电压开关(ZVS)。

b.零电流开关(ZCS)。

②根据软开关技术发展的历程软开关电路可分为下述 3 种。

a.准谐振变换电路。零电压开关准谐振变换电路(ZVS QRC)零电流开关准谐振变换电路(ZCS QRC)零电压多谐振开关电路(ZVS MRC)。

b.零开关 PWM 变换电路。零电压(开通)开关 PWM 变换电路(ZVS PWM)零电流(关断)开关 PWM 变换电路(ZCS PWM)。

c.零转换 PWM 变换电路。零电流转换开关 PWM 变换电路(ZCT PWM)零电压转换开关 PWM 变换电路(ZVT PWM)。

(三)电路特点

①变换电路中谐振元件只参与能量变换的某一阶段而不是全过程,且只能改善变换电路中一个开关元件(如开关管 VT 或二极管 VD)的开关特性。

②准谐振变换电路中谐振周期随输入电压、负载变化而改变,只能采用脉冲频率调制(PFM)调控输出电压和输出功率,即调频方式。

③准谐振电路中电压或电流的波形为正弦半波,因此称为准谐振。

(四)基本的软开关逆变主电路

1)零电流开关(ZCS)

零电流开关(图 6.17)是指通过辅助的 LC 谐振元件、整型功率器件上的电流波形,使得功率器件在零电流的条件下自然关断,实现器件的自然换流。零电流开关技术的优点在于降低了器件的关断损耗,对具有少子导电的功率器件如 IGBT、BJT 等,效果很好。此外,由于谐振电路的配置关系,使得电路对分布参数的敏感性降低。其缺点是流过有源开关的电流是正弦波,导致有较高的电流有效值和电流峰值,另外,谐振电路的环流也产生了附加的导电损耗。在开通时,断态时存在于器件输出电容的能量,在器件内部损耗掉,影响高频工作时的效率。大电压开通时的 di/dt 经密勒电容与门极驱动电路耦合,引起对门极电路的干扰。

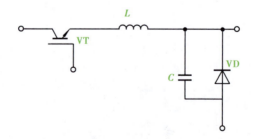

图 6.17　零电流开关

2)零电压开关(ZVS)

零电压开关(图6.18)是指通过辅助的谐振元件电感和电容,整型功率器件上的电压波形,使得功率器件的输出电容电压在器件开通前降为零,为元件的开通创造零电压条件,并消除器件寄生输出电容相关的开通损耗,使得开关频率大大提高。但是 ZVS 有两个缺点,一个缺点是器件过大的电压应力,此应力与电压范围成正比,使得很难实现负载大范围的 ZVS。另一个缺点是由与谐振电容一起谐振的整流二极管引起,若是阻尼振荡,则在高频下一起过大的损耗,若是非阻尼振荡,则对逆变器的电压增益有一定的影响,因而可能引起闭环振荡。

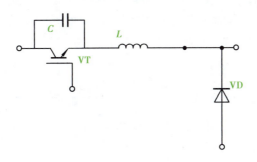

图 6.18   零电压开关

3)多谐振(MRC)

多谐振逆变主电路是指在一个开关结构中综合零电压与零电流开关的特性,谐振电容既与开关器件并联,又与二极管相并联,使开关器件和二极管都形成零电压开关,其主要优点是把所有的主要的寄生参数(功率器件的输出电容、二极管的结电容和变压器的漏感等)都并入谐振电路内,使得电路中的器件均在零电压时导通,从而降低了开关损耗,提高了工作效率。以上3种电路缺点是调频工作时,器件所受的电压电流应力大。

多谐振开关如图 6.19 所示。

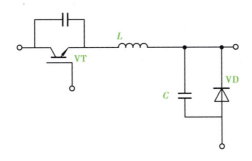

图 6.19   多谐振开关

任务 6.2　车辆知识及实操技能

6.2.1　专业知识技能要求

列车检修工高级技师序列中,应在对系统熟练掌握的基础上,独立完成作业标准的编制、修订,独立完成专项作业等技术文本的起草与修编;能够独立处理和解决高难度的技术问题或工艺难题;了解新技术发展方向,在结合生产实际困难的基础上提出技术整改意见,并组织开展新工装、新工具、新技术改造的实施;结合生产岗人员培养,能够系统地完成提升培训并指导其他人员开展培训工作。专业技能要求见表6.4。

表 6.4　专业技能要求

工作内容	技能要求	相关知识
检修及 故障处理	能熟练运用专业技能完成列车检修; 能熟练检验各系统检修作业质量; 能完成检验各系统、主要部件性能测试和故障排查,并完成分析报告; 能组织、指导复杂故障分析、处理	掌握设备、 工装性能、系统功能
技术管理	能编制、制订系统部件整改措施或工艺优化、技术改造方案; 能设计和改进列车零部件检修工具设备; 能针对列车惯性故障,提出解决方案; 能分析处理接口常见问题,如轮轨、信号接口等	列车技术管理、安全保障、质量管理相关知识
培训指导	能对技师以下进行安全、技术培训、指导; 能设计、制订培训方案,并完成效果验证; 能处理处理辅助控制回路故障; 能处理空调、电暖故障	员工培训、安全教育、车辆相关图纸接线知识

6.2.2　经典问题分析

(一)B 型电客车辅助电源系统负载分配与计算

(1)静止逆变器容量计算与分析

此容量计算及分析适用于国内通用 B 型电动客车的辅助电源系统。辅助电源系统通常为车辆空调、电热采暖、照明、空气压缩机、各种控制系统电路及列车监控系统、车载信号和通信设备等负载提供三相交流 380 V、50 Hz 和单项交流 220 V、50 Hz 电源以及直流

110 V 和直流 24 V 电源。该负载统计计算会因具体车辆负载特性区别而有所差异,但整体思路一致。

对静止逆变器容量计算与分析,主要从正常运行状态时和 1 台故障或被人为切除时两个方面进行 SIV 负载计算和输出容量分配。其中,正常运行状态下 2 台 SIV 同时运行,为全部负载供电;1 台 SIV 故障或被人为切除时,另一台 SIV 将承担全车基本负载的供电,此时全车基本负载改为列车全部负载的空调减半运行,其余负载不变;SIV 输出容量的分配主要是根据最大全车总负载和单台运行时消耗进行的,本节中表 6.8 是某地铁公司辅助电源系统的负载计算统计表,可比照计算,负载统计数据是基于国内 B 型电动客车范本的负载种类进行统计计算所得。

(2)正常运行状态下辅助电源容量计算与分析

1)交流负载 AC380 V 和 AC220 V 容量分析

从表 6.8 中可以看出,交流负载包括三相交流 380 V,50 Hz 和单项交流 220 V,50 Hz,正常工作状态下全车负载主要有以下 3 个方面。

AC380 V 和 AC220 V 负载最大值:夏季 268 386 V·A。

DC110 V 负载最大值:冬季 19 278 W,考虑到变换效率 0.85,并折合到逆变器的负载为 19 278/0.85 = 22 680 V·A。

DC24V 负载:974 W,考虑到变换效率 0.85,并折合到逆变器的负载为 974/0.85 = 1 146 V·A。

那么,最大全车总负载:268 386+22 680+1 146 = 292 212 V·A,约 292 kV·A,再结合 B 型电动客车范本要求,每台 SIV 容量为 190 kV·A,每列车共 2 台 SIV 供电,供电容量能力为 2×190 = 380 kV·A、交流负载分配容量 2×(138+29) = 334 kV·A。根据正常运行状态计算结果,全车总容量的最大值约为 292 kV·A,最大夏季交流负载 268 386 V·A,故正常运行时 2 台 SIV 总容量和交流负载容量均满足要求。

2)DC110V 负载容量分析

由表 6.8 可以看出,全车 DC110 V 夏季和冬季的负载分别为 18 678 W 和 19 278 W,并联运行的 SIV 平均每台分担夏季和冬季 DC110 V,负载分别为 9 339 W 和 9 639 W。

结合 B 型电动客车范本要求,每台 SIV 的 DC110V 输出容量为 20 kW(包括 DC24 V 输出容量 1 kW),两台辅助电源供电,可提供 40 kW/列能力(要求不小于 36 kW/列),正常运行情况下能够满足系统要求。

3)DC24 V 负载容量分析

由表 6.8 可以看出,全车的 DC24 V 负载为 976 W。结合 B 型电动客车范本要求,每台 SIV 的 DC24 V 输出容量为 1 kW,可提供 2 kW/列能力(要求不小于 2 kW/列),正常情况下完全可以满足系统要求。

故在正常情况下,2 台 190 kV·A/台容量的 SIV 向全部列车负载供电,由负载统计和分析计算可知,列车全部负载即夏季最大全车总负载,其计算统计见表 6.5。

由表 6.5 可知,正常运行时列车全部负载等于第一动力单元负载加上第二动力单元负载,约为 146 856+144 650 = 291 506 V·A<380 kV·A(190 kV·A/台,共 2 台)。

表 6.5　列车全部负载计算统计

序号	状态	电压	类别	第一动力单元			第二动力单元			备注
				Tc 车	Mp 车	M 车	M 车	Mp 车	Tc 车	
1	正常运行状态列车全部负载计算统计	AC380V 三相	各车	38 267	43 339	38 304	38 304	43 339	38 267	
			单元	119 910			119 910			
2		AC220V 单相	各车	4 781	4 751	4 751	4 751	4 751	4 781	
			单元	14 283			14 283			
3		DC110V[1]	各车	5 559	3 096	3 096	3 096	3 096	4 029	DC/0.85
			单元	11 752			10 222			
4		DC24V[1]	各车	864	24	24	24	24	188	DC/0.85
			单元	911			235			
5		合计/(V·A)		146 856			144 650			

注[1]:直流 110 V 和直流 24 V 的负载(kV·A)是用夏季负载(kW)除以 0.85 计算的,计算时对各车与各单元取值采用四舍五入。

辅助电源系统的总容量为正常运行下列车全部总负载容量的 130.4%,故辅助电源系统容量有一定冗余,并充分考虑了负载分配的均匀性。

(3)1 台 SIV 故障或者被人为切除时,仅有 1 台 SIV 供电容量计算与分析

1)交流负载 AC380V 和 AC220V 容量分析

若 1 台 SIV 故障或者人为切除运行时,列车负载将改为空调减半运行,其余负载不变,此时全车负载可从以下 3 个方面计算。

由表 6.8 可知,交流负载最大为:夏季 154 386 V·A。

DC110V 负载最大值:冬季 19 274 W,考虑到变换效率 0.85,并折合到逆变器的负载为 19 278/0.85 = 22 680 V·A。

DC24V 负载:974 W,考虑到变换效率 0.85,并折合到逆变器的负载为 974/0.85 = 1 146 V·A。

那么,最大全车总负载:154 386+22 680+1 146 = 178 212 V·A ≈ 178 kV·A,结合 B 型电动客车范本要求,每台 SIV 的容量为 190 kV·A>178 kV·A,故当 1 台 SIV 故障或者被人为切除运行时,另一台 SIV 仍能承担全车供电,并还有一定余量;1 台 SIV 的交流负载分配容量 138+29 = 167 kV·A>154 386 V·A ≈ 154 kV·A,满足要求。

2)DC110V 负载容量分析

由表 6.8 可以看出,全车 DC110V 夏季的负载分别为 18 674 W,结合 B 型电动客车范本要求,每台 SIV 的 DC110V 输出容量为 20 kW,故 1 台 SIV 的 DC110V 电源故障时,另一台 DC110V 电源完全可以承担全车供电。

3)DC24V 容量分析

由表 6.8 可以看出,全车的 DC24V 负载为 976 W。结合 B 型电动客车范本要求,每台 SIV 的 DC24V 输出容量为 1 kW,故 1 台 SIV 的 DC24V 电源故障时,另一台 DC24V 电源可以承担全车供电。

故当 1 台 SIV 故障或者被人为切除时,另一台 SIV 满足向列车基本负载供电要求,列

车基本负载是指列车全部负载中空调减半运行其余负载不变的剩余负载,具体列车基本负载计算统计见表6.6所示。

表6.6 列车基本负载计算统计

序号	状态	电压	类别	第一动力单元			第二动力单元			备注
				Tc 车	Mp 车	M 车	M 车	Mp 车	Tc 车	
1	1台故障列车基本负载计算统计	AC380V 三相	各车	19 267	24 339	19 304	19 304	24 339	19 267	
			单元	62 910			62 910			
2		AC220V 单相	各车	4 781	4 751	4 751	4 751	4 751	4 781	
			单元	14 283			14 283			
3		DC110V[1]	各车	5 559	3 096	3 096	3 096	3 096	4 029	DC/0.85
			单元	11 752			10 222			
4		DC24V[1]	各车	864	24	24	24	24	188	DC/0.85
			单元	911			235			
5		合计/(V·A)		89 856			87 650			

注[1]:直流110 V和直流24 V的负载(kV·A)是用夏季负载(kW)除以0.85计算的,计算时对各车与各单元取值采用四舍五入;直流110 V负载为夏季负载。

显然,1台故障或被人为切除时,列车基本负载为89 856+87 650 = 177 506 V·A,约为178 kV·A,并且小于190 kV·A。同时,辅助电源系统的容量考虑了故障运行情况下重要负载的供电保证。

(4)辅助电源系统负载统计与容量分配

通过上述的分析和计算可以得出,辅助电源系统的总容量和对各个负载容量的分配,均满足车辆负载供电需求。具体的辅助系统的初步负载分配见表6.7,交流负载暂定容量为167 kV·A/台,包括AC380V容量138 kV·A和AC220V容量29 kV·A,详细见表6.7 SIV负载的容量分配和主要技术参数;辅助电源系统的负载统计计算见表6.8,是依据和结合多年来城市轨道交通项目经验,归纳并总结出列车负载系列和负载大小。

表6.7 SIV负载的容量分配和主要技术参数

项目名称	描述或者说明			
额定容量	190 kV·A			
输出电压	输出 1	输出 2	输出 3	输出 4
(1)电压精度	380 V±5%三相	220 V±5%单相	110 V±3%	24 V±3%
(2)分配容量(暂定)	138 kV·A	29 kV·A	19 kW	1 kW
(3)电流	202 A	131.8 A	172.7 A	41.7 A
(4)波形畸变因数	<4%	<4%	—	—
(5)直流波纹系数	—	—	<3%	<3%
(6)频率精度	(50±1)Hz	(50±1)Hz	—	—
(7)功率因数	>0.85(滞后)	>0.85(滞后)	—	—

表 6.8　辅助电源系统的负载计算统计表

表 6.8(1)　AC380V 和 AC220V 负载计算统计表

序号	电压	设　备	单位容量/(V·A)	第一动力单元 Tc车 个数	容量/(V·A)	Mp车 个数	容量/(V·A)	M车 个数	容量/(V·A)	第二动力单元 M车 个数	容量/(V·A)	Mp车 个数	容量/(V·A)	Tc车 个数	容量/(V·A)	6辆全部 个数	容量/(V·A)	备注[1]
1	AC380V	空调装置[2]	19 000	2	38 000	2	38 000	2	38 000	2	38 000	2	38 000	2	38 000	12	228 000	夏季
2		制动空压机	10 070			1	5 035					1	5 035			2	10 070	负载率 0.5
3		客室风机(Long)	58	4	230	4	230	4	230	4	230	4	230	4	230	24	1 380	
4		客室风机(Short)	37	1	37	2	74	2	74	2	74	2	74	1	37	10	368	
5		合计			38 267		43 339		38 304		38 304		43 339		38 267		239 818	
1	AC220V	司机室电热玻璃	1 200	1	1 200									1	1 200	2	2 400	冬季
2		客室暖气	575	17	9 775	18	10 350	18	10 350	18	10 350	18	10 350	17	9 775	106	60 950	冬季
3		司机室暖气	500	2	1 000									2	1 000	4	2 000	冬季
4		客室照明	50	18	900	18	900	18	900	18	900	18	900	18	900	108	5 400	
5		空调控制器	200	2	400	2	400	2	400	2	400	2	400	2	400	12	2 400	夏季
6		LCD乘客显示屏	80	6	480	6	480	6	480	6	480	6	480	6	480	36	2 880	
7		司机室插座	1 000	1										1		2	0	试验设备
8		客室插座	1 000	1		1		1		1		1		1		6	0	试验设备
9		司机室排气风机	150	1	150									1	150	2	300	
10		客室排气风机	2 300	1	2 300	1	2 300	1	2 300	1	2 300	1	2 300	1	2 300	6	13 800	
11		电子广告牌	60	6	360	8	480	8	480	8	480	8	480	6	360	44	2 640	暂定
12		其他	200	1	200	1	200	1	200	1	200	1	200	1	200	6	1 200	暂定

13	合计					
AC380V 夏季容量合计/(V·A)	239 818	38 267	43 339	38 304	43 339	38 267
AC380V 冬季容量合计/(V·A)	11 818	267	5 339	304	5 339	267
AC220V 夏季容量合计/(V·A)	28 566	4 781	4 751	4 751	4 751	4 781
AC220V 冬季容量合计/(V·A)	91 516	16 356	14 701	14 701	14 701	16 356
AC380V 和 AC220V 夏季容量/(V·A)	268 384	43 048	48 090	43 055	48 090	43 048
AC380V 和 AC220V 冬季容量/(V·A)	103 334	16 623	20 040	15 005	20 040	16 623
	93 970	16 765	15 110	15 110	15 110	16 765

注：[1]冬季和夏季分别为两种季节下对应的负载，没有季节标注示表示为通常运行负载。

[2]由表可以看出，夏季：AC380 V+AC220 V 负载约为 268 384 V·A；冬季：AC380 V+AC220 V 负载约为 103 334 V·A。

若 1 台 SIV 故障或者人为地切除运行时，列车交流负载将改为空调减半运行，夏季交流负载：AC380 V+AC220 V 负载容量为 2×(19 267+24 339+19 304)+28 566=154 386 V·A；冬季交流负载：103 334 V·A。

空调负载参考了某地铁实际功率取值：1 台空调含 2 个压缩机(6 kW)和 2 个冷凝风机(0.55 kW)，故可知 1 台空调负载：(6×2+0.55×2)/0.85=15.4 kV·A。在负载计算时取值为19 kV·A，取值上有一定余量值。

表 6.8（2） DC110V 负载计算统计表

序号	电压	负载设备	单位容量/W	第一动力单元						第二动力单元						6辆全部		备注
				Tc车		Mp车		M车		M车		Mp车		Tc车		个数	容量/W	
				个数	容量/W	个数	容量/W	个数	容量/W	个数	容量/W	个数	容量/W	个数	容量/W			
1	DC110V	车头照明	150	2	300									2	0	4	300	
2		司机室控制装置	300,100	1	300									1	100	2	400	
3		列车监视系统（T车）	250	1	250									1	250	2	500	中央
4		列车监视系统（M车）	100			1	100	1	100	1	100	1	100			4	400	终端
5		ATP/ATO设备	600,300	1	600									1	300	2	900	
6		牵引控制单元（DCU）	500			1	500	1	500	1	500	1	500			4	2 000	暂定
7		制动控制单元	500	1	500	1	500	1	500	1	500	1	500	1	500	6	3 000	
8		逻辑控制单元（ACU）	450	1	450									1	450	2	900	暂定
9		制动空压机控制	60	1	60									1	60	2	120	
10		空调控制	100	1	100	1	100	1	100	1	100	1	100	1	100	6	600	夏季
11		制动加热器	200	1	200	1	200	1	200	1	200	1	200	1	200	6	1 200	冬季
12		司机室照明	25	2	0									2	50	4	50	
13		客室照明	46	4	184	6	276	6	276	6	276	6	276	4	184	32	1 472	
14		车门显示器	8	2	16	2	16	2	16	2	16	2	16	2	16	12	96	
15		制动显示器	8	2	16	2	16	2	16	2	16	2	16	2	16	12	96	
16		关门控制单元	25	8	200	8	200	8	200	8	200	8	200	8	200	48	1 200	最大
17		停站关门	0	4	0	4	0	4	0	4	0	4	0	4	0	24	0	数秒（50 W）
18		蓄电池充电	150	1	150									1	150	2	300	
19		列车无线电设备	200,50	1	200									1	50	2	250	
20		列车广播	300,100	1	300	1	100	1	100	1	100	1	100	1	100	6	800	
21		LCD乘客显示屏控制	38	8	304	8	304	8	304	8	304	8	304	8	304	48	1 824	
22		终端显示器	25	1	25									1	25	2	50	
23		外部显示显示屏	60	2	120	2	120	2	120	2	120	2	120	2	120	12	720	
24		显示主设备	350	1	350	1	100	1	100	1	100	1	100	1	150	6	900	
25		其他控制及损耗	300	1	300	1	300	1	300	1	300	1	300	1	300	6	1 800	暂定

DC110V 容量合计						
各车容量合计	4 925	2 832	2 832	2 832	3 625	19 878
各车夏季容量合计	4 725	2 632	2 632	2 632	3 425	18 678
各车冬季容量合计	4 825	2 732	2 732	2 732	3 525	19 278
单元 DC110V 夏季容量合计/W	4 725+2 632+2 632=9 989			2 632+2 632+3 425=8 689		18 678
单元 DC110V 夏季容量合计÷0.85/(V·A)	11 752			10 222		21 974
单元 DC110V 冬季容量合计/W	4 825+2 732+2 732=10 289			2 732+2 732+3 525=8 989		19 278
单元 DC110V 冬季容量合计÷0.85/(V·A)	12 105			10 575		22 680

注：由表可以看出，DC110V 夏季和冬季负载容量分别为 18 678 W 和 19 278 W，考虑到变换效率 0.85，折合到逆变器的负载分别为 21 974 V·A 和 22 680 V·A。

表 6.8(3)　DC24V 负载计算统计表

序号	电压	负载设备	单位容量/W	第一动力单元						第二动力单元						6辆全部		备注[1]
				Tc车		Mp车		M车		Mp车		M车		Tc车				
				个数	容量/W	个数	容量/W	个数	容量/W	个数	容量/W	个数	容量/W	个数	容量/W	个数	容量/W	
1	DC24V	尾灯	15	2	0									2	30	4	30	LED 尾灯
2		前照灯	5	6	30									6	0	12	30	
3		电子喇叭	150	1	150									1	0	2	150	
4		雨刷	200	2	400									2	0	4	400	
5		其他	100	1	100									1	100	2	200	暂定
6		紧急报警接收机	10	2	20									1	10	3	30	
7		紧急报警器	10	1	10	2	20	2	20	2	20	2	20	2	20	11	110	
8		ATP 设备	24	1	24									1	0	2	24	
9		合计		734		20		20		20		20		160		974		
		DC24V 容量合计																
		单元 DC24V 容量合计/W		734+20+20=774						20+20+160=200						974		
		单元 DC24V 容量合计÷0.85/(V·A)		911						235						1 146		

注[1]：由表可以看出，DC24V 负载容量为 974 W，考虑到变换效率为 0.85，折合到逆变器的负载为 1 146 V·A。

(二)地铁车辆空转/滑行检测及控制说明

（1）控制原理介绍

在交流传动地铁车辆牵引控制中,空转/滑行保护和粘着利用控制系统是传动控制系统的一部分,统称粘着利用控制。如图6.20所示,它的主要作用是在线路状况变化不定的情况下,通过对电机速度、电机转矩等信息的采集、分析和处理,结合由司机或ATO指令给定和DCU生成的电机牵引/制动特性包络线,综合得出的电机转矩指令,向电机控制系统发出合适的电机转矩给定,使得列车能以接近线路当前最大的黏着系数运行,从而获得最大的黏着利用率。

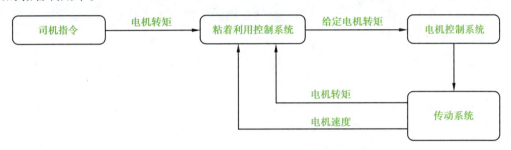

图6.20　粘着控制系统在传动控制中的位置

（2）空转/滑行检测及控制功能

牵引控制单元基于单车控制,当列车因为轨面粘着状况变化导致轮对间速度差发生变化,或者车轮加速度发生变化并超过保护门槛值时,粘着控制系统将认定为发生空转/滑行,并迅速调整电机的给定转矩,使得列车在发生空转和滑行时能够从这些状态中迅速退出并重新恢复粘着。

1）车轮速度差检测及保护

①控制系统能检测出同一节车上4个车轮中任意两轮对间的速度差(或4个动轮与列车实际速度间的速度差)Δv,并与设定的保护阈值Δv_0和$\Delta v_1(\Delta v_0 < \Delta v_1)$作比较。

②当检测出的速度差Δv大于设定保护门槛阈值Δv_0和$\Delta v_1(\Delta v_0 < \Delta v_1)$时,初步定为5 km/h,具体数值可在首列车调试试验期间确定。将根据差值大小Δv迅速减小电机的给定转矩,从而抑制或防止空转/滑行现象的发生,并重新快速恢复粘着。

2）车轮加速度检测及保护

①控制系统能够分别检测出同一节车4个轮对的加速度值a,并与设定的保护阈值a_0和$a_1(a_0 < a_1)$作比较。

②当检测出的加速度值a超出设定的保护阈值a_0和$a_1(a_0 < a_1)$时,将根据加速度超出阈值的多少迅速减小电机给定转矩,从而抑制或防止空转/滑行现象的发生,并重新快速恢复粘着。

根据实际运用经验,DCU粘着利用控制系统可检测出各轮轴瞬时加速度大于4 m/s^{2}的情况,具体精确数值可在首列车调试试验期间确定。电制动粘着利用控制检测到滑行降低电制动力的持续时间不能超过5 s(暂定),如果超过5 s,DCU通知空电联合系统切除电制动,采用空气制动。

3)空转/滑行控制系统的失效保护

①若空转/滑行的持续时间长于5 s(暂定)时,将判定为空转/滑行系统失效,控制系统向司机发出提示。

②当列车实施电制动时,若空转/滑行控制系统失效,该车的电制动将被切除,空气制动取代相应的制动力要求。

③列车牵引时,若空转/滑行控制系统失效,牵引系统将维持运用而无空转保护。

4)轮径校验功能

①在每次轮径改变或镟轮后,新的设定轮径值应储存在控制单元中。

②在列车惰行时,粘着利用控制系统能够自动的检测出4个动轮的轮径实际值,并与设定的轮径值作比较。

③在实际轮径值与设定轮径值相差≤8 mm(暂定)时,能够提供完全的空转/滑行保护功能。

④在实际轮径值与设定轮径值相差>8 mm(暂定)时,控制系统向司机发出提示。

(三)MVB 总线线路问题分析方法

(1)概述

随着城轨车辆局域网技术、嵌入式微机控制技术以及地铁车辆总线技术的发展,现代城轨车辆的过程控制已从集中型的直接数字控制系统发展为基于通信网络的分布式控制系统。城轨车辆分布式控制系统通过应用多种总线技术把分布于各车厢内部、独立完成特定功能的微控制器互连起来形成类似于工业局域网的网络形式,以实现车辆资源共享、协同工作、分散监测和集中操作等目的。列车通信网络(TCN-Train Communication Network)就是在这个系统上建立起来的列车控制、诊断信息数据通信网络。

由于国外公司对 MVB 通信网络的关键技术的垄断,严重阻碍了国内厂家开发 MVB 通信网络产品,而整机引进的周期长且价格难以承受。国内对标准的引进、技术的理解消化和二次开发都做得不够,不利于 MVB 通信网络技术在国内城轨车辆或者其他领域的推广应用,同时也不利于吸取经验研制自己的列车网络产品和制订自己的列车网络标准。国内对列车通信网络的研究较少,没有技术积累,而此类技术要求高,投入大,导致国内列车通信网研究进步缓慢。

(2)MVB 总线线路问题分析和排查故障手段

1)MVB 总线结构及原理

MVB 总线是在瑞士 Lok460 机车上创始的总线基础,并已经在 1 000 辆以上的城轨车辆上应用过。MVB 可使用双绞线或者光纤介质,不同的介质可以通过中继器互相连接。MVB 由一个集成的总线控制器支持,它能够构成简单的设备而无须处理器。MVB 控制器在物理层提供冗余;一个设备在两个互为冗余的线路上发送,但是仅从一条线路上接受,同时监视另一条线路,MVB 体系结构表见表 6.9。

作为通用数据总线,MVB 属于总线仲裁型网络,采用主帧/从帧应答方式,可以实现设备和介质冗余,总线的实时性依靠实时协议来保证。列车故障诊断系统可对运行中或停车状态下的城轨车辆设备以及由这些设备所构成的系统进行在线监测,在发生故障时可确定故障所在部位,提示排除故障的方法或采取应急措施的建议,提高了列车运行的安全性。

表 6.9　MVB 体系结构表

ISO/OSI 模型	变量	消息
应用层	单变量;数据块、集	呼叫应答消息;多播消息
表示层	统一原始变量和结构化变量	
会话层		建立会话;呼叫应答
传输层		消息打包;流量控制纠错多播
网络层		分级寻址;路由
数据链路层	数据集周期传输	无连接;非周期传输
物理层	双绞线、光纤	物理连接

列车控制和管理系统(TCMS)符合 IEC 61375—1 标准的要求。TCMS 的列车总线和车辆总线均采用 MVB(多功能车辆总线)总线,多功能车辆总线(MVB)的电气接口为电气中距离(EMD)介质。传输速率为 1.5 Mbit/s。TCMS 硬件满足 EN50155 标准。

连接到多功能车辆总线(MVB)上各个子系统的控制单元包括车载 ATC 装置、制动控制单元、空调控制单元、门控系统、乘客信息系统等。其中没有 MVB 接口的子系统通过协议转换模块连接到 MVB 网络中。整个列车控制和管理系统包括硬件、操作系统、控制软件、诊断软件、监视软件和维护工具等。

TCMS 为所有子系统设备留有标准的通信接口,并具有成熟可靠的接口通信规范,使得所有车辆子系统能可靠接入。以通用的列车控制及监视系统拓扑结构(包含 MVB 总线 A/B 路,硬线和 RS485 总线及转换等)为例,进行列车控制及监视系统拓扑说明(4M2T 结构),如图 6.21 所示。

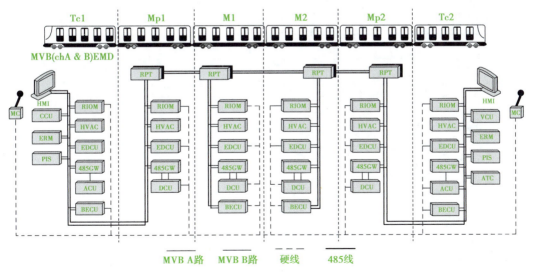

图 6.21　列车控制及监视系统拓扑图

MVB 总线的列车网络控制系统采用分布式控制技术,划分为两级,即列车控制级、车辆控制级。列车控制级总线和车辆控制级总线均采用 EMD 电气中距离介质的 MVB 多功能车辆总线。中继模块 REP 作为列车级总线和车辆级总线的网关,实现列车级总线到车辆级总线的数据转发功能。

基于 MVB 总线的列车网络控制系统配置以太网无线传输模块 EWLM,通过工业以太网连接事件记录模块 ERM 的 M12 以太网接口,可以将 ERM 中记录的数据信息通过 WLAN 或者 3G 无线网络发送到地面维护中心,实现车地无线数据通信功能:不论是列车级总线还是车辆级总线,均采用通信线路双通道冗余设计,当某一路通信线路出现故障时,系统可以自动切换到另一路通信线路。对于关键的车辆控制模块 CCU,由于其主要实现重要的车辆控制、总线管理,因此在整个列车网络中也对 CCU 进行了热备冗余配置,正常情况下两个 CCU 通过底层协议芯片的竞争机制自动选取一个 CCU 为总线管理主,另外一个 CCU 为备用主,当主 CCU 出现故障时,备用 CCU 将接管主 CCU 的职责,行使所有的总线管理和控制功能。但是不论哪个 CCU 为总线管理主,在控制逻辑上都以司机钥匙激活端的控制指令为准,总线管理主权的交换不会导致控制指令来源的切换。

多功能车辆总线 MVB 用于连接各车辆内的电子部件和控制系统(也称为 MVB 段)。数据在车辆总线上可以双向传递。数据通过两条线路(即两对电线)传递,即使一条线路出现故障,数据仍可通过第二条线路传递。MVB 所使用的电缆是两对双绞屏蔽线。为防止反射及干扰,MVB 在总线的每一端都设有终端电阻(120 Ω)。MVB 电缆是与电子控制单元内的 MVB 接口模块相连的。MVB 接口模块进行总线管理和数据通信管理,包括总线主控器(总线管理器)的定义及线路监控。

传输介质:MVB 传输介质采用电气中距离介质(EMD),并且传输介质是冗余的。

报文由主帧以及为响应此主帧而送出的从帧组成。在总线任何位置的一个报文的时序如图 6.22 所示。

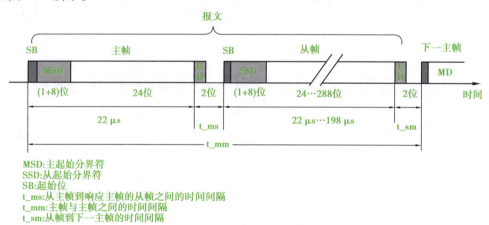

MSD:主起始分界符
SSD:从起始分界符
SB:起始位
t_ms:从主帧到响应主帧的从帧之间的时间间隔
t_mm:主帧与主帧之间的时间间隔
t_sm:从帧到下一主帧的时间间隔

图 6.22　报文时序示意图

2)系统配置

以通用 6 辆编组形式,各种车型所需的 TCMS 硬件设备配置见表 6.10。

表 6.10　车辆设备配置表（TCMS）

序号	部件名称	数量/辆（6 辆编组）						共计
		Tc1	Mp1	M1	M2	Mp2	Tc2	
1	中央控制单元（CCU）	1	—	—	—	—	1	2
2	司机室人机接口单元（HMI）	1	—	—	—	—	1	2
3	列车事件记录仪（ERM）	1	—	—	—	—	1	2
4	中继器（RPT）	—	1	1	1	1	—	4
5	远程输入/输出模块（RIOM）	1	1	1	1	1	1	6
6	485 网关	1	1	1	1	1	1	6

3）MVB 总线离线问题分析和排查故障手段

MVB 总线的列车网络控制系统的子系统离线问题主要包括对生命信号的接收判定和应用层端口数据状态判定。如何有效检测 MVB 总线网络通信质量，需要找到信号反射、噪声干扰、信号失真、信号衰减等对通信质量的影响，主要使用下述几种专业设备测试的方法。

①FLUKE DTX1800 型测试仪。该型号测试仪为 FLUKE 公司针对以太网网络通信质量测试开发的一套测试设备，并不是标准的针对 MVB 网络线缆质量而进行的测试设备，后续 FLUKE 公司对该测试设备的软件进行升级，加入了 MVB 网络测试相关子项，如串扰、阻抗是否连续等，但并未原生提供针对 MVB 网络使用的 DB9 型适配器。对采用总线连接器形式的 MVB 总线线缆测试支持不佳，测试标准严苛，误判率较高。故该仪器不能对整个 MVB 网络布线进行定性的测试，通常作为排查故障的辅助手段。

②示波器。通过对网络 MVB 总线的波形进行检查，查看波形是否达到预期的要求，通过波形本身来判断通信质量的优劣。

③MVB 信号发生器。在网络一段通过不断发送按照协议编码好的数据，另外一段进行接收，通过发送和接收到的数据对比来验证丢包率。

④MVB 协议分析仪。MVB 协议分析仪用来对 MVB 网络传输的数据包括捕获、截取，对数据流进行解析。每个项目的接口定义、端口培训不尽相同，故需要对 MVB 分析仪进行二次开发，加入适合测试项目的测试规则，才能对总线传输数据进行对应解析。

（四）车载电子电气部件的疑难故障分析处理

地铁车载信号系统是地铁的核心控制部分，它是一个十分复杂的系统，具备多种功能，组成信号系统的模块分工明确，各个设备模块各司其职。从最早期的音频控制到现在的数字电路控制，信号系统的发展经历了多个阶段，未来的发展趋势是通信系统被更加深入地运用到信号系统之中，并且会往无人式 ATO 方式和更加集成化、综合化方向发展。随着地铁车载信号系统的不断发展和完善，为地铁的长期安全运行提供了更为可靠的保障。

（1）地铁车载信号系统概述

作为地铁控制系统的核心部分，地铁车载信号系统的发展之路是从最开始的固定闭塞方式到现在的移动闭塞方式，现今使用最为广泛的是基于数字轨道的 ATC 系统。ATC 子系统分为不同的子模块，负责不同的功能，能够基本满足当今较大客流量的要求，今后它将朝着更加智能、更加集成化的方向发展。

（2）地铁车载信号系统组成和设备模块

1）系统组成

①ATP（Automatic Train Protection）子系统是信号系统的核心部分。其任务为正确接收控制系统发出的限速命令，并通过清晰可靠的显示手段将命令显示出来，显示的同时确保列车运行在命令所固定的速度之下。ATP子系统设置了主模块和副模块来实现超速防护、制动保证以及车门控制等功能，两个模块互为补充。

②ATO（Automatic Train Operation）子系统顾名思义可以替代人工进行智能化的地铁驾驶控制，实现驾驶中的平稳加速、车速自动调整和到站停车。

③SICAS（Computer-Aided Signaling）是计算机辅助信号系统的简称，是在SIMIMT原则的故障—安全原则之上的安全系统。其运行的结果是：一旦系统发生了软件或者硬件的未知故障，系统能够自动进入一种预先已知的安全状态。该系统在经过了广泛验证和成熟运行之后，它的现代化设计和对安全数字总线的准确使用，使得连锁系统的总量达到最小。

2）设备模块

车载ATP设备所采用的结构是三取二式，能够完成车头车尾自动换向功能。每列车的设备模块包含下述内容。

①CC机架：在开放的支架盒里安装CC机架，每个CC机架包括ATP/ATO机箱和连接面板。

②应答机读取器：转向架上的应答机读取器自动关联车载控制器，共享诊断信息。

③速度传感器：利用数字脉冲硬件计数器来确定周期转数，得到车速。

④车载通信网络：移动通信系统和天线是通信网络基本组成部分。

⑤TOD司机操作设备：TOD提供驾驶员和列车控制系统的人机交互界面。

⑥加速度计：加速度计用来检测列车是否发生打滑和空转现象。

ATO系统在车载设备的使用上与ATP系统硬件设备是通用的，没有单独的设备，但是CPU是独立的。车载ATO设备的主备冗余，一旦主ATO单元发生故障，备用ATO自动切换。每列车上有2套CC，一套在头车，另一套在尾车。每一CC包括2个独立的ATO模块（主用/备用），运行CC的主ATO控制动力系统和制动系统。

ATP和ATO软件开发语言为C语言和Pascal，印制在同一块电路板之上。每个CCTE包含ATP、VO、ME和CPL模块各一个。

（3）地铁车载信号系统功能

音频轨道是早期地铁系统的运行基础，但是城市的发展使得客流量不断增大，音频技术的信息量、可靠性和抗干扰性无法达到密集人群的使用需求。因此，报文式数字轨道取代了音频轨道，一般而言，报文式数字轨道具备下述系统功能。

1）车载ATP功能

ATP功能是强制系统安全工作，保障故障安全。列车的道岔关联、占用情况、行驶速度、追踪间隔、信号灯显示和进路安全等动作都会由ATP系统进行检查和控制。对车门的监督、折返的确定等都在ATP功能的范畴之内。

轨旁ATP和车载ATP是两种常见的ATP形式。轨旁ATP的计算机控制系统得到轨道占用情况、最大运行速度等参数之后实时得出安全行车最小间隔,从联锁计算机等其他系统中接收命令参数之后,生成报文通过 ATP 天线发送出去。报文的内容包括距离速度、轨道停车等保证安全的数据。车载 ATP 的组成部分则是车载控制器、编码里程计、信标天线等相关外围设备。编码里程计向计算机传送出距离脉冲,车载控制器根据脉冲数据计算出地铁的实际行驶速度,再结合信标天线对接收到的报文数据进行监督,例如紧急停车、停车地点等,再把距离速度等参数送达驾驶室,供驾驶员参考。

2)车载 ATO 功能

车载 ATO 功能主要是指智能运行、到站停车、折返控制、车门自动开关和掌握停车时间等功能。在现代化技术的发展之下,ATO 功能已经和 ATP 功能在设备上逐渐融合。从概念上理解 ATO 功能,可以分为轨旁 ATO 和车载 ATO 两种。现阶段地铁所采用的 ATO 功能是对列车的驾驶员行驶进行防护和辅助,列车在得到线路状况等参数之后,根据列车自身的特点和轨道坡度等即时计算得出最高效的运行路线,由驾驶员在该功能下负责启动,在信号设备产生故障时改为人工驾驶。

(4)地铁运行模式

信号系统经过的长期的发展,从控制系统角度而言地铁都有着连续列车控制、点式列车控制以及联锁列车控制等不同等级。在实际中,从列车本身而言通常将列车运行状态分为下述几种。

1)自动驾驶

自动驾驶模式 ATO 是正常的操作模式,在该模式下,司机的操作简化为启动和开关车门,同时超速防护系统也会在该模式下启动。列车超速时,ATP 子系统会在极短时间内发送指令给 ATO 系统,随后牵引电流被断开,全制动被启用。

2)人工驾驶

人工驾驶模式一般属于 ATC 系统的备用操作模式。在该模式之下,列车驾驶员在ATP 子系统的监护之下完成地铁列车的基本操作,如启动、定点停车等。

3)后退模式

当方向手柄处于"后退"位置时,列车运行后退模式开始启用。在该模式之下,驾驶员能够手动操作地铁列车后向行驶,超速防护仍然在监控当中,车速一般在 5 km/h 之下。

(5)典型故障分析

1)ATP 切除无效的技术分析

某地铁发生列车无牵引无法动车,车辆屏显示输出指令不一致,司机改用信号防护下的人工模式依然无法动车,切除 ATP(断开信号空开)收车回库。现场检查故障,驾驶端ATP 切除无效,非驾驶端 ATP 也无法切除。

依照接口文件要求,信号系统 OBCU 相关的电源空气开关(ATP、ATO、RCS、HMI)和ATP 切除开关,在开关动作时,应能断开电源;因为信号设备内部部件问题导致无法断开电源;其后将原有单一正极空气开关改为能同时控制电源正极和负极的双联开关,以保证ATP 切除开关和 ATPN 电源开关的动作有效性。简称注释:"EB:列车紧急制动、ATP:列车自动保护系统、OBCU:车载信号设备、ATO:列车自动运行模式、RSC:融合通信、HMI:人机界面"。

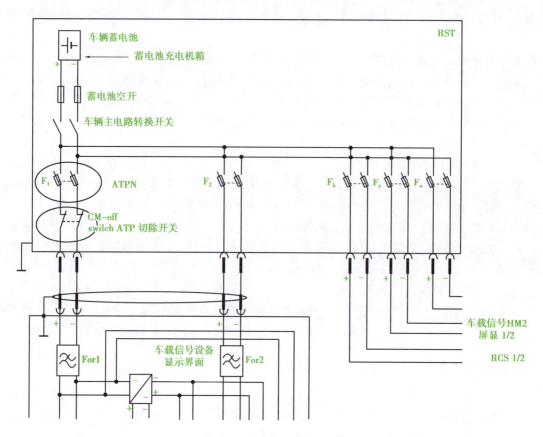

图 6.23　空开接线示意图

2）出现 EB 的处理措施

如果在 OBCU 中检测出一个安全相关的故障，则紧急制动被触发。出现 EB 的原因很多，常见的有以下几点，相关原因与释放步骤见表 6.11。

表 6.11　出现 EB 的原因与释放步骤

原　因	反　应
列车丢失定位	列车静止后确认模式转换为 RM，将主控杆拉至 FB 位来释放紧急制动。 注意：可以多次尝试将主控杆从 N 位拉至 FB 位来释放紧急制动
CTC 下无线通信丢失	列车静止后确认模式转换为 RM，将主控杆拉至 FB 位来释放紧急制动。 注意：可以多次尝试将主控杆从 N 位拉至 FB 位来释放紧急制动
违反速度限制（人工驾驶）	违反速度限制时，在系统提示时间范围内将列车速度迅速降至紧急制动速度以下，以免出现 EB
发生硬件故障	列车静止后确认模式转换为 RM，将主控杆拉至 FB 位来释放紧急制动。 注意：可以多次尝试将主控杆从 N 位拉至 FB 位来释放紧急制动

原　因	反　应
后遛监督出现了故障	列车静止后,将主控杆拉至 FB 位来释放紧急制动。 注意:可以多次尝试将主控杆从 N 位拉至 FB 位来释放紧急制动
车门开启时,检测到列车运行	列车静止后,将主控杆拉至 FB 位来释放紧急制动。 注意:可以多次尝试将主控杆从 N 位拉至 FB 位来释放紧急制动
发生严重故障(像 OPG 故障)	紧急制动将不会被释放,此时需司机将"ATP 切除"开关打到切除位是按相关规定动车

3)开关门故障处理措施

开关门故障主要有列车不在停车窗和没有门使能。

①列车不在停车窗。列车以 AM 模式进站未到标或过标停车时,没有出现停车窗。此时司机不要按压"ATO 启动"按钮动车。司机以 SM 模式驾驶列车进行对标。在过标后退时,只允许后退 3 次,第一次可后退 2 m,往后各次可退 0.5 m。后退超过特定值时,列车将会触发紧急制动。待 HMI 上出现站台对位标后,将方向手柄打至前进位,主控手柄放在 FB 位。

②没有门使能。列车以 AM 进站对标停车后,HMI 上显示站台对位标,没有开门提示,无法开门,则按压"门允许"按钮,司机负责手动打开正确侧车门(按压一次门允许按钮后,两侧车门都有门使能信号,此时司机全权负责手动打开正确侧车门)。如果按压"门允许"按钮后仍然无法开启车门,则将"ATP 切除"开关打到切除位,操作车辆来实现开启车门。

6.2.3　优化创新及新技术应用

(一)空调故障处理方法优化

列车检修工在工作中,经过长期的经验积累,应能编制完成系统典型问题,下面就空调典型故障处理流程及可能因素总结如下,其他系统也可参照开展。

(1)典型机组故障处理思路

1)空调机组不运转

空调机组不运转故障一般发生在供电电源线路与控制线路上。

①供电电源线路故障。

a.电源无电。解决措施:用电压表测量空调机组控制框电力输入端子的三相电压,若无电压。应接通电源。

b.电源缺相供电。解决措施:如测量电源缺相时,应检查交流电配电柜的缺相保护器是否开路,将缺相保护器复位。

c.电源电压过低。解决措施:测量电压低于额定值15%欠压继电器不动作,操作控制线路无法工作,操作控制线无法工作,调整输入电源。

d.电源电压过高。解决措施:测量输入相电压超过 253 V,过压继电器动作,切断了控制线路回路而无法操作,调整输电源。

②控制线路故障。

a.控制线路供电线断路。解决措施:检查测量供电电压找出断路部位并修复。

b.插接件接触不良。解决措施:测量插接两端接线不导通,重新接插好,再测量到导通。

c.选择开关内部短路。解决措施:拆开查看有无断路情况并修复。

2)空调机组不制冷,无冷气

此类故障为空调机组能够运行,但无冷气或冷气极小。

故障主要发生在制冷系统反压压缩机中,如:

①膨胀阀感温包内。膨胀阀感温包内物质泄漏而使阀门关闭不通,吸气管内抽空,低压开关起路,排气管不热,节流器无流动声,通风机吹出的风不冷。解决措施:拆下过滤网清洗。

②膨胀阀进口过滤网堵塞不通,吸气管内抽真空,排气管不热,节流器无流动声,通风机吹出的风不冷。解决措施:拆下清洗过滤器。

③过滤器内堵塞不通,制冷剂能通过,吸气管内抽真空,排气管不热,节流器无流动声,通风机吹出的风不冷。解决措施:拆下来清洗过滤器。

④系统内制冷剂全部泄漏,吸气管内抽真空,排气管不热,节流无流动声,通风机吹不出冷风。解决措施:捡漏、修漏、充制冷剂。

空调机组在运行时,产生有规律的运动噪声比较低并有节奏,属正常噪声。若发出异常刺耳的噪声,则不正常,为有故障的噪声,若不及时发现和处理,就会损坏机件,必须应予重视。

3)压缩机不启动

开机后通风机,冷凝扇运转,而压缩机不运转,且电机发出"嗡嗡"的电磁声。这是压缩机不启动或电机做极慢速度的运转,时间稍长一点,过载保护器就会起跳并切断电源,这类故障主要出在压缩机内。

故障原因:

①轴承烧熔,曲轴转不动,电机会发出"嗡嗡"的异常电磁声。

②气阀损坏,阀板破碎零件落进汽缸,使活塞不能回转,曲轴转不动,电机发出"嗡嗡"声。

③边杆断裂,曲轴卡住而转不动,电机发出"嗡嗡"声。

④气阀严重泄漏,汽缸内始终充满高压气体,电机超载运转,有拖不动现象。

解决措施:遇到上述 4 种情况时,更换压缩机。

⑤电机绕组匝间短路或绝缘层严重老化,电机运转速度极慢,并发出"嗡嗡"的噪声,电流极高,不多时保护器起跳。解决措施:更换电机定子或压缩机。

4)通风机运转而压缩机不运转

这类故障可能是控制线路本身的故障,也可能是制冷系统与风机系统的故障,这些故障会引起有关电控制保护器的起跳,切断电源,它虽反映在电气控制上,但故障却发生在两个系统上。

故障原因:

①接线头接触不良。解决措施:如压缩机接线不良,压缩机接线头松弛,手动修复。

②冷凝扇和压缩机交流接触器线路断路。解决措施:测量交流接触器一根接头不导

通,更换线路;测量交流接触器两根接头不导通,更换线路或接触头。

③压力开关损坏。解决措施:测量其接线端子不导通,修复或更换压力开关。

④温度控制器调节不当。解决措施:整定值高于内温度,重新调整。

⑤温度控制器损坏。解决措施:如发现其触点常开不闭合,应更换或修复温度控制器。

⑥水银式过载保护器有故障。解决措施:如测量进出接线端子,不导通,检查修复或更换过载保护器。

5)电热系统的故障

电热系统的故障主要表现在空调机组运转中有异味、烟雾。有冷冻油气味。系统有较大的泄漏,冷冻油溢出,严重者可听到泄漏声。有电气、塑胶焦煳气味。机组电气故障使导线通过电流过大而导致过热,使绝缘层老化;接线端子或插头插座接触不良,发生火花而过热,使胶木焦化等。

（2）典型控制故障处理思路

空调控制柜电路分为主回路和控制回路。其中主回路是三相电供电电路,包括了实现制冷、制暖和通风的电机以及电路的保护元件。控制回路则是单相电供电电路,实现了对主回路各种工作状态的控制。整个电路所用的元器件包括交流接触器、中间继电器、时间继电器、温度继电器、压力继电器、热继电器、过流继电器、高低压继电器、温度传感器、温度调节器、指示灯、通风机电机、冷凝风机电机、压缩机以及加热器等。

电气控制电路主要由电气元件、电源以及导线组成。故障发生情况如下所述。

1)导线故障

导线是由导电的金属部分和包裹在外面的绝缘部分组成。在电路中,导线起到了连接各个元器件的作用。导线本身也有它的使用寿命,超出使用寿命可能出现像断线、漏电和断路的故障。同时作为连接部分,导线与导线或者件的连接处是最容易出现故障的地方,容易产生接触不良、松脱、发热等故障。

2)元器件故障

在电气线路中,控制元件的种类较多。不同的元器件,故障种类、故障现象也不尽相同。总的类型来讲主要有元器件损坏和性能降低,这两类故障都能造成系统的功能异常,甚至使系统瘫痪。这里只介绍空调控制柜电路中用到的主要元器件的常见故障。

①接触器主要由磁系统、触头系统、灭弧系统、释放弹簧机构、辅助触头以及基座等几部分组成。其基本工作原理是利用电磁原理通过控制电路的控制和可动衔铁的运动带动触头控制主电路的通断。因此它的故障可以出现在线圈回路、机械部分和接触部分。主要表现为线圈的烧毁或断线,触头烧损太快、触头不吸合或不断开,接触器响声过大。

②继电器是一种利用各种物理量的变化,将电量或非电量的信号转换为电磁力(有触头)或使输出状态发生阶跃变化(无触头),从而通过触头或突变量促使在同一电路或另一电路中的其他器件或装置动作的一种控制元件。在本系统中的继电器基本为电磁式的继电器,其故障与接触器基本相同。

③热继电器通常由加热元件,控制触头和复位机构3部分组成,常见为双金属片式热继电器。正常使用时,双金属片与热元件串联入被保护电路。其常见故障包括热继电器

不动作、动作太快,或者动作不稳定、热元件故障、触头熔断或接触不良等。

④自动空气开关主要由触头系统、灭弧系统、脱扣器和操动机构组成。它除了开关电路,同时具有保护功能。自动开关的常见故障包括断路器不能闭合、脱扣器不能分断断路器、触头不能闭合、辅助开关不通、断路器温升过高或脱扣器噪声太大等。

3)故障诊断方法——假设法

根据实际情况,对于空调控制柜电路的故障可以做下述假设。

①假设导线不会出现故障。因为导线都是与元件相连的,所以如果导线出现了断线、断路、接触不良等故障可以等效给相连的元件,认为该元件的触头或线圈出现了断路、接触不良的故障。

②假设执行元件不会出现故障。因为这些故障仅靠电路的通断信号是无法判定的,诊断各条支路的逻辑后,其均正常,但是某执行元件没有正常工作,就说明该元件存在故障。

③假设接触器、继电器的线圈不会出现故障。根据系统要求故障只需定位到元件级,至于元件内部不需要详细讨论。这种情况下,如果接触器(或继电器)线圈所在电路的逻辑状态正常,就可以认为线圈是处于正常工作状态,如果此时判断出接触器(或继电器)触头不动作,就说明该接触器(或继电器)出现故障,此时虽然认为是触头损坏,但实际上已经包含了线圈断路的故障。通过以上假设,简化了故障诊断过程。

4)模拟电路故障诊断方法

模拟电路故障诊断方法主要思想是:在已知网络的拓扑结构、输入激励信号和故障下响应时,求解故障元件的物理位置和参数。目前模拟电路的故障诊断算法主要有故障字典法、故障参数识别法、验证法故障诊断。

①故障字典法就是提取电路在各种故障下的电路特征,并将这些特征与故障一一对应形成一个字典。

②故障参数识别法是根据网络已知的拓扑关系、输入激励和输出响应,估计出网络中的所有参数,再根据每个参数允许的容差范围确定故障元件。

③验证法故障诊断则是事先猜测故障可能的位置,再根据测量数据验证猜测。

5)特征分析故障诊断方法

为了识别一个电路是否有故障,通常可以将电路各节点的正常响应记录下来,在做故障检测时,将实测的响应与正常电路作比较,如果实测的电路各节点响应都同正常响应一致,则认为电路没有故障;如果实测电路各节点响应中至少有一个节点同正常电路不同,则可断定这个电路有故障。然后可以根据不正常响应的情况来分析故障的位置和种类。

(二)便携式广播故障检测装置的可行性

(1)概述

地铁列车乘客信息系统 PIS(Passenger Information System)是地铁列车向车上乘客发布各种信息的平台,对提高地铁运营服务水平有着十分重要的作用。尤其是在地铁运营过程中,在车厢内没有乘务人员服务的情况下,提供乘车须知、服务时间、列车到发时间、列车时刻表、政府公告、出行参考、媒体新闻、体育赛事、广告等多媒体信息。地铁每年都有超过百起的因列车广播系统错报、误报站名而遭到乘客投诉的事件发生。地铁运营公司需要积极采取应对措施,一方面要求广播系统生产厂商不断改进系统功能和提高运行稳定性;另一方面要求检修部门加强日常对广播系统的试验和检查。基于对广播系统的研究,便携式广播故障检测装置的可行性分析就有研究的价值,通过这种快捷检修方式,可以丰富广播系统的维修手段,不仅节约维修成本,还提高工作效率。

(2)便携式广播故障检测装置研发思路(前期)

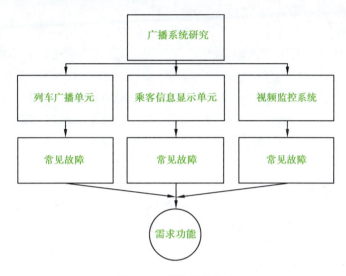

图 6.24　前期研发思路

城市轨道交通具有运量大、速度快、安全、准点、节约能源和用地等特点,对缓解城市交通瓶颈、改善城市交通结构发挥着重要的作用;运营机构既要提高服务和管理水平,加强安全防范,还要为相关安全机关提供实时信息等,因此,PIS 系统是城市轨道交通信息系统的重要组成部分,对提高乘客满意度、改善乘车秩序和减少事故发生具有重要作用。

随着地铁车辆乘客信息系统技术的发展,以及城轨车辆人性化的设计需求,其功能需求也趋向于复杂多样化,主要功能包含列车广播对讲系统、多媒体播放系统和视频监控系统等 3 个相对独立的子系统,但子系统间又有着密不可分的联系,存在着多种通信协议和传输总线,其结果必然导致系统部件繁多、设备之间的连线复杂,而车辆客室每节车厢集中存放设备的安装空间有限,设备只能分散布置在不同的地方,大大降低了系统的稳定性,同时为后期的调试和维护带来了极大困难。

为此人们对 3 个系统进行了分析,将其中最具代表性的疑难杂症提炼出来,作为研究重点,以此找到研发方向。

1)列车广播单元

列车广播单元负责自动广播报站,主要包括广播控制主机、广播通信控制器以及客室的广播通信车辆接口单元等。广播音频总线采用条屏蔽双绞线进行广播语音传送,将激活后主机的广播语音传送到每辆车的功放模块里进行功率放大后,通过扬声器向乘客播放。

2)乘客信息显示单元

乘客信息显示单元用于为乘客提供站点名和列车时刻等视觉信息,与广播单元报站信息同步且一致,包括 LED 站信息显示器、客室动态地图、LCD 屏幕等部分。

3）视频监控系统

视频监控系统（CCTV）通过安装在车厢内的摄像机和存储器记录图像信息，并将画面实时地传送给司机，用以监视客室动态，保证列车运营安全，并且为乘客提供及时必要的服务。该系统主要包括视频控制器、列车网络单元、摄像机、司机室监控显示器等。

4）广播系统常见故障

①广播播报故障。广播系统内部通过网线连接和实现数字化模块控制，由于设备运行不稳定以及网络干扰等因素，列车经常出现不报站的现象，直接影响了地铁运营的服务品质。虽然厂家先期设计已经对系统进行了部分设计改进，但是偶尔还是会出现问题，所以需要加强预防性的检查手段和必要的测试环节。广播错报站的问题，验证比较麻烦，因报站信息是和列车速度信号密切关联，系统内部通过设定距离或速度报下一站信息、报到站信息，所以广播系统一般采取试车线上调试的方法进行功能检测，无形中增加了维修工时和电能消耗，工作效率很低。因此，人们需要能够模拟正线行车时给广播系统发出速度或距离信息的测试装置。

②显示故障问题。显示系统一般采用并联模式，因此出现故障时多以单个部件故障为主。其原因多为显示设备内部电路烧损或接触不良。该问题属于产品设计问题，未充分考虑当地的环境，导致板件抗电磁干扰能力下降，出现故障。出现此类问题时，少部分为常发故障，采取换件的措施即可。大部分则为偶发故障，难以抓取故障现象。此时无论采取换件还是坐视不管，均不是妥善的处理方法。因此人们需要能够给出显示设备信号的装置，可以在该装置的作用下反复对单个显示设备进行检测。

③LCD故障问题。客室内LCD多媒体播放屏故障率高、影响直接。在现场使用中需要一种可以对全列车、单节车、单个屏无信号进行快速判断的装置，该装置要解决接口问题，同时帮助快速判断故障原因，能够帮助快速判断、排查多媒体播放系统故障点，降低此类运营故障的影响。

（3）便携式广播故障检测装置研发思路（后期）

通过对每个系统典型问题的分析，可以得到以下3个需求，如图6.25所示。

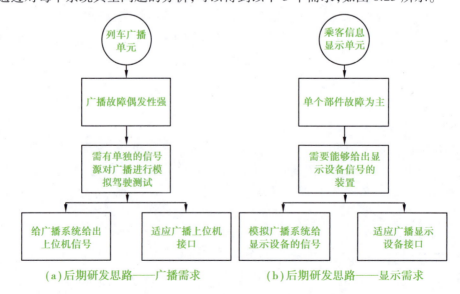

（a）后期研发思路——广播需求　　　　（b）后期研发思路——显示需求

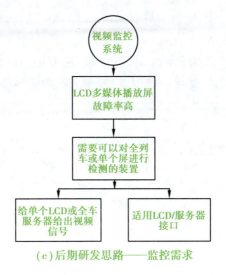

（c）后期研发思路——监控需求

图6.25　便携式广播故障检测装置研发思路图（后期）

对3个图中的共性部分和差异性分别进行分析，可以得到如图6.26所示的研发思路图。

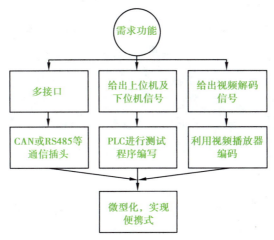

图6.26　前期研发思路

最后得出的结论即为所要完成项目的功能需求。实例分析：实现LCD全列车或单个屏的快速检测。

1）基础原理

车载电源通过将直流变换成DC12V分别给视频播放器和VGA显示屏工作，安装VGA显示屏主要是为了验证检测视频播放器的性能，以确保片源的可靠稳定的输出。DC12V电压再通过直流变换为DC5V分别给视频编码器和VGA接口板供电，同时分别接受视频播放器传输过来的音视频信号：视频编码器接收到音视频信号后，将视频信号、音频信号进行编码，通过H.264压缩方式对信号压缩成TS数据流，应用网络传输的方式使数据流在车厢局域网内传输到视频分配器中解码，进而给每节车厢的8个17"显示屏以能够识别的音视频信号。VGA接口板接收到音视频信号后，将视频信号转换为抗干扰能力强、传输距离远的模拟差分VGA视频信号，再将视频信号中的H和V信号编码至RGB信号上加重处理,利用 CAT-5 电缆将信号直接送到 17" 显示屏,17" 显示屏内嵌 VGA 接收板解码出视频信号,音频信号处理则采用双电源供电,通过具有高增益、内部频率补偿的运算放大器 LM358 的两级放大来驱动 LCD 扬声器,还原出声音信号。风扇是给 VGA 接口板进行散热的,采用单独的外部电源供电,以减少对视频信号的干扰。

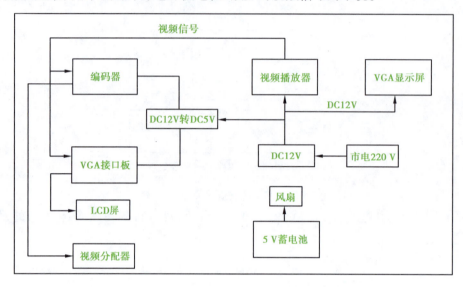

图 6.27　为 PIS 故障检测装置的原理框图

首先介绍 VGA 接口板,这是 PIS 故障检测装置可实现的基础性部件。LCD 显示屏固定在车体内部,局部散热性能不好,工作环境粉尘较大,且平均每天持续使用超过 20 h,故障率比较高,对其修复后性能的检测是检修作业中一项非常重要的环节。

在示波器下对双绞线线路上差分驱动复合 RGB 视频信号,以及同时进行编码的水平 H 和垂直 V 同步信号进行测试,其结果是完全符合同步视频编码格式。

2)使用方法

当给 VGA 视频信号转换接口板和视频播控器供电时,可以播放出 LCD 内嵌的 VGA 接收板能够解码的图像信号,通过 CAT-5 电缆再连接转 8P 转换头,连接 LCD 屏显示视频播控器的视频信号;当给视频编码板和视频播控器供电时,可以播放 LCD 视频分配器能够识别的 TS 数据流,通过 CAT-5 电缆视频分配器先从网络上接受 TS 数据流解压输出 VGA 信号、音频信号进而再把解码出的视频信号分配给本节的 8 个 LCD 进行显示。

3)可行性分析

可以采用基于电压跟随的视频 VGA 信号差分信号处理技术及数字视频压缩技术对媒体播放器系统不同层次设备间工作状态环境进行模拟。

通过自制装置内部的视频播放器播放的音视频信号采用并行输出的方式,一路信号通过直接传输的方式给 VGA 液晶屏,一路信号为能够达到长距离可靠的传输通过 VGA 差分信号编码板转换为模拟的差分 VGA 视频信号的方式给车载媒体播放器系统的 LCD 显示屏,另一路为了提供稳定的大带宽的数据量通过音视频编码器将信号压缩成 TS 数据流传输给车载媒体播放器系统的音视频分配器,通过上述 3 种方式实现了对媒体播放器系统各个设备工作状态环境的模拟和比较,能够快速判断出部件状态的好坏,为处理故障提供了可靠依据。

如针对信号接口的问题,出现的全列车 LCD 屏无信号、卡滞或跳动,采用该装置的组播功能作为片源给每节车的 LCD 视频分配器视频信号,进而可以快速判断出故障的归属性;对出现的单节车或几个车 LCD 无信号的故障,在整个视频传输网络中,可以判定为视频传输网络中某一点断开,通过本装置判定出为网线故障或是某节车的 LCD 视频分配器故障,在日常对设备的维修测试中,可以摆脱电客车使用环境,不再受现场条件的限制,尤其是故障率高发 LCD 的视频分配器及 LCD 屏可以进行长时间的测试,确保维修的质量。

(4)设计思路总结

回顾研发装置的全过程,从现场问题发掘开始,明晰问题,再从问题里找到现场尚不能完成的项目,对其进行专门研究。将研究对象的解决方法分为硬件及软件两部分,分别完成后再进行综合调试。整个过程都是围绕现场需求来进行,主要攻克现场无法完成的项目,完成这两点,则装置的实用价值就能体现,在其基础上对操作和使用进行优化,做到人机交互界面易用,同时在设计之初就保证装置的微型化,达到便携式的要求;最终的成品就是便携式广播故障检测装置。

(三)地铁车辆新技术应用

作为高级技师,应对地铁车辆新技术运用有一定的了解,并能从新技术中得到启示,以提升车辆可靠性和对外部环境的适应性。通过列车蓄电池紧急牵引、走行部车载故障诊断系统、列车蓄电池溃电应急启动和无触点逻辑控制单元(LCU)4 个方面进行说明,方便对新技术应用情况进行了解。

(1)列车蓄电池紧急牵引

蓄电池紧急牵引是一项在无高压输入情况下由车载蓄电池设备驱动列车自走行的技术,它能实现场段内无供电区域的短距离转轨和正线发生供电故障时牵引到下一站的作业需求。世界上第一个具有蓄电池紧急牵引功能的车辆是瑞典首都斯德哥尔摩市地铁列车,该车辆采用庞巴迪牵引系统。国内最早应用列车蓄电池紧急牵引技术的地铁线路为北京地铁 4 号线,列车也是采用庞巴迪牵引系统,该车于 2009 年 9 月投入运行,整列车采用 2 组高倍率镍铬蓄电池,单组容量为 180 A·h,运行速度为 3~5 km/h,列车在 0.2%~0.4% 的坡道上,可以运行 6~8 km(根据载客不同,运行公里数有差异),完全可以满足北京地铁车内动车和正线应急使用需求。

1)列车蓄电池紧急牵引技术配置情况

约在 2010 年,北京、上海、天津、武汉、青岛等市多条线路陆续引入列车蓄电池紧急牵引方案。因各条线路的坡度和站间距不尽相同,配置方案没有统一标准。特别是 2014 年后,上海地铁线路的电客车均配备蓄电池紧急牵引技术,目前国内有较多城市地铁采用列车蓄电池紧急牵引方案。

从蓄电池的发展来看,目前城市轨道交通车辆主要有镍铬蓄电池、铅酸蓄电池、锂电池和超级电容 4 种。目前,在国内已应用蓄电池紧急牵引方案的项目中,主要是高倍率镍铬蓄电池。其主要得益于镍铬蓄电池过充能力优于铅酸蓄电池,且已在地铁车辆领域有着广泛的应用,在紧急牵引情况下对既有蓄电池扩容方案相对简单可靠。而锂电池、超级电容等新的蓄电池方式虽然能重比较高,但是因其应用尚未成熟,紧急牵引方案仍在研究试验阶段,比如天津地铁 5 号线,锂电池或超级电容实施蓄电池紧急牵引技术主要应用在现代低地板有轨电车上,但不管何种列车紧急牵引供电方式,都会较大地增加列车质量。根据紧急牵引工况的不同,以 B 型车为例,列车将会增重 1~3 t。

2)列车蓄电池牵引技术电路系统图

列车蓄电池牵引技术主要使用高倍率镍铬蓄电池,经 DC/DC 变换电路将 DC110V 电压转换,并联连接在 1 辆动车的滤波电容的两端,并给此辆动车提供电压,通过控制 INV 逆变装置的输出控制方式给牵引电机供电,确保车辆以 3~5 km/h 的速度(或 10 km/h 以内)进行行驶。

列车蓄电池紧急牵引技术电路系统图如图 6.28 所示,2 个蓄电池组仅有一个与 DC110V 电源线(负载线)接通,Tc1 车断开 BATK。同时 INV 电路的控制单元 DCU 控制断开 LB1 和 LB2,并闭合 BK,通过蓄电池驱动运行用供电线给 1 个动车(M1 车)提供 DC110V 的电力。蓄电池紧急牵引运行完毕,切断 BK,接通 Tc1 车 BATK,且由 SIV 装置正常进行充电。

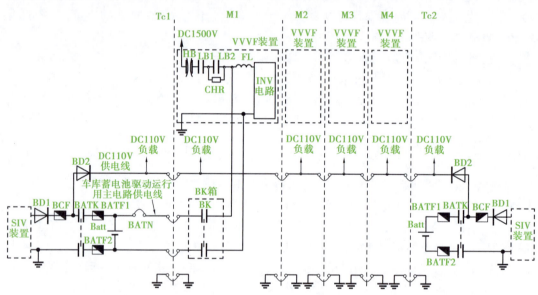

图 6.28 列车蓄电池紧急牵引技术电路系统图

(2)走行部车载故障诊断系统

在铁路机车上得到广泛应用的走行部车载故障诊断系统正逐步被地铁车辆所采用。比如北京、上海、广州、深圳、兰州等城市地铁车辆新项目都对该技术进行了尝试。

走行部车载故障诊断系统由车载数据处理服务器(含车辆分机和列车主机)、前置处理器、复合传感器及传输网络等组成。其采集的数据可通过多功能车辆总线(MVB)或车辆以太网传输给列车控制和管理系统(TCMS),并一起传输到地面数据中心;也可以通过直接在车上布置移动通信模块,利用商用网络传输给地面数据管理服务器,实现列车数据的统一管理。列车健康管理系统结构图如图 6.29 所示。

该诊断系统可对轴箱轴承、电机轴承、齿轮箱轴承、车轮踏面以及轨道状态等进行检测,通过振动数据进行分析判断,实现重要问题司机预警、一般故障指导地面状态维修、早期故障跟踪等功能。

列车健康管理系统(图 6.29)是一种对列车故障信息收集汇总并加以分析的数据系统

总称,其由车载移动云平台、无线局域网(WLAN)数据转储系统和地面大数据中心组成。

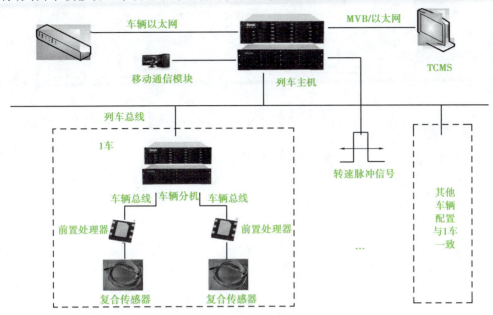

图6.29 列车健康管理系统

其工作原理是通过无线传输将车上的故障信息、记录文件等下载到地面大数据中心进行管理与分析,最终实现故障预警功能。

真正意义的列车健康管理能实现列车状态信息在线监控,重要故障及时下传到地面数据中心,实现检修维护人员对司乘人员的操作指导等功能,同时在故障分析方面,检修人员在地面大数据中心能方便地查询到相关信息,进而对故障进行系统性分析。特别是对场段采用第三轨供电方式的检修维护环境,在采用列车健康管理系统后可从根本上解决故障分析时在轨旁下载数据作业不安全等问题。

(3)列车蓄电池溃电应急启动

列车蓄电池溃电应急启动是指列车控制电源欠压时正常激活列车,车辆可以正常启动,是一项应急车辆启动的技术应用。国内外列车蓄电池溃电应急启动主要有两种方式实现,一种是使用备用电池,在通常使用列车激活的蓄电池溃电时,使用备用电池提供控制电源激活列车。另一种是采用电压变换装置,通过DC1500V接触网电压经电压变换变换成DC110V电压,给列车提供控制电压。列车蓄电池应急启动在国内个别环境潮湿的城市使用较多,且该技术在地铁车辆上应用成熟。

1)备用应急蓄电池工作电路

辅助电源提供应急启动电源,可应急启动辅助电源,即在车辆蓄电池失压的情况下,内部的应急电源能启动辅助电源。工作原理为:在装置内备有应急蓄电池(110 V/5.5 A·h),平时当电源装置工作时DC110V控制电源对应急蓄电池进行浮充电,当在车辆蓄电池失压的情况下,按下司机室的应急启动按钮,该应急蓄电池就能向外部控制电路提供3~5 min的应急DC110V电源控制升弓阀升弓,同时向辅助电源控制系统提供控制用电,启动辅助逆变器及DC110V蓄电池充电器,完成辅助电源装置自举。DC110V蓄电池充电器启动后,控制电源则由外部DC110V正常提供。

2)应急启动装置工作电路

辅助电源设置 DC1500V/110 V 应急启动电源(DBPS)电路,应急启动原理如图 6.30 所示。

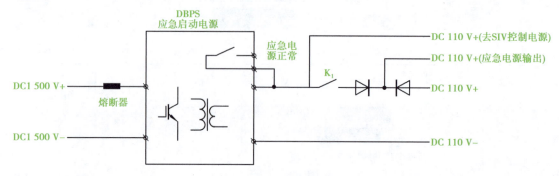

图 6.30　应急启动装置原理图

应急紧急电源(DBPS)将第三轨/接触网 1 500 V 直流电压直接通过 DC/DC 转换到隔离的 110 V 直流母线上,从而给辅助电源控制单元供电并启动辅助逆变器和蓄电池充电机(LVPS)。启动时,DBPS 先建立起小功率 DC110V 电源给辅助电源控制和驱动电路供电,辅助逆变器启动,紧接着 LVPS 启动,DC110V 输出建立,车辆 DC110V 母线由 LVPS 供电和对蓄电池充电。

(4)无触点逻辑控制单元

无触点逻辑控制单元(LCU)是一项采用逻辑控制程序替代原有继电器功能的技术。LCU 全称为无触点逻辑控制单元,该控制单元由 IO 控制器、主控制器和网络控制器组成,为标准 3U 机箱形式(U 为装载量度,1U = 4.445 cm),如图 6.31 所示,包括电源模块、通信模块、控制模块和输入输出模块。其利用开关量逻辑控制特性替代继电器最终实现对指示灯、接触器和电磁阀等部件的控制。从技术本身来说并不是真正的新技术。该项技术在铁路机车上已有广泛的应用。

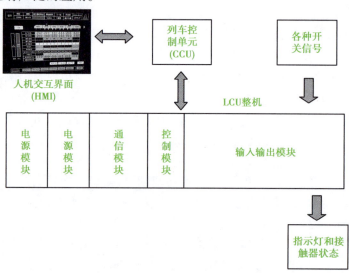

图 6.31　无触点逻辑控制单元模块单元示意图

LCU 与继电器相比具有下述优点。

①具有自诊断功能,方便故障的查找,对于重要信息可直接纳入列车控制和管理系统(TCMS)管理,减少了列车日常维护工作量与难度。

②平均无故障时间不少于 20 000 h,且具备冗余能力,提高了列车可靠性。

③LCU 安装在司机室电气柜中,安装空间更节约。

④逻辑变更简易化,只需升级程序,结合其自诊断功能,减少了列车日常维护工作量与难度。

⑤按常规替代方案计算,每列车每年可节约电能消耗 3 800 kW·h 以上,进一步提升了地铁车辆节能绿色环保性能。

⑥使用寿命可达 15~18 年,约为目前常规使用的继电器寿命的 3 倍。

6.2.4 标准文本编写要求

(一)内容结构

编写制度时,须明确写出建立此制度的目的、适用范围,以及该制度的相关措施及要求,考核措施,明确"由谁干、怎么干、谁检查、定奖惩",对涉及工作程序的应画出工作流程图,对涉及台账记录的应在附录中列出台账记录名称清单。

表 6.12　制度要素

要素编排	要素所允许的表述形式	备　注
标准名称	文字	必备要素
正文	总则(包括:目的、适用范围)、工作内容、管理要求、检查考核	必备要素
正文	定义、组织机构、管理职责、流程图等	可选要素
附录	台账记录清单	可选要素

(二)层次划分

表 6.13　层次划分

层　次	编号示例	备　注
一级	1、2…	小标题,使用阿拉伯数字,无缩进,加粗
二级	1.1、2.1…	使用阿拉伯数字,首行缩进 2 字符
三级	1.1.1、2.1.1…	使用阿拉伯数字,首行缩进 2 字符
四级	(1)、(2)…	首行缩进 2 字符
四级以下	a、b、c 或①、②、③…	首行缩进 2 字符
附录	附录 1、附录 2…	
图	图 1、图 2…	居于图片上方,居中
表	表 1、表 2…	居于表上方,居中

（三）正文

正文包含文件所要阐述的所有内容，应上下文始终保持一致、清楚、准确，尽可能简单、明了，易于使用者理解，实用性强，具有可检查性，且不违反分公司级及以上标准。

（四）资料性补充要素

附录：正文内容中涉及的台账记录名称清单或补充内容应列在附录中，正文中的流程图、表格也可放在附录中。

附录应按条文中提及附录的先后次序编排附录的顺序，每个附录应有一个编号。附录编号由"附录"和随后表明顺序的大写字母组成，数字从"1"开始。

表 6.14　标准文本的格式要求

序号	页　别	文字内容	字体和字号要求	备　注
1	正文	标题	宋体，三号，加粗，居中，行距 1.5 倍	
2		小标题	宋体，五号，加粗，居左	
3		正文	宋体五号，居左，首行缩进 2 字符，行距 1.5 倍	
4		表题	宋体，五号，加粗，居中，单倍行距	
5		表中的文字	宋体，五号（可根据表格内容适度缩小或放大字体），单倍行距	
6	附录	附录及编号	宋体，五号，居中，加粗	
7		标题	宋体，五号，居中	
8		内容	宋体，五号	

（五）问题意见反馈流程

修订的制度须定期进行验证并优化修订，其具体流程可参见下：

附录①：×××××××流程图

×××的流程图

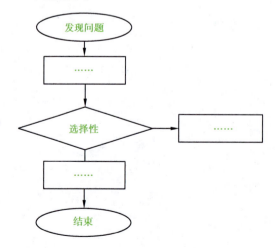

或是以下形式：

附录②：×××××××流程图

名称			流程名称	××××流程	
概要					
单位	××	××	班组		
节点	I	II	III	IV	V
1	开始				
2	□→□				
3	判断	是 □			
4	□	否			
5	结束				
编制					
审核		批准		日期	

任务 6.3　培训与指导

6.3.1　理论培训基本要求及注意事项

开展理论培训存在上课注意力不集中,迟到或早退等学习状态不佳现象。究其原因主要有：

①员工对培训内容不感兴趣。

②培训方法明显单调,缺乏互动性。对于调动员工的兴趣来说,培训方法仅次于培训内容的设计,但它是确保培训达到预期效果的关键环节。由于现在培训大多采用传授式的讲课形式,学员只是被动地听。

③员工个人在对待培训的态度、意识、思想上不够重视,考核力度不够强,激励作用不

明显。

首先造成培训对改善工作绩效的作用被弱化。培训的目的是改善员工行为与工作绩效，以提高工作效率和企业利润，然而大部分员工却认为看不到好的效果。据调查，90%以上的员工主观认为培训对自身发展很有帮助，但在实际工作中却认为改善工作绩效的作用却不大。因此，需要人们从培训目的、任务、作用等方面重新认识与反思。其次员工认为总体上接受的培训不够。最后培训结果对员工晋升的影响不明显。

因此好的培训讲义应注意切实的措施，具体如下所述。

(一)培训重新定向

计划不如变化，培训计划要跟随公司的发展不断地做出调整。首先要获得人力资源部领导、甚至是公司领导的指导和帮助，并根据公司战略目标做出指示或建议。此外培训计划应当具有超前性和预见性。因此，培训计划及方案设计的周密程度关系到每项培训的效果。

(二)不断转变员工认识，变"要我学"为"我要学"

在学习或培训中，主动学与被动灌输的效果是截然不同的，因此，培训部门就要把"公司要我学"转变为"我要学，公司给我创造机会"。因此，要让员工认识到，培训是企业提供的最大福利，更要充分利用公司的资源，不断提高，保持个人竞争力，实现可持续发展。

(三)深入一线，了解员工内在的真正的培训需求

培训需求分析是确定培训目标、设计培训计划的前提，也是进行培训评估的基础，是培训活动的首要环节。人们往往只对自己感兴趣的东西才会主动地投入精力，即所谓的"兴趣是最好的老师"。培训中要建立开放的培训需求调查系统，既欢迎员工就个人或是团队感兴趣的信息提出培训建议，又要深入一线去发掘各级员工真正感兴趣的内容，结合公司、部门的发展计划，通过有效的分析、组织，把零散的、原始的个人兴趣整合、上升成系统的培训需求作为培训的依据之一。

培训需求常用的 3 个方法如下所述。

①现有资料分析法。包括安全生产发展目标、各项工作的难题课题和企业服务提升要求等。

②调查问卷法。了解员工对培训的认识以及对自身的评价，在培训的内容、时间和方法上达成一致，组织期望与个人职业发展结合起来。需要注意的是，调查问卷的设计要合理、丰富、简洁，调查对象要善于表达以及具有代表性。

③访谈法。访谈者应当是负责培训工作的专业人士，访谈对象包括员工、部门主管及相关人员。

培训需求分析的方法并不是单一使用的，往往需要综合运用各种方法来确定培训的各个方面。

(四)选择有针对性的并且与员工水平相吻合的培训内容

有的培训课程虽然培训师的理论水平很高，但学员的积极性却不高，哈欠连连；而有的培训课程却高潮不断，学员的参与热情和兴奋程度都很高。这与培训师的授课艺术固然有一定联系，但培训课程的内容设计出了问题，也是一个重要问题。

培训内容的设计要做到 3 个吻合，如下所述。

①与需求吻合。当然某些灌输性的、传达性的培训例外。

②与企业现状吻合。如果学员感觉培训内容是一种理想,远远高于企业现状,是企业不可能达到的状态时,学员就会失去兴趣。培训内容要稍高于现状,让学员感受到通过努力是可以达到的。

③与员工水平吻合。每个人的学历、经历、认识都不同,培训部门一方面要划分不同层次的学员区别对待,使参加当次培训的人员尽量处在同一水平,另一方面要视学员的层次安排与该层次学员的水平吻合的内容。如果参差不齐的学员参加同一培训,必然有的人感觉太肤浅,而有的人感觉太深奥。

培训课程设计与讲师选择相结合。培训课程首先要确定类别与目标,然后才能考虑对培训讲师的要求。

(五)灵活选择合适有效的培训方式、方法

每项培训方式(如传统授课方式、互动研讨方式、体验训练方式等)都有其优点和适用时机,关键在于要根据培训对象、培训内容、培训目的的不同,结合培训方式的适用范围,充分地与培训师沟通,灵活选择、确定培训方式。还应注意到下述内容。

①培训方法是影响培训效果的关键因素,培训方法要根据工作任务和岗位特征来选择,并与培训目的、课程目标相适应。

②认知能力,即受训者将上述两类知识在何时以及如何运用这些信息的能力。

③操作技能,如写作、使用工具等。

④态度转变,为保证受训者掌握并保存这些学习结果,在选择培训方法时应本着侧重那些有助于培训成果转化的方法,包括角色扮演、管理训练、案例研讨、视频教学、情景模拟、行为模仿等。不管选择何种培训方法,在培训过程中应注意讨论与实际操作相结合,互动与讨论相结合,以调动学习的主动性。

(六)为实践培训内容创造条件

培训只是在理论上或是通过案例分析指导学员应该怎么做、告诫员工不应该怎么做,对员工而言,充其量是认识上或是观念上接受了一些新事物、新概念,能不能在工作上实践,把培训上得到的理论、认识转化为自然而然的行动,从而改善、提高员工的行为方式。故很多培训师在培训结束后都要强调:实践、实践再实践。

(七)培训与其他激励措施的结合

培训对于企业来说投资是为了效益回报,而对受训者来说虽得到自身素质的提高,但未必在其他方面获得满意的回报,如果他们得不到,就会有"跳槽"的想法。因而企业应当做好一系列激励工作,主要涉及下述内容。

(1)培训前的激励

树立培训目标,培训奖励措施,培训后将所学内容传授给别人,即实现角色的转变。

(2)培训期间的激励

注意现场气氛的布置,营造一个舒适活跃的环境,在时间安排上,一般学员不喜欢占用工作时间参加培训(除非是算作加班),其实可根据实际情况灵活安排,比如脱产一周或者每周脱产半天、一天,持续一段时间往往效果明显。

(3)培训后的激励

实践中适当给予奖励,并与加薪、调动、晋升等结合起来。

（八）地铁公司内部培训特性要求

对基础性、通用性知识一定要进行全员培训,同时根据不同类别的工作要求设置各种专题技能培训;一是要坚持分类分级培训,要根据专业技术类、业务类、生产操作类等不同类别岗位特点开展各层次的培训,全面覆盖、培训。二是在具体的教学中,要采取互动、案例、研讨、渗透等灵活多样的现代先进教学方式。三是要坚持"请进来"和"走出去"相结合,定期邀请知名专家、行业业务骨干和技术能手进行辅导讲座,并选派骨干力量到先进单位考察学习,接受先进的管理理念,学习借鉴先进经验开阔视野。建立健全培训体系,强化制度落实,加强过程考核,针对培训各环节存在的问题,在培训实施的各个环节建立相应的制度办法,用来指导某个环节培训工作的开展,同时要切实做好培训资料的归档整理工作。要建立闭环式的培训调整机制,加强对培训实施各环节的管理和控制;建立培训教材库、培训师资库,充分发挥内训师的重要作用,使得高技能人员能真正带动整体技能提升,并为培训策划、实施过程改进提供依据。

6.3.2　实操技能指导的特点和方法

（一）概述

高级技师技能指导属于较高层次技能,为车辆检修从业人员提升专项的技能指导,通常是在某一个方向或某一个项目上深入挖掘技能指导。确定技能指导项目后,从业人员能较全面考虑实操所需的相关内容。比如进行电客车牵引系统空级试验,指导操作前能全面考虑到所需外界条件,风压充足、车门关闭状态;操作过程中考虑自身设备需求,HB状态吸合、制动缓解状态、高压隔离情况等,以及操作最后的材料整理和小结等。下面以维修电工高级技师培训指导的技能操作提纲,产生技能指导的特点和方法为例。操作提纲包括取料、元件安装、电路接线、电路调试和操作评价和总结等,结合口述和操作指导形式。

（二）口述材料领取

（1）领取元器件

根据项目任务确定所需元器件的类别、型号、规格、数量,做好总体规划后完成领料。

（2）领取耗材

根据项目任务的工艺要求确定所需耗材(如导线、号码管、螺丝螺母、垫片等)的类别、规格、数量,做到类别完整、规格正确、数量合理(留有余量但不浪费)材料领取工作是技能操作训练的基础,尽量做到不重复领料,不中途更换材料。

（三）口述元器件安装

（1）元器件的布局

根据线路板的大小进行合理布局(一般第一排放置开关、熔断器,第二排放置接触器,第三排放置继电器,第四排为接线端子等),元件布局时注意尽量让元件排列紧密、节省空间,但若有发热元件、产生较大电磁场的元件,须注意让它们与其他元件保持安全距离,避免干扰。

（2）元器件安装

用螺丝固定的元件需要注意让元件预留的固定孔全部固定上螺丝,同时注意螺丝、垫片、弹簧垫片、螺母的配合使用;导轨安装的元件一定要安装牢固,必须加装紧固件,以防元件在导轨上滑动。

(四)口述电路接线和示范说明

(1)主电路接线

按主电路额定电流选择导线规格(可按经验法选择,即明线敷设时 6 mm² 以下的导线载流量为 6 A/mm²,10~20 mm² 的导线载流量为 5 A/mm²,若遇电动机频繁启动或穿管敷设则需留有更大的余量)。主电路一般采用硬导线接线(1.5 mm² 以上),接线时注意工艺要求,接线横平竖直,不交叉、不架空,每个接线桩最多接 2 根导线,露铜不得超过 1 mm,每根导线两端套上号码管,接线桩进线时必须从螺丝紧固的方向接入。主电路导线必须分清导线色标,即黄、绿、红为三相线,蓝色为零线,黄/绿双色线为接地。

(2)控制电路接线

控制电路一般采用 1 mm² 硬导线或 0.75 mm² 软导线连接,导线颜色要与主电路不同(如黑色)。硬导线的接线工艺要求与主电路相同;软导线接线时必须在两端压装冷压端子,其他工艺与主电路相同。

(3)主令电器等控制板外元件的接线

控制板外的元件接线必须经过接线端子过渡至板内,一般采用软导线连接,接线时注意集束导线要绑扎整齐,并用缠绕管将整束导线包裹起来,同时注意集束导线的长度应留有活动余量。

注意:此处示范几处主令电器的接线操作。

(五)口述电路调试

①调试者必须穿戴整齐的劳保用品,并严格检查工具是否绝缘良好。

②调试前必须检查电源接入是否正常,然后对电路进行短路检查,再对电动机进行绝缘检测(用兆欧表检测时注意断开控制电路的连线)。

③调试者在调试时必须注意用电安全,放置必要的警示牌,注意合闸顺序、分闸顺序。

④调试者应先进行空载调试,以检查电路的控制功能是否正确,然后进行满载调试,判别机械部分动作是否满足要求,并监测主电路的电流大小是否正常,调试时详细记录电路的调试情况。

⑤调试完成后应关闭系统电源,并完成项目移交。

(六)编辑整理操作小结

①对操作过程中的内容进行薄弱环节梳理。

②完善本次操作优点和缺点,形成小结材料。

任务 6.4　高级技师复习思考题

(一)简述材料失效的两种形式

答:脆性断裂。材料无明显的塑性变形即发生断裂,断面较粗糙,且多发生在垂直于最大正应力的截面上,如铸铁受拉、扭,低温脆断等。

塑性屈服。材料破坏前发生显著的塑性变形,破坏断面较光滑,多发生在最大剪应力面上,如低碳钢拉、扭,铸铁压。

(二)简述 4 种常见的强度理论?

答:(1)最大拉应力理论

假设最大拉应力是引起材料脆性断裂的因素。不论在什么样的应力状态下,只要主应力中的最大拉应力达到极限应力,材料就会发生脆性断裂。

(2)最大伸长线应变理论

构件的断裂破坏是由最大伸长线应变引起的。当最大伸长线应变达到单向拉伸试验下的极限应变时,构件就会断裂。

适用范围:适用于失效形式为脆性断裂的构件。

(3)最大切应力理论

无论材料处于什么应力状态,只要发生屈服,都是由于构件的最大切应力达到了某一极限值。

适用范围:不适用于拉压性能不相同的脆性材料。

(三)简述电子元器件选型基本原则?

答:普遍性原则、高性价比原则、采购方便原则、持续发展原则、可替代原则、向上兼容原则、资源节约原则、降额设计原则、便于生产原则。

(四)简述电机调速的常用方法及异步电机转速公式?

答:异步电机的调速使之当负载不变时,利用人工的方法改变转子转速,一般异步电机调速方法有变极调速、变转差率调速、变频调速。

异步电动机转速公式:

$$n = n_1(1 - s) = \frac{60f_1}{P}(1 - s)$$

式中,n_1 为定子磁场转速;s 为转差率;f_1 为电源频率;P 为定子绕组极对数。

(五)简述软开关的基本定义及特点?

答:定义为开关器件在开通过程中端电压很小,在关断过程中其电流也很小,这种开关过程的功率损耗不大,称为软开关。

特点:不存在电压和电流的交迭,降低开关损耗、开关噪声、提高开关频率。

(六)简述空转滑行基本定义及校正措施?

答:当列车因为轨面粘着状况变化导致轮对间速度差发生变化,或者车轮加速度发生变化并超过保护门槛值时,粘着控制系统将认定为发生空转/滑行,并迅速调整电机的给定转矩,使得列车在发生空转和滑行时能够从这些状态中迅速退出并重新恢复粘着。

(七)简述空调控制系统基本原理?

答:空调系统通过可编程控制器 PLC 控制空调机组,实现空调客室的通风、制冷和制暖控制,保证压缩机、风机、电热器在正常电压下可靠地工作。对电气系统运行中出现的有关故障进行诊断、指示并保护,便于检修和查寻故障。

空调控制柜由控制单元 PLC 主机单元、温度扩展模块、通信模块、电源模块、信息显示操作屏等组成。PLC 可编程逻辑控制器对整个空调机组进行自动控制,实时检测运行过程中的参数,将温度参数、运行状态、故障信息等显示到本地显示屏上,并通过网关发送给列车网络。

（八）简述列车广播系统主要组成及功能？

答：（1）列车广播单元

列车广播单元负责自动广播报站，主要包括广播控制主机、广播通信控制器以及客室的广播通信车辆接口单元等。广播音频总线采用条屏蔽双绞线进行广播语音传送，将激活后主机的广播语音传送到每辆车的功放模块里进行功率放大后，通过扬声器向乘客播放。

（2）乘客信息显示单元

乘客信息显示单元用于为乘客提供站点名和列车时刻等视觉信息，与广播单元报站信息同步且一致，包括 LED 站信息显示器、客室动态地图、LCD 屏幕等部分。

（3）视频监控系统

视频监控系统（CCTV）通过安装在车厢内的摄像机和存储器记录图像信息，并把画面实时地传送给司机，用以监视客室动态，保证列车运营安全，并且为乘客提供及时必要的服务。该系统主要包括视频控制器、列车网络单元、摄像机、司机室监控显示器等。

（九）简述地铁车载信号系统的基本构成？

答：系统基本组成如下所述。

ATP（Automatic Train Protection）子系统是信号系统的核心部分。其任务为正确接收控制系统发出的限速命令，并通过清晰可靠的显示手段将命令显示出来，显示的同时确保列车运行在命令所固定的速度之下。ATP 子系统设置了主模块和副模块来实现超速防护、制动保证以及车门控制等功能，两个模块互为补充。

ATO（Automatic Train Operation）子系统顾名思义可以替代人工进行智能化的地铁驾驶控制，实现驾驶中的平稳加速、车速自动调整和到站停车。

SICAS（Computer-Aided Signaling）是计算机辅助信号系统的简称，是在 SIMIMT 原则的故障——安全原则之上的安全系统。其运行的结果是一旦系统发生了软件或者硬件的未知故障，系统能够自动进入一种预先已知的安全状态。该系统在经过了广泛验证和成熟运行之后，它的现代化设计和对于安全数字总线的准确使用，使得连锁系统的总量达到最小。

（十）简述列车蓄电池牵引技术的工作原理？

答：列车蓄电池牵引技术主要使用高倍率镍镉蓄电池，经 DC/DC 变换电路将 DC110V 电压转换，并联连接在 1 辆动车的滤波电容的两端，并给此辆动车提供电压，通过控制 INV 逆变装置的输出控制方式给牵引电机供电，确保车辆以 3~5 km/h 的速度（或 10 km/h 以内）行驶。

参考文献

[1]贾文婷.城市轨道交通列车运行控制[M].北京:北京交通大学出版社,2012.

[2]王凤臣,任良抒,丁菊霞.电力机车牵引计算[M].成都:西南交通大学出版社,2010.

[3]刘敏军,宋平岗,许期英.轨道交通车辆电力牵引控制系统[M].北京:清华大学出版社,2014.

[4]吕文珍.电路分析及应用[M].天津:天津大学出版社,2009.

[5]彭俊彬.动车组牵引与制动[M].北京:中国铁道出版社,2018.

[6]徐兵.机械装配技术[M].北京:中国轻工业出版社,2014.

[7]刘泽九.滚动轴承应用手册[M].3版.北京:机械工业出版社,2014.

[8]黄莉,汪曙俊.地铁车辆轮对轴承的检修[J].轴承,2012(10):40-42.

[9]丁亚琦,沈豪,陈朝,等.上海地铁车辆轴箱轴承故障分析及预防措施[J].电力机车与城轨车辆,2014,37(4):90-92.

[10]葛党朝,曹双胜.地铁车辆轴箱轴承故障分析及预防[J].铁道车辆,2018,56(12):36-39.

[11]曾庆元,向俊,周智辉,等.列车脱轨分析理论与应用[M].长沙:中南大学出版社,2006.

[12]邱志华.城市轨道交通车辆构造[M].北京:人民交通出版社,2016.

[13]商跃进.动车组车辆构造与设计[M].成都:西南交通大学出版社,2010.

[14]刘敏军,宋平岗,许期英.轨道交通车辆电力牵引控制系统[M].北京:清华大学出版社,2014.

[15]倪文波,王雪梅.高速列车网络与控制技术[M].2版.成都:西南交通大学出版社,2010.

[16]邱宣怀,等.机械设计[M].4版.北京:高等教育出版社,1997.

[17]成大先.机械设计手册[M].6版.北京:化学工业出版社,2017.

[18]鲁小军.提高CRH380型动车组构架三维尺寸测量效率[J].工程技术,2016(9):19-23.

[19]杨鲁会,卢桂云.城市轨道交通车辆制动系统[M].北京:中国铁道出版社,2012.

[20]刘德强.列车空调系统常见故障和处理方法[J].时代农机,2016(11):38-44.